侠之大者
为国为民

作者张建智书法

纪念金庸先生诞辰一百周年（张君秋 画）

张建智 著

儒侠人生

华文出版社
SINO-CULTURE PRESS

图书在版编目（CIP）数据

金庸：儒侠人生 / 张建智著. —— 北京：华文出版社，2024.4

ISBN 978-7-5075-5955-2

Ⅰ．①金… Ⅱ．①张… Ⅲ．①金庸（1924—2018）－传记 Ⅳ．①K825.6

中国国家版本馆CIP数据核字（2024）第077153号

## 金庸：儒侠人生

**著　　者：** 张建智
**策划编辑：** 杨艳丽
**责任编辑：** 杨艳丽　袁　博
**版式设计：** 高　洁
**出版发行：** 华文出版社
**地　　址：** 北京市西城区广安门外大街 305 号 8 区 2 号楼
**邮政编码：** 100055
**网　　址：** http://www.hwcbs.cn
**电　　话：** 总编室 010-58336210　编辑部 010-58336191
　　　　　　发行部 010-58336267　010-58336202
**经　　销：** 新华书店
**印　　刷：** 天津画中画印刷有限公司
**开　　本：** 710mm×1000mm　1/16
**印　　张：** 25.5
**字　　数：** 320 千字
**版　　次：** 2024 年 4 月第 1 版
**印　　次：** 2024 年 4 月第 1 次印刷
**标准书号：** ISBN 978-7-5075-5955-2
**定　　价：** 88.00 元

相见时难别亦难。人生际遇，一如"戏剧"，各有精彩，各有不同。

追溯金庸人生旅途轨迹，深感在一九四九年至一九五〇年之际，似有条"命运之线"在操控着他的走向。

其实，金庸有睿智的敏锐感，正如钱锺书在他那篇《通感》里论说的，一个人"在日常经验里，视觉、听觉、触觉、嗅觉……往往可彼此打通或交通……"

一如韦应物有两句诗所形容的："古刀幽磬初相触，千珠贯断落寒玉。"想金庸在北上南下之际，已经"通感"了大时代变局的来临，那些北上时之通感与智觉，已渗入了他的心灵。他没有被蒙在鼓里，正由于此，人世间才有了"金庸"这个名字！数以万计读者，才能有幸读到他的新武侠小说！

本书以大历史透视现实的眼光，截取了金庸一个横断面进行叙述，以一九四九年作为分水岭，将他个人命运的轨迹，放置在时代之巨变中；融哲理于文采，讲述了他许多鲜为人知的生活故事，以及那个时代的历史沧桑。

金庸，深受中国传统文化熏陶，在经历了动荡乱世之后，独在异乡，通过新武侠小说，展现了对人性的独特理解。他的出现，改变了武侠小说难登大雅之堂的宿命。

岁入夏伏，时觉暑热。收到华文出版社《儒侠金庸传》第五版修订本合同（现再版修订并增加图片，新书更名《金庸——儒侠人生》），知拙书受读者喜欢，无不与读者同乐。

金庸的武侠小说，受大众喜欢，为何？最有代表性的是著名作家、华东师范大学教授毛尖，在她的《我们这一代的爱和爱——三人对谈文学和电影》曾说过这样的话：

> 对我们这一代来说，阅读金庸不光是阅读，而且是用身体阅读，不舍昼夜地读，读到把家里所有的人，甚至老师都变成金庸迷。
>
> 我们这一代人大多通过看金庸（的书）变成了近视眼。没有一个作家在几代人身上留下这么深的身体印记！
>
> 金庸总是通过文学书写，给人关于梦想的东西，他缔造了江湖，把几代人从青春期与父母的冲突中释放了出来。

她还认为，金庸是中国最后一个"百科全书式作家"。我想，以上这几段话，是读金庸作品的心里话。也有人说凡有华人的地方，都是喜欢金庸的。其实，不是华人的读者也喜欢读金庸的文字，这已无需我在这里作论述了。

回忆起几年前，香港凤凰电视台，曾专访了我，问：金庸的武侠小说究竟好在哪里？

我的回答是：

"从金庸自己读过的书、所走过的人生曲折道路，特别是在长达十四年的抗战经历中，他把一部中国历史融入了他想象的维度中去，好似一部《石头记》或《情僧录》，但金庸笔下的情爱世界更大，绝望与有望交织在一起，更有其狂盛的生命力。"

约二十年前，我有机会陪金庸夫妇为《鹿鼎记》寻根，当时上海远东出版社伍启润编辑鼓励我，要我写一部金庸的传记，记录金庸与我面对面之细节，包括与金庸夫人在一起聊谈的情景。

于是，开始整理当时留下的札记；大量收集与金庸一生有关的报纸、杂志、文献资料。又重读"飞雪连天射白鹿，笑书神侠倚碧鸳"，加上《越女剑》，共十五部小说。

细读之下，我发现每一部小说都有一个历史背景。金庸总把武侠融进历史，增强小说的真实感与历史的厚度和宽度。我还发现金庸的武侠小说，似乎都有他亲历的影子，一如《红楼梦》中有着曹雪芹亲历的生活。这部《儒侠金庸传》，初版于上海。

金庸身为记者、报人、小说家、政论家，对时事、法学也极有研究。有许多文章，掺入了近半个世纪的那些人、那些事，且有出人意料的预言，往往一语中的。

欲写出一个真正的金庸，笔下不太轻松。因为金庸开创了一个"侠之大者"的新武侠小说时代。他陪伴着无数人的精神家园，打造了家喻户晓的"荧幕江湖"，撑起了那个年代里影视剧和娱乐圈的半壁江山。

《儒侠金庸传》自出版以来，我作了多次修订，以让其更完善，在此前也曾有出版社进行了出版，对这几家出版社，相邀予以出版，深表致谢。一些电视台也对我进行过许多访谈，在此表示感谢。

此书，后由中国出版集团旗下的华文出版社多次重版。特别要感谢责编杨艳丽，二〇一八年，她几经转折，找到了我，要求我再作修订，我遵照她善意的建议，进行了修订。二〇二四年是金庸一百周年诞辰，借此机会，我又作了弥补性修订，并插入一些金庸作品连载的图片，用锁线裸脊装重印出版，以飨读者。这令我欣慰不已。

更令我感动的是，在二〇二三年八月的暑期，天气大热，暑湿袭人，作为拙书的责编，杨艳丽女士在忙碌不堪之中，从北京南下，特地看望我，商讨第五次修订、印刷之事，如何更上层楼，以让几代读者阅读。深感其作为该书责编的热心、认真，以及所付出的汗水。

于此，在此书将要以新版走向读者之际，我向华文出版社的领导、责编，再一次致以深切的感谢。

张建智于半亩书屋

二〇二四年一月

# 目录

金庸

儒侠人生

金庸

儒侠人生

# 楔子

一九九九年，江南十月，太湖平原，一派秋高气爽，风光无限，桑林掩映着秀丽景色。我写《金庸江南行》，遂引起众多读者的兴味。在蘋洲香风的天气里，我和金庸匆匆握别时，望他远去的背影，看上去似有点老了，离开的瞬间，心里还依依不舍，犹如进入了"烟花三月下扬州，孤帆远影碧空尽"的境地。

可不是吗？我想，这"江南"二字，蕴含着多少故事和传说，多少迢迢如春水的愁情，多少凄迷婉转的景象……

沧桑变幻，如雨似烟。五十年后，我邂逅的是"金庸"这个

本书作者张建智与金庸先生合影

大名。交往多日，送别金庸。弹指一挥，五十春秋，悄悄地去了；五十年前的今生今世，他的前程，是如何呢？

我想，这里面应有着一个跌宕起伏的人世间如谜故事；在不少读者朋友的鼓励下，我想把这故事娓娓道来。

在五十年前的今天，也正是"画船听雨眠""垆边人似月"江南美好季节，查良镛突接到一份加急电报。上书"查良镛先生收"。那时的查良镛，年轻有为，风华正茂，年仅二十六岁。他即匆匆北上。

确实，在他的人生边上，查良镛压根没有想到日后他会成为文坛儒侠"金庸"。他年轻时的理想，只是想当一名叱咤风云的外交官。外交官的生涯才是他梦寐以求的人生之旅。

这个青年人的理想，便源自他撰写的一篇有名的国际评论——《从国际法论中国人民在海外的产权》，在香港的《大公报》发表。

这篇评论不仅得到了首屈一指的法学界权威学者梅汝璈博士的赞赏，同时也博得了乔冠华的赏识。可见，几十年后的金庸，能被北京大学授予国际法名誉教授，也非空穴来风之事。

于是"查良镛"这个名字，便深深记在了梅博士的心中。不久之后，有机会路过香港，他还特地约请查良镛先生面晤。当面叙时，看到一个那么年轻的人，就能写出这么有分量的国际法论稿，梅博士不禁惊喜交加。年轻的查良镛，能为梅博士这般大名人所赏识，主动约见，确实欣喜若狂了一番。

当时，作为学者型大法官的梅汝璈也确实很认真，他还仔细地看了这个年轻人的其他一些论文，包括直接用英语写出的国际法方面的文章，阅后更惊叹其才，一如汉初那位圯上老人看到当年的张良一般，认为"孺子可教"！日后可大堪造就。其文如人，一见如故。他们之间更加深了一层了解。

中华人民共和国成立后，渴求人才，不拘一格，梅汝璈被外交部聘为顾问，他脑海中时时想起查良镛这位外交人才，现正可为新中国所用。梅汝璈一回到北京即发了电报，而查良镛出于同样报效祖国的一片赤子之心，也似乎"时刻准备着，让祖国挑选"，故两人惺惺相惜，一拍即合，这又何尝不是一种缘分。

查良镛想起当年的人生琐事，可谓一夜难眠。那年单身走香港，也不是出于自己的本意，是上司的指派，无力违抗。更让他感怀的是一九四五年九月，让中国人民饱受艰苦的十四年抗日战争终于结束。那年查良镛已二十二岁。

战争的硝烟刚散，他由重庆回到阔别已久的浙江海宁老家，一回到祖宅，全家人悲喜交集。战乱离家多年，但犹不忘"战血流依旧，军声动至今"的一幕幕苦难时刻。

光阴似箭，日月如梭，往事历历在目：自己十三岁入省立嘉兴中学，十六岁考入高中，而后进入大学，由毛头少年到长大成人。抗战期间经历了离乡千日之别，也行了万里之路。虽说故乡的一草一木、一房一瓦，倍加亲切，但小小的海宁袁花镇，也确无他施展抱负之地。家中虽不缺藏书，也衣食颇丰，但对一个有远大志向的青年人，小镇毕竟非久居之处。

多少年来，他也一直在想：抗战胜利后，离家去杭

1937年2月1日，位于杭州众安桥的东南日报社新大楼落成。

东南日报社大楼（杨艳丽拍摄于海宁金庸故居）

州《东南日报》做外勤记者，可这对自己的人生之途，也只是一次小小的过渡。几个月的杭州生活，他对西子湖畔的人文历史和秀丽景色，虽有不舍，但仔细想想依然非久留之地。

终于有一天，他从西子湖畔跑到国际大都市上海，在时任上海市法院院长的堂兄查良鉴的帮助下，如愿进了东吴大学法学院，修习国际法专业。这一举措，成为他日后想当一名外交官的标志。但是，未能如愿，留下遗憾。这位志向远大的年轻人，欲求面向世界的愿望，始终在他心中时时萌动。

当一轮明月从维多利亚港湾升起时，他又经一番沉思，如在中国香港当一名《大公报》电讯编译及国际新闻编辑，终非他想。

如今已接到北上电邀，是平生不可多得的机会。此时，他决心换一种活法，调换一下人生的角色。

上　篇

金庸先生为大学生签名（本书作者　摄）

# 第一章　如日初升

## 一、新生的共和国

一九四九年十月一日，神采奕奕的毛泽东缓步走上北京天安门城楼。"中国人民从此站起来了！"这庄严而宏伟的一声宣告，如日初升，随着五星红旗的高高升起，向全世界宣布了一个新中国的诞生。从此旧中国消亡，在这块古老的东方大地上，出现了一个从未有过的崭新世界。

历经沧桑巨变，新中国的事业蒸蒸日上，一如万马奔腾，向前发展着；也可谓千头万绪，犹如一张白纸，开始宏伟的构想和描绘。政治、经济、文化、外交等领域，都需要人们重新去学习、去建构。一个新生的共和国，特别是在外交上，更需要国际社会的承认、友好和支援，甚或更需要外交部去拓展与突破。这诚如毛泽东在一九四九年以后所说的："我们熟悉的东西有些快要闲起来了，我们不熟悉的东西正在强迫我们去做。"正是在那样的时刻，一首激动人心的歌在全国大地上唱响："五星红旗迎风飘扬，胜利歌声多么响亮……"如此一首首激动人心的歌曲，以昂扬的姿态，鼓舞着千千万万海外各界人士，向着共和国母亲奔来，他们的一颗颗爱国之心，也正在向着新生的共和国靠拢……

无论是日夜思念祖国的老人、曾经报国无门的热血青年，还是不经事的少男少女们，纷纷以一颗颗赤诚之心，奔向亲爱的祖国。你看，中华人民共和国成立仅一个多月，即一九四九年十一月九日，

"中国航空公司"和"中央航空公司"全体职工宣布起义，脱离了国民党。当然，在中华人民共和国刚成立的年月里，一如这般起义的事例是那么多。从法律的角度看，特别是从当时还比较陌生的国际法的产权角度来看，如何来处理这些航空公司的资产？这是一个涉及世界诸多主权国的问题，也是一门法律研究的深奥学问。就算已经到了二十一世纪，在国际法中，世界新格局的各成员国，以及联合国还在不断斡旋与协商，还在为一些遗留的产权争论不休。

新生的中华人民共和国铁道部衡阳铁路局，在一九四九年十一月九日发表了严正声明，宣布"前粤汉、湘桂黔及浙赣各区铁路局所辖铁路存港器材、物资、汽车、款项均为人民国家所有"。台湾当局闻讯后也即派人到香港处理这些财产，为这些财产的主权，双方发生了争执。

就在这样的时刻，谁会想到有一个风华正茂的青年人在香港对此事极为关注。而这位青年，并非什么资深的法学专家或学者，也不是一位名流或高官，而只是一位仅读了一年多法律的大学生，在这么重要的外交问题上，他真有些出乎人们的想象和意料，竟然充当起了一位资深的法律专家，站出来说话了。

这样一位年轻、敏感、满怀抱负、热血沸腾的年轻人，那时在法律界有谁知道呢？没有。当时在香港的他，只是在香港《大公报》做着一名微不足道的国际电讯译员。就是这名国际电讯译员，尽管他还年轻，却已在计划着如何为实现自己的人生理想而奋斗。

时间仅仅隔了六天，他就对"中国航空公司""中央航空公司"全体职工四千多人宣布起义的事件发表了自己的看法和建议。十一月十八日、二十日，这位年轻人，竟奇迹般地拿起笔，分两次在《大公报》上发表评论，写出了一个令法学界为之一震的题目——《从国际法论中国人民在海外的产权》。他就是查良镛。

查良镛在当时环境下，即写出六千多字的论文，其实际价值相当于今日博士研究生的论文。这个论题当时属于非常敏感的论题，还有着强烈的针对性。文章的结论是：依据国际法准则，国民党政权遗留在海外的资产，应当归属"新中国"所有。

大公报馆（早期图）

很可惜，这篇略显冗长的分析论文发表后，在香港没能引起多大的反应。当然，我们相信，作为一个新生的共和国，必然会有不少资产遗留在海外，那些正致力于用外交与法律手段去解决海外遗留资产的人，应该非常关心这篇论文。而那些日夜奔向祖国怀抱的海外爱国人士，也肯定更关注这篇《大公报》的评论。

如果我们能怀有一颗平静的心，仔细阅读这篇几十年前刊发在《大公报》上的论文，那么在这篇论文的字里行间，我们不难看出，这位作者确实怀有一腔热诚和大志，他对国际法，对那改天换地、新旧交替的时代，非常关注。当然，也许人们会惊诧，这位年轻人究竟怀有什么样的人生理想呢？他对第二次世界大战以后的世界形势变化，以及当前中国时局的发展，为何有这么深刻的感悟与理解呢？

## 二、一石激起千层浪

那年，这个年轻人，仅二十五岁。在香港，他当时既无头衔也无职称，人们只是简单地称呼他——查良镛先生。他是一位从浙江海宁袁花镇走来的青年，而且可以说是身无分文。他很简单、很单纯地跑到了南国之岛——香港，这也许是命运使然。当然，对他来说，他所经历的生活，并不是一帆风顺的。因那时的香港，毕竟还没有回归祖国，还在英国的管辖下。

在鲜活的历史现实面前，如果我们把一九四九年作为一个重要的分界线，当时除了香港、澳门和台湾地区外，作为代表一个时代的历史终结，在中国大陆，旧中国的一切意识形态随着新时代的到来，便随时间消逝着。

今日，我们还很难知晓，当时正在日本的梅先生，怎么会一眼就看中了这么一篇论文？（因为报纸的论文毕竟不能太长，还分两期刊完。）是梅先生独具慧眼，还是他和这位年轻作者"英雄所见略同"呢？

梅汝璈，一九〇四年出生于南昌朱姑桥梅村。一九一六年至一九二四年间在清华学校学习，一九二四年考取公费赴美留学项目，入读斯坦福大学，一九二六年获文学学士学位，后入芝加哥大学法学院学习，一九二八年获得法学博士学位。一九二九年春归国，曾任教多所大学，并曾担任时任行政院院长宋子文、外交部部长王世杰的助手。一九四六年至一九四八年受国民党政府派遣，于远东国际军事法庭任中国代表法官。中华人民共和国成立后，历任第一届全国人大代表、全国人大常委会法案委员会委员、全国政协第三、四届委员。一九五七年"反右运动"时，梅汝璈受到了不公平的对

梅汝璈法官

待。"文化大革命"中，又遭到了更严重的批判。在抄家时，有人搜出那件他曾在东京审判时穿过的法袍，如获至宝，以为抓住了他有"反动历史问题"的确切证据，并试图将其烧毁。但梅汝璈对此有理有节地抗争，并进行了巧妙周旋，从而保存下了这件历史的珍品。一九七三年，梅先生在饱受摧残之后，怀着对亲友的眷恋，带着对未能写完《远东国际军事法庭》这一巨著的遗憾，在北京与世长辞，默默地离开了人间，终年六十九岁。

梅先生是国际法这个专业领域的佼佼者，特别是在新生的共和国，在这方面人才还比较缺的情况下，是当时首屈一指的国际法权威人士，他在第二次世界大战以后，担任过东京国际战犯法庭的中国首席大法官，参与了对日本战犯东条英机的审判，又在第二次世界大战的战胜国——英国、法国、苏联等盟国任过法官，在法学界可算是位大名鼎鼎的人物，是一位享有国际声望的法学家。

当他出席国际性的大审判结束后，他转停香港应邀回内地，出任了新成立的中华人民共和国政务院的外交部顾问。当时的外交部部长，是由周恩来总理兼任的，而后，由陈毅接替。

梅先生到北京后，在处理共和国与世界各国的外交工作中，发现新生的政权外交人才奇缺，具有外交和国际法方面专门知识的人员更少。为了工作的需要，他希望能有一位得力的助手来协助他展开新中国的外交工作。不知是缘分，还是其他什么原因，梅先生总时时想起那篇发表在香港《大公报》上的论文，同时也常常想起这位有才华的后生。这个年轻人的文章观点敏锐、条理清晰，显示了其丰富的国际法知识及对国际政治时事的敏感触觉。查良镛当年正在香港，为什么会有这么大的兴趣写下这样一篇论文呢？他对新生的共和国抱有什么样的理想和希望？当然，梅先生兴许时时会闪过这样的念头。

梅先生从心里喜欢这位有外交才华的年轻人。他自己在北京工作甫定后，即电邀查良镛北上来外交部工作，并希望这位年轻人能做他外交事务上的研究助理。

梅先生从北京连续发出三封电报，向这位年轻人发出诚意邀请，希望他能早日来北京相见。这般地以诚相邀，三发电报，让查良镛意想不到，心中非常感激。在香港接二连三接到电报的查良镛，真可谓是"一石激起千层浪"，心潮澎湃，心想难道自己从青少年时期起，就模模糊糊在心中构筑起的一些理想之梦，时至今日，竟然就要如此快地起步实现了吗？

天赐良机，岂能这样错过？老实说，在查良镛的青年时代，心中就常常怀着一个儒家之"士"的梦，虽然仅仅是一个长长的梦，那么依稀，也那么模糊，却一直深藏在他的内心。

生逢十四年艰苦的抗战时期，长年的漂泊生涯，在查氏家族的书香门第中长期熏陶出来的这个梦，早已慢慢淡出了他的心间。可如今，梅汝璈先生突然从北京发来的三封电报，却像层层涟漪向他袭来，再次搅动了他宁静的心。心里潜藏的梦，倏忽间为这北来的召唤所萌动起来。

他激动、兴奋不已，似乎带着几分神秘的心情，又开始重新构建一个心中的天堂——那每一代年轻人向往的非凡的前程。特别是他一往情深地钟情于革命成功后的北京，故接电报后的几个晚上，他难以入眠，真的，他想着就要离开香港，去一个神圣的政治中心，他的心情简直无法用言语表达。

年轻人能够得到一位大学者的赏识，而且由于这位大法学家的推荐，竟然能使他走入古人所说的"庙堂"（政治核心机构）之中，这确实是他常常梦萦于心的理想啊！

他马上电告了正在北京的梅先生。在电报中陈述了自己的志向，并从心中感谢他，同时表述了他非常愿意做他的助手，去干一番新中国的外交事业。这，不正是年轻的查良镛梦寐以求的事业吗?!

## 三、为了灿烂的前途

一九五〇年，这位怀有远大抱负的年轻人，经过一番最后的思量，向香港的《大公报》辞了职，几乎没有什么后顾之忧地放弃了香港的家庭，只身简装北上。

这般毅然的人生抉择，从某种意义上看，对于个体生命与生存方式，无疑是一次人生关口。特别是从中国近百年历史的走向上看，若把二十世纪五十年代，作为一个历史转折的分界线，那么这样的选择，对于一个二十多岁的年轻人，确实是一次从思想到生活习惯，以及世界观的重大改变。在这个年轻人做出这个重大的决定时，还有一个与这个年轻人有关的人生插曲，即我们传主的第一次婚姻，在这里也颇值得一提。

这位只身离港的年轻人，当时在香港已有一个小家庭。那时在香港的妻子叫杜冶芬。他们的爱情，萌芽于一九四七年杭州的西子湖畔。

那时，年轻的查良镛在《东南日报》工作，说来也是非常偶然，那一年他在该报主编幽默副刊，出于编者与读者的关系，有机会和杜冶芬的弟弟杜冶秋结识。当年，杜家父亲在上海行医，因母亲喜欢清静，在杭州买了一所离西子湖畔较近的庭院大宅。当时在上海的有钱人，为避上海之烦嚣，有许多人在美丽的西子湖畔买房子，有时间就过去住住。安享生活之清静的母亲，平时大部分日子，就与女儿杜冶芬一起住在杭州；杜冶秋则跟着父亲在上海上学，假期才到杭州来。

那时，《东南日报》有一个栏目叫"咪咪博士答客问"。有一天，栏目的问题是："买鸭子时需要什么特征才好吃？"报上的"咪咪博士"回答说："颈部坚挺结实表示鲜活，羽毛丰盛浓厚，必定肥瘦均匀。"

这使杜冶秋不以为然，认为不一定正确，写信去报社质疑"贵报'咪咪博士'说鸭子的羽毛一定要浓密才好吃，那么请问：南京板鸭一根毛都没有，为什么竟那么好吃？"

而"咪咪博士"明知这位读者的来信是挑刺，还回信说："阁下所言甚是，想来一定是个非常有趣的孩子，我非常想能与你得见一面，亲谈一番。"杜冶秋也就回信给报社，说："我天天有空，欢迎光临！"

一个星期天的下午，查良镛果然去登门拜访了这位挑刺的读者，原以为只是和这位读者见面谈谈，可到了杜家后，却邂逅了时年十七岁的杜家小姐——杜冶芬（这位挑刺读者的姐姐）。第二天，查良镛再度登门，送去一沓戏票，盛邀杜家一起去《东南日报》社楼上，观赏郭沫若编剧的《孔雀胆》。这个戏由上海人民艺术剧院前身"抗敌演剧九队"公演，在新中国成立后仍演出过，非常吸引观众。更何况在当时抗战刚结束的一九四七年，在杭州引起很大反响，人们争相观看。

当年的《东南日报》除一般报道外，还花了不少篇幅进行宣传，把"才子加文人"郭沫若的这部剧本，推向了高潮。第一次接触后，杜冶秋和父亲就回上海去了，杜家在杭州只剩下了母女二人。从那以后，查良镛也成了杜家的常客，和杜小姐往来不断，慢慢地就有了感情。杜小姐那时正是十七八岁的少女，少男少女碰在一起，而且是郎才女貌，哪能不坠入热烈的恋情中去？

一九四八年三月，《大公报》要派查良镛到香港工作，他不是很乐意，写信到杭州，征求杜冶芬的意见，她的答复是：短期可以，时间长了不行。后来，报馆高层同意这样的要求：只去半年。赴港前他去了两次杭州。当时，许君远要他写一篇《我怎样决定到香港》在《大公园地》上发表，同事李君维甚至预先给他起好了题目，叫《杭州别凤记》，还特意画好了两个小报头。

三月二十七日，杜冶芬到上海，替查良镛整理行李，送他上飞机。临别前交代他："我们每人每天做祷告一次，不要忘了说，但愿你早日回到上海。"飞机是三十日早晨起飞的，"本来预订计划四月一日办一件有关终身大事而并非终身大事的事，于是一切只好'半年后再说'"。

"有情人终成眷属"——后来，杜冶芬也去了香港。金庸在《大公报》《新晚报》时的老同事、上司罗孚记得，他们那时住在摩理臣山道，附近就是杜老志道和杜老志舞厅，他们在这里结婚了。

杜冶芬与查良镛，在香港共同生活了几年，却没有生育子女。后来据罗孚说："这位太太人长得挺美丽！"而当时的另一位老报人也曾遗憾地说："我们知道杜冶芬是杭州人，因为她不懂粤语，在香港生活感到寂寞。当时，查良镛工作很忙，也的确很少有时间去陪这位新婚夫人，所以他们婚后的生活，并没有太多的欢悦，加上当时查良镛收入不多，在这么一种生活状况下，这位新婚夫人杜冶芬——也是他的第一位夫人，最终离开了查良镛，当然也离开了香港。"

对于这件事，当时也有报纸曾说，查良镛与第一位夫人的最终分离，是因为当年查决意要北上，而遭到妻子反对，迫不得已才分手。实际上，这也只是一种传说，并非如此简单。另有一种说法是，由于查良镛常忙碌于工作，没时间陪伴和照顾，说杜小姐有婚外恋。当然，这种传说也并不足取。爱情婚姻能否天长地久，其本身也是复杂多变的。我们只能这么看：当时，查良镛与杜冶芬的结合，他们之间的爱情与婚姻，也许原本就缺乏牢固的根蒂。

查良镛七十四岁时，曾回忆他第一次婚姻的失败，也带着无可奈何的感叹："我是离过婚。第一次结婚的时候，她很爱我，我很爱她。但事后离了婚，你问我后悔不后悔，我说不后悔。因为，在当时的条件下，大家是真心真意的，事后变故，大家没办法知道。"但是，事后变故的原因是什么？他却没有说。

但后来，杜冶秋是这般回忆的："有些报纸说查、杜分离，是因为查欲求职'外交官'遭妻子反对，迫不得已才分手的，实际上是无稽之谈。"杜冶秋还说，"后来离婚的主要原因，恐怕还是'爱尚且存在不足'。"

这不足，其实是内因起着作用，外因最终由内因决定。这才是造成他们最后分离的重要因素。当然，如若从另一角度去审视，也可能与当年查良镛个人生活漂泊不定的环境有一定的关系。因为一个家庭生活上的稳定，对于婚姻的稳定至关重要。而当时这位年轻人，可以说，还顾不上一个小家庭生活各方面的需求，包括物质上与精神上的。

那时的查良镛正是一位非常年轻的理想主义者，为了追求他心中的神圣而美好的理想，他正日夜兼程、马不停蹄地闯荡"江湖"，正在为自己设置的灿烂前程，奔波不息、走南闯北。

## 四、踏上故都北京

查良镛离别香港，第一次踏上故都北京时，无疑满怀着巨大希望。他心仪已久的故宫、长城等古迹，是很想去领略一番的，但在这样的时刻，他真还顾不上去领略在漫长的历史长河中形成的京都风韵。到京的第二天，他便马上去拜望了梅汝璈先生。

虽然他们之间并不太陌生，但毕竟几年不见，而且是在新生的共和国首都相见，更不寻常。查良镛对自己任职新生的中华人民共和国外交部，是否能成功，心中也还是个未知数。他不断在想：一踏进北京城，看到的是各种新气象，包括北京的衣、食、住、行，都有了新的变化。再加上一路而来，听闻的各界人士对新北京的看法，使这位年轻人有些激动。

当然，作为新中国外交部的国际法资深大师梅汝璈先生，当时在中国还没有像他这样的法学博士，所以梅先生在北京是非常受人尊敬的。梅先生多年来一直很欣赏这位年轻人，所以一见面他也格外高兴。见面后，除了鼓励、设家宴、全力相助……他还能说些什么呢？一句话，他对这位才气横溢的后生，是倾全力相助的！对于查良镛来说，按照当时中共的政策，是否能顺利进入外交部工作，确也不是梅先生这个顾问能说了算的。那日相谈之下，梅先生建议他先去找周恩来的助手，当时任外交部负责实际工作的乔冠华面谈。（时乔任外交部政策委员会副主任）

乔冠华，他并不陌生，早年在重庆《新华日报》上，就读过乔冠华的国际评论。一九四六年至一九四九年，乔冠华是新华社香港分社负责人，常以"乔木"的笔名，在《华商报》上发表国际问题评论。《大公报》"左"转后，乔冠华有时到《大公报》与他们座谈，交换对时局的看法，他们也算得上是"熟识"。南京解放前夕，查良镛在会上问乔："乔木先生，将来全国解放后，香港和澳门问题怎样处理？"

乔曾用手指轻弹茶杯，想了一想说："反对中国人民的，主要是美国政府。我们以后的重要工作，是社会主义经济建设。据我个人看，香港的现状是否保持，要看对我们的社会主义经济建设是不是有利而定。"

在这位年轻人的眼里，乔冠华作风平易近人，没有架子。他对乔冠华充满了信心，肯定会帮助他到梅先生那里当一名得力的助手。

当一名外交官，是查良镛多年的梦想，他曾说："我年轻时企盼周游世界，所以曾有做外交官的志愿。高中毕业后，到重庆上大学，考取了中央政治大学的外交系，其后又因与国民党职业学生冲突而被学校开除。战后到上海入东吴法学院读国际法，继续研读同一门学科。"这是五十年以后，他向日本池田大作告知的一段心里话。

然而，事情发展并没有那么简单。当查良镛急奔外交部找到乔冠华，坐下慢慢相谈后，想不到等待他是一个两难的选择。

乔冠华仔细了解情况后，当面直言相告：北京确实需要你这样的人才，但外交部是一个特殊机构，政治要求很高，进外交部工作的人员，必须经受党的各种严格的政治考验。查良镛听了这些话，按当时的形势，他清楚以他的出身背景已不可能圆外交官之梦，一时也无法进入外交部工作。

乔冠华建议他先去人民外交学会报到，在那里工作一段时期，经过必要的思想学习，将来再转入外交部。他作了一番思考后认为："乔先生的话，确是一番好意，但我觉得人民外交学会只做些国际宣传、接待外宾的事务性工作，不符合我做外交官的理想。"与乔冠华谈话后，他马上把情况告知了梅汝璈先生。梅先生听后，也为他不能一步到位顺利进入外交部工作深感遗憾。

梅汝璈多么需要这位有国际法才学的年轻人留下来工作，当自己的助手，于是建议他再去找找曾长期在《大公报》工作、时任外交部政策研究委员会主任秘书的杨刚，也许杨刚能帮他说上话。

杨刚曾是一位写过许多国外生活体验的著名记者，文章写得好，早在二十世纪三四十年代，便是一位活跃而又出色的社会活动家。当查良镛找到她时，杨刚也建议他先入革命大学或人民外交学会工作一段时间，然后看形势的发展而定。听了两位外交部领导真诚的建议，经过了一番周折，他对进入外交部工作也不乐观了。虽说有梅先生的相助，外交部当时的领导也并不陌生，但他北上进京的这段时间，对比了自己与当时北京机关的工作和生活，包括在北京看到的青年人的穿着，他从内心里发觉，自己的思想行为、日常生活习惯，还都是香港式的，对新生的共和国可以说了解得太少太少了。所以，他想今后就算自己主观上作了很大的努力、经过了思想上的改造，也未必可以实现原来的理想。

虽然乔冠华对他很好，也很关心他，也曾跟他说，如果他能做到全心全意"为人民服务"，党一定会关心他，主动吸收他入党的，查良镛也非常拥护中国共产党，但是经过了几天几夜的思想斗争，根据他来京后看到的、听到的、吃到的，在长远思考后，权衡利弊得失，他最终决定，还是放弃原有的青春理想与向往。

## 五、返回香港

几十年后，他回忆起自己的这段经历时说："外交官的行动，受到各种严格规限，很不适宜我这样独来独往、我行我素的自由散漫的性格。我对于严守纪律，感到痛苦。即使作为报人，仍以多受拘束为苦，如果我做了外交官，这一生恐怕是不会感到幸福快乐的了。"

海宁查氏，早在明清两代，已是嘉兴的望族，海宁的查氏是科甲鼎盛、人才辈出的大家族，可谓"世泽流衍"的书香门第和官宦之家。查良镛的入仕之途于此中断，查家一代代用儒家翰墨、点滴心血所传承的仕途香火，岂不熄灭了吗？

当然不是，这位初露才华、带着香火传承的查氏之后生，是个有志青年，他会有更广阔的天地，可以在其他领域去开辟、去创造。作为海宁几百年历史的查氏家族的后代，儒家"学而优则仕"的思想毕竟在他身上已熏陶了二十六年之久，事到如今，北京之行的最后结果，至少可以说，查氏家族代代相传的那条入仕之路，在查良镛这一代，已无望再走下去了。想到这些，他心中之苦、忧郁，可想而知。

他只能另辟蹊径，以另外的方法，在另一条人生轨道上，继续去完成查家代代相传的历史使命⋯⋯

人生也许就是这样，正是由于北京之行没有如愿，才有了对这位年轻人的磨炼与鞭策。当历经岁月沧桑、功成名就以后，查良镛再一次回忆起二十世纪五十年代北上的经历时，则认为这是一件塞翁失马焉知非福之事。

经过一番思量之后，查良镛终于搭上了一条返回香港的海轮，他的一颗激荡之心总算渐渐有了些平静。在海轮上的时日，正逢春雨连绵，淅淅沥沥日夜下着，似乎没有停过。这位北上没有实现愿望的年轻人在归途中除偶尔读些书外，就是独自坐在轮窗内望着静寂缥缈的海空。夜深时，听着窗外的雨滴，由急到缓、由密到稀。他独自思量，从南到北，没多少时日，又辗转由北南下，这急转直下的一番劳顿、几多思绪，身心真不知在梦里还是梦外。

当查良镛卧听海涛，经历了"又闻空阶，夜雨频滴"的难度时光，禁不住涌上心头的，是自己所走过的那二十六个年头的人生历程，真犹如一场梦境。这不仅像如今的一夜雨，更像是这位年轻"天涯客"于人间世的一腔愁怀，无以言说。

# 第二章　海宁查家

## 一、袁花镇的传说

　　一九二四年三月十日，查良镛出生于海宁县袁花镇一个富有的家庭。有名的袁花赫山房（今属袁花镇）便是他出生和从小生活的地方。和许多江南显赫的家族一样，查家故居，是一个有着五进房院，房屋达"九十多间"，并连接着一个大花园的豪宅。

　　袁花镇，紧挨中外闻名的观海潮的盐官镇，每年的观潮季节，少年时期的查良镛，常常会跟着母亲跑到盐官镇去凑热闹、观海潮。

金庸旧居（杨艳丽拍摄于海宁金庸故居）

一次次瞧着滚滚怒潮汹涌而来，"月影银涛，光摇喷雪，云移玉岸，浪卷轰雷，海潮势若万马奔腾，奋蹄疾驰而来"的钱江潮，其磅礴之气势，对于从小就生活在深深宅院里的少年，可谓百看不厌。

他不仅年年去看钱江潮，还时常听钱江潮的各种神话传说："夜来了，涛声拍岸。子夜的潮头狂怒地涌起，迎着下弦的月色，唱出满腔悲愤。"

海宁金庸故居内保留的金庸出生处（杨艳丽　摄）

其实有关钱江潮的民间神话传说代代相传，引无数青少年神往。自古以来，能唱出的钱江潮悲曲很多，而其中所谓"鸱夷有遗恨，终古使人哀"的神话，流传最广，给查良镛留下的印象也最深。

鸱夷，其实是指一种凶猛的鸟，也指用皮革制作的酒囊。这个神话，是借用伍子胥与吴王的历史，说的是大酒囊与钱江潮的故事：春秋末，越国被吴国打败，勾践向吴王请和，吴王夫差表示同意，但吴国大臣伍子胥却坚决反对。越国说尽了好话，还说了伍子胥许多坏话。吴王听信了，在把勾践放回的同时，竟"赐剑自裁"，把伍子胥杀了。

伍子胥死后，被装进一个大酒囊中抛入钱塘江。九年后，越王起兵灭了吴国，伍子胥的灵魂怒不可遏，就乘着素车白马在钱塘江中奔腾吼叫，钱塘江于是怒潮荡漾，翻江倒海，而钱江潮也就由此而来。于是"钱塘江上的滚滚怒潮，原来是伍员（伍子胥）怨怼冲天的素车白马……"

的确，这个大酒囊的故事，具有人物、战争、大自然的奇观，属于正义的历史，所以在查良镛心中生了根。日后，他对中国历史的浓厚兴趣，就此有了萌芽，他的第一部武侠小说《书剑恩仇录》，许多动人细节，就源于他从小司空见惯的"十万军声半夜潮"的壮观。

所以，不幸早逝的华东师大文学博士胡河清，一位年轻的文学评论家，在读了金庸的几部小说后，曾这样评论："金庸是将号称天下第一潮的海宁潮捎向人间的绝世怪才。乾隆和陈家洛夜半在海神庙相会的情景，大概只有土生土长的海宁人，才能够写得出来……他的十四部大著，就和挟持天地日月精气的海宁潮一样……"这位钱钟书称道的博学才子，对海宁潮养育了金庸的文学，进行了非常精辟的描绘。

海宁，原隶属杭州府，自古就由钱塘江把它们联系在一起。至一九四九年后，海宁建县划归了嘉兴。它是浙江省的一个海滨小县，由于长期和杭州联动在一起，又以天下人观海潮胜景而闻名，自古"物华天宝，人杰地灵"，素有"文化之邦"的美誉。革命先行者孙中山，曾因观海宁潮，而写下有名题词："世界潮流，浩浩荡荡，顺之则昌，逆之则亡。"

海宁自古以来就是学风兴盛之乡，自清朝起，更是人才辈出。清初陈世倌师事黄宗羲，积极倡导颜李之学，成果卓著；嘉道年间，又有周广业、吴骞、陈鱣、沈维乔等人崛起。周广业勤于经史，吴骞专于校书，陈鳣精于训古，沈维乔则研精义理。

到了道光、咸丰、同治年间，张廷济、蒋光煦又以校勘著名，钱保塘究心于形声、训诂、舆地之学，成就斐然。光绪年间，李善兰精于天文历算，成为中国自然科学的一位重要开创者。到了近代，国学大师王国维，还有著名诗人徐志摩、著名军事家蒋百里，都是浙江海宁人。

说起著名诗人徐志摩和军事家蒋百里，还都是查良镛的近亲。他们三家的关系是：诗人徐志摩的父亲徐申如是徐家的大哥，查的母亲——徐禄是徐家小妹，当年徐志摩的年龄和查良镛的母亲差不多。查、徐两家经常往来，可惜因徐志摩常年漂泊在外，查良镛小时候与徐志摩接触并不多。小时候，查良镛跟母亲回徐家，见过这位才华横溢的表哥。当时徐志摩已从英国留学回来，在剑桥大学写的《再别康桥》一诗，已脍炙人口。

从史料来看，徐志摩住在海宁家乡的最长时间，应是一九二六年十一月到一九二七年一月，有两个多月时间，虽有时也来海宁老家，但来去匆匆，而那时的查良镛，不过三四岁。

一九九二年十二月三日，已为一代武侠大师的查良镛，回到故乡海宁时，特地到硖石西山徐志摩的墓前，与夫人林乐怡双双向诗人深深鞠躬、默哀，并献上鲜花。他缓缓地说："我的母亲是徐志摩的堂姑妈，他是我的表兄。他死得很早，我和他接触不多，但印象深刻。我读过他的新诗，看过他的散文，都是很优美的，对我教益很深。听说为他新建了墓地，早就想来凭吊，今天终于如愿。"此时，已离表兄"化鹤归去"六十一年。

而查家与军事家蒋百里的关系应是：查良镛同族姑母查品珍，是蒋百里的妻子，而查品珍就是徐志摩的姻亲姑母。我们从这些地方史料来看，浙江海宁的文脉积淀，确是非常深厚的。

## 二、江南有数人家

按古书载，查氏源出自芈姓。春秋时期，楚国有公族大夫封邑在查，后代称查氏。查氏家族多出名人，如追溯其源，南唐有工部尚书查文徽，宋有殿中侍御史查元方，明末清初有学者、画家查继佐，这些历代的名人大家，都给查氏家族增光添彩。查氏家族，原居安徽，至元朝末年，天下大乱，查氏先人查瑜，为避兵祸，携妻带子，从婺源沿新安江、富春江、钱塘江顺流而下，先在嘉兴落脚，不久发现海宁园花里龙山（袁花镇）一带土地肥沃，依山面海，民风淳朴和婺源相似，而且海宁与查家祖籍休宁，只一字之差，遂决定在龙山之东定居下来，当时是元至正十七年（一三五七）。从此，查瑜恪守祖训，以儒为业，耕读为务，诗礼传家。到查良镛出生时，查家已在这块土地上繁衍生息了五百多年。

海宁查家，是当地数一数二的世家望族。"查、祝、许、董、周"是海宁的五个大姓，查姓居首。在查家的宗祠，有一副清康熙帝亲笔所题的对联："唐宋以来巨族，江南有数人家。"

人所共知，在封建王朝中，能获皇帝御题对联者，必是于朝廷有功、乡党有名的望族。事实上，查家名人辈出。在查家祠堂内，那几十个牌匾上，所录族中功名人士，官至翰林、进士、举人的族人，可达几十乃至上百人之多，这在中国地域历史上，并不多见。

自明清以来，查家金榜题名中进士二十余人，具有入仕资格的举人七十余人。清康熙年间，进入鼎盛时期，门中子弟考取进士的大有人在，人称"一门十进士，兄弟五翰林"。到了光绪年间，查文清（金庸祖父）成为最后一名进士。

查氏家族，有大画家查士标（一六一五——一六九八），明末生员，字二瞻，号梅壑散人，家富收藏，故精鉴别，擅画山水，为海阳四家之一。至清代有诗人、书法家查升（一六五〇——一七〇七）

曾为清康熙皇帝文字侍从、清康熙二十七年（一六八八）进士，选翰林院庶古士，授编修。康熙帝选儒臣侍值，以备顾问，他深得康熙器重，曾入直南书房行走，达三十多年。

康熙皇帝曾亲自题赐匾额"澹远堂"和"敬业堂"，分别赐予查升与查慎行，这在当年是非常了不起的事。至康熙时期，从查氏家族的发展史来看，应是最鼎盛时期，名副其实的"望族"人家。他们的荣宗耀祖事迹，纷纷载入了史册——如《明史》《清史稿》，以及各类地方文献、乡邦史志。

查慎行（一六五〇——七二七），原名嗣琏，字夏重，康熙四十二年（一七〇三）中进士，特授翰林院编修，入朝内廷。他从

金庸故居内保存的匾额（杨艳丽拍摄于海宁金庸故居）

小聪颖，十岁即曾就学于黄宗羲，研究经学，对《周易》尤有心得。二十岁补诸生，出门远游，遍历云贵、华中、华北、东南各地，写出大量诗作，名噪一时。曾在纳兰明珠府中教授其幼子。他也曾追随邑人，远征云贵，讨伐吴三桂残部，故有不少诗作，反映了战争残酷和民间疾苦。后受"江西科场试题案"牵连，便改名慎行。

他入京为官，深悉官场内幕，至康熙五十二年（一七一三），乞休归里，家居十余年。雍正四年（一七二六），因三弟查嗣庭讪谤案，以家长失教获罪，被逮入京，次年放归，不久去世。查慎行诗学东坡、放翁，尝注苏诗。自朱彝尊去世后，为东南诗坛领袖。著有《敬业堂诗集》等作，是清初最有成就的诗人之一。

我翻读查慎行当年写湖州的一首诗，至今令人浮想联翩："菰城浸薮泽，白塔双云表。浮气荡一州，湖波白渺渺。我来久徘徊，爱此吟风篆。春深花淡淡，日暮云袅袅……"此诗较长，恕不全录。

金庸曾当面与我说，先祖查慎行的诗，恐怕很少有人读到。可这首写湖州"游道场山"的诗，至今还留在了湖州，可与苏东坡所写道场山诗同美。

查慎行在清代也算得上是一位有名的诗人，他的《敬业堂诗集》收诗四千多首，加之《续集》七百多首，共有五千多首诗，我们看到的《鹿鼎记》，有五十回的回目都出自《敬业堂诗集》。如若有人评查诗和宋代陆游的诗，在诗作之量上，可并驾齐驱，然诗质上，陆诗时代与查所处境地毕竟不同，无法言比。

查嗣庭乃查慎行的弟弟，官至礼部侍郎。雍正四年（一七二六），他主持江西省试，出了一道考题"维民所止"，这本是《诗经》里的一句话，但有人却向皇帝报告："维""止"两字，是"雍正"两字，去掉上半截，岂不是暗示要砍掉皇帝的头吗？

另外，有人还向皇帝告查嗣庭，在江西所出的试题，有"皆远其辞文"，别有用心。与汪景祺同一伎俩，是恶意诽谤当今皇上。

雍正听完，勃然大怒，大发龙威。

雍正即下令逮捕查嗣庭，又下令查抄他的全部诗文笔记，认为其中"语多悖逆，心怀怨望，谤讪朝廷"，因而钦定"大逆不道"之罪。

查嗣庭在狱中，大受拷打，终死于狱中，雍正还下令戮尸枭首。查嗣庭儿子也死在狱中，其亲属有的被杀，有的被流放，有的被捕。

如兄长查慎行，被定为"家长失教罪"，被逮入京，囚了一年后，总算放归。留下了"如此冰霜如此路，七旬以外两同年"的诗句，虽侥幸活着回到故乡，然而不到一年，也与世长辞了。

这是查氏家族历史上所遭遇的第二次文字狱。海宁查家，经此二劫，元气大伤，家业也由盛转衰，直到清乾隆十九年（一七五四），相隔了近三十年，方有人中进士。

当然，如果我们细细考察，查嗣庭所谓的"江西考场案"，其实也是雍正皇帝搞的一次宫廷内部斗争而已，借此铲除异己，可谓"欲加之罪，何患无辞"。而早在康熙年间，查氏还经历过一次文字狱案——庄氏史案。

二〇〇〇年，我陪金庸去南浔，特地去寻找"庄氏史案"的案发地及其留存的老屋。我们在南浔的百间楼屋附近，寻找"杀庄桥"（后改为"栅庄桥"）时，他曾对我说："我写《鹿鼎记》时，虽从史料上读到南浔史事，但从未来过这里。我在《鹿鼎记》的开首，就已经写到庄氏史案。这是查氏家族第一次被牵连的文字狱案。"

他说："发生在康熙元年（一六六二）的文字狱案，我先祖——查继佐，被卷入此案，曾入狱半年。"

查继佐是明崇祯六年（一六三三）杭州乡试的亚魁（第二名），是明末负有盛名的画家、学者。

翻开《鹿鼎记》第一回的后记，就可读到金庸写了这样一段话："本书的写作时日是一九六九年十月二十三日到一九七二年九月二十二日。在构思新作之初，自然而然地想到了文字狱。我自己家里经历过一场历史上著名的文字狱。"

从这里也可以看出，金庸写武侠小说的源头，总是从自己所熟悉的生活写起，当然，小说少不了有想象虚构的成分。

如果说查氏家族历史上出了不少的名人、学者、进士、翰林的话，那么，查氏家族发展到现代，除查良镛外，查氏家族，在现代有著名的教育家查良钊、法学家查良铿、社会活动家查济民、诗人查良铮(穆旦)等。可以说，他们都是在某一领域的知名人士。其中，查济民曾于一九九二年担任首届国务院香港事务顾问，荣获香港特别行政区政府颁发的"大紫荆勋章"。与查氏姻亲血亲中的名人，还有钱学森、蒋英、琼瑶，细究近现代不少名门望族的族谱，发现很多我们耳熟能详的名人，居然都是查良镛的亲戚。这在中国家族史上还是少有并鲜为人知的。

但是，对查良镛来说，家人中对他未来的成长影响最大的还是他的祖父。


## 三、查文清与丹阳教案


查良镛祖父查文清，字沧珊，家谱排行上，本属"美"字辈。光绪十二年（一八八六）中进士，曾在江苏丹阳任知县。因政绩良好，加了同知衔。光绪十七年（一八九一）四月，因"丹阳教案"，辞官回乡。

当年，不少外国传教士纷纷进入中国，尤以沿海省份为甚。这些传教士并不只是传教，还常常借西方势力欺压中国百姓。而官府方面慑于西方列强的淫威，往往视而不见，等同于姑息养奸。终于，忍无可忍的百姓愤而反抗外国传教士的欺压，各地与传教士的摩擦时有发生。在丹阳，数百名愤怒的群众围攻当地的教堂，并一把火将其焚烧，成为轰动一时的"丹阳教案"。

教堂被焚，熊熊大火虽然解了百姓们的心头之恨，也不可避免地惹下了事端。事发后，朝廷为了向外国传教士有交代，准备将丹阳焚烧教堂为首的两人捉拿处斩，此事让身为丹阳知县的查文清颇感为难。

一方面，作为下级，他不好违抗朝廷的命令；另一方面，作为中国人，他与百姓们一样痛恨外国传教士的劣行，因而十分不愿看到那两人被捉拿处斩。思来想去，查文清终于寻得一个两全之策。他先差人秘密通知为首两人迅速逃走，得知确实逃脱后，他才去上司那里汇报此案。

面对恼羞成怒、坐立不安的上司，查文清语气平和，他对上司说："事件乃因外国人欺压良民，引起公愤，数百人一拥而上，焚烧教堂，当中并无为首之人啊！"

不待上司细究，查文清便向他的上司自追其咎："丹阳教案的发生，本官难辞其责，故请求辞去官职。"

其实，这中间尚有故事。当年，去丹阳直接处理此教案的，是王世襄的伯祖王仁堪。据清末举人、南社社员张素撰写的《光绪辛卯丹阳毁焚教堂始末记》中所记，当年处理此教案时，尚有查良镛的祖父查文清，也同在现场。查文清于清光绪十六年（一八九〇）调任丹阳知县，而一八九一年四月发生丹阳教案时，正好他是经手此案的官员。从此案记录看，当时朝廷因媚外，而要严办市民，但查文清任知县，因得其上级王仁堪的支持，未执行朝廷旨意。王仁堪体恤民意，始终认为："此其罪岂专在市民耶！"王仁堪任知府，与下级丹阳县令查文清，合而共识，丹阳教案终得以顺利解决。

我撰本书时，曾访谈过金庸先生，他也曾感意外，说："真想不到我祖父还与王世襄的伯祖，曾是当年一起处理教案的两位同僚！"查文清为此教案，挂印辞官而去，仍回家乡海宁。此事不久，王仁堪也患病而逝。

丹阳教案发生后，查文清的官职究竟是自辞，还是革职，已无法细考。但从本质上说，查文清对官场不是很贪恋。辞官回乡后的查文清，毕竟属官宦之家，物质生活是富裕的，心境也清朗恬静。在老家除读书赋诗之外，又着手编纂《海宁查氏诗钞》，当时已编诗达数百卷之多；然令人叹惜的是，未等到《诗钞》雕版之付印，查文清便与世长辞了。

对于祖父之为人，金庸后来曾回忆说："前些时候到台湾地区，见到了我表哥蒋复璁先生。他是'故宫博物院院长'，此前和我二伯父在北京大学是同学。他跟我说了些我祖父的事，言下很是赞扬……"

据说查文清病逝，当时的北洋政府总统亦派人前来吊唁。丧礼极尽哀伤，出丧之日，丹阳有十多位绅士前来吊祭，更难得的是，当年带头火烧教堂的两个人，闻讯后一路哭拜而来，每走一里路，就磕一个头，从丹阳一直磕到袁花查氏家族的老家。

当然，金庸后来也说，那两个带头火烧丹阳教堂的人前来吊祭，不可能一路从丹阳磕头到袁花，但是，查文清高风亮节，也可谓英年早逝，宁愿丢官，也要保护丹阳人之性命，肯定是受到了人们的深深哀悼。

后来，金庸与日本的池田大作展开对话时，又谈起了他深深敬爱的祖父，他说："我祖父查文清公反对外国帝国主义者的无理压迫，不肯为了自己的官位利禄而杀害百姓，他伟大的人格令我们故乡、整个家族都引以为荣。""祖父设立了一座义庄，买了几千亩地收租，而租金用于资助族中的孤儿寡妇，使他们能平安过活，凡是上了中学、大学的人，每年都可分两次领一笔津贴，如果有人出国留学，津贴的数额更大……"

我们从金庸祖父身上，看到了从清末到民初，这段历史变革中，许多文人为官的优秀例子。他们大多在那个时代变革中郁郁而

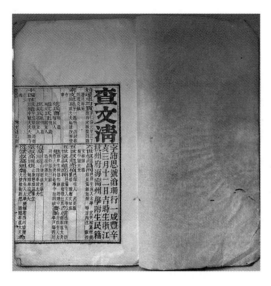

查文清档案

死。看到他们在他乡为官时，写的许多"乡愁诗"，都证明了他们有一颗正直、爱国的心，都想为这个民族的复兴做些壮举，哪怕这些政治的热忱希望都落空了，也会返乡为乡邻们做些慈善和教育事业。

我们看到徐世昌当年为金庸的祖父——查文清亲笔写下的"赞象"诗，就看到了这样的历史："萧萧白发丹阳尹，曾并簪花竞少年。大好河山供写照，春风回首一潸然。"

祖父的经历和品行，在查良镛的心中烙上了深刻的印记。查良镛后来说，祖父查文清，对他有两个重要的影响：一是使他知道外国人欺负中国人；二是要多读书。从查良镛的话中，可以捕捉到这样一个信息，即查良镛后来一直期望自己能成为一名外交官，一方面是查家几百年传承的儒家思想所影响，另一方面显然也与他祖父的经历有关。

查文清生前有一些家宅、田地。所以，当我们的传主——查良镛出生时，查家还拥有三千多亩田地，租种查家田地的农民有上百户之多。

## 四、父亲的藏书

一九一四年，袁花镇查家后生查枢卿与海宁名门大家闺秀徐禄结为夫妇。徐禄，出生于海宁硖石镇，是当年新月派著名诗人徐志摩之父徐申如的堂妹，深得家人宠爱。她毕业于杭州的女子学校，写得一手娟秀小楷，会绘画绣花。徐家在江南至上海一带，可算得上是富商，世代经营酱园、绸庄、钱庄。徐申如后来还创办缫丝、纺织、发电、电话等新兴近代工业。

查良镛母亲徐禄

查枢卿和徐禄成婚后，感情笃深，先后生下良铿、良镛、良浩、良栋、良钰等五子二女。查良镛是老二，年幼时也常随父母到堂舅徐申如家做客，虽然表兄徐志摩常在外奔波，但他也见过这位新月派诗人。

"悄悄的我走了／正如我悄悄的来／我挥一挥衣袖／不带走一片云彩"，一诗成谶。一九三一年十一月十九日，一场空难，夺去了诗人年轻的生命。一九三二年春天，一代诗人的灵柩，在故乡海宁硖石镇下葬。

查良镛后来曾回忆说，这位著名诗人飞机失事遇难后，查家还派他为代表特送挽联去哀悼，挽联上写的是："司勋绮语焚难尽，仆射余情忏较多。"（挽联引用唐代诗人司勋员外郎杜牧、徐州守将、检校尚书右仆射张建封与歌妓关盼盼的典故。）还说，"那时我只是个十岁左右的小孩，但他家里当我贵客，那样隆重接待，我在灵位前跪拜后，舅舅徐申如（徐志摩父亲）向我一揖答谢。舅舅的孙儿（徐志摩的儿子）则磕头答谢。然后开了一桌酒席宴请。我一生之中，只有这一次经验，是一个人独自坐一张大桌子吃酒席。桌上放满了热腾腾的菜肴，我当时想，大概皇帝吃饭就是这样子吧！两个穿白袍的男仆在旁斟酒盛饭。那时我自然不会喝酒，只做样子假装喝半口酒，男仆马上把酒杯斟满。我不好意思多吃菜肴，只做了样子就告辞了。舅舅送出大门，吩咐用自己家里的大船（在我们江南，富家有自用汽车船，一般人家各有自家船）连同船夫、男仆送我回家（我家离他家二十七里路，叫作'三九'），再向我爸爸、妈妈呈上礼。"

查氏家族到查良镛父亲查枢卿这一代，祖上仍留下田地三千余亩，佃户百户之多，雇有不少男女仆佣，并在袁花镇经营钱庄、米行和酱园店等。查枢卿有两个哥哥，大哥是秀才，二哥毕业于北京大学，他本人毕业于上海震旦大学。查家富有，雇一些长工、短工，料理家务。查良镛刚上学时，就有一名长工负责接送他，下雪、下雨的日子，这名长工还抱着查良镛上学、回家。

这位名叫和生的长工是个驼子，半身残疾，是查文清辞官时从丹阳带回袁花家里来的。查文清死后，他继续在查家当长工。因为残疾，查良镛很同情他，每次看到别人取笑他，就予以制止，有时还为此哭了起来。他生病的时候，查良镛还时常到他的小房子里看他，拿些东西给他吃。

因查良镛懂事，心地善良，故这位长工待查良镛很好。当时长工已是六七十岁的老人，但他把少年查良镛视为朋友，还把自己的身世告诉查良镛。原来，这位长工是江苏丹阳人，家里开豆腐店。当地一名财主看中了他美貌的未婚妻，便设计陷害他，并差人把他打成残疾，还把他关进牢狱两年，而他的未婚妻则做了财主的继室。他出狱后心怀愤懑，就持刀刺伤了财主，于是又被判刑入狱。后来，查文清当了丹阳县正堂后，才把他救了出来。

这位长工病死后，查良镛一直很怀念他，心里时常记着他辛酸的身世。二三十年后，查良镛曾经以他的身世为素材，写成了武侠小说《连城诀》，以纪念在他幼小时，对他"很亲切的一位老人"。

一九七七年四月，金庸在他的小说《连城诀》后记中还说："和生直到抗战时才病死。他的事情，我爸爸、妈妈从来不跟人说。和生跟我说的时候，以为他那次的病不会好了，也没叮嘱我不可以说出来。这件事一直藏在我心里。《连城诀》是在这件真事上发展出来的……"

查氏家族，承上启下，因为家学渊博，海宁查家藏书自然也十分丰富，"查氏藏书"在浙西一带很有名声。当年，查家三兄弟的藏书，闻名遐迩，查慎行藏书处，名"得树楼"，藏书两三万卷，在袁花镇西南三里。查嗣瑮藏书处，名"查浦书屋"，有书五千卷，在袁花镇横涨桥边。查嗣庭的藏书室，在袁花西南，名为"双遂堂"。单说那查家珍藏着九百卷之多的《海宁查氏诗钞》雕版，已经是一件藏书文化史上了不起的事了。那是查文清生前去职读书消闲时所编写的，当然，其中也浸透了查文清辞官后郁闷的心情。

这些雕版置满两间房子，查良镛和兄弟们把这些雕版当玩具，还时常钻到这些雕版之中捉迷藏。日子长了，对雕版上的诗词，查良镛也耳濡目染，随意就能读出几句来。

雕版（杨艳丽拍摄于海宁金庸故居）

　　写此，不禁使我忆起，那次我陪金庸去江南古镇——南浔，一起去参观嘉业堂藏书楼时的情景。当他看到这近百年的藏书楼，书架上有许多当年嘉业堂的刻书雕版，这些都是被鲁迅称为"傻公子"的刘承干所遗留下的。

　　那日，我陪金庸到嘉业堂，他很仔细地看了这些存放于木架上的雕版，当他看到也许是和他童年捉迷藏时一样的东西时，他原本严肃的脸上，即浮上了笑容。他对这些嘉业堂的刻书雕版，也情有独钟，问这问那，兴许那一刻在他心底浮上了童年的回忆。我们还谈起鲁迅先生在上海时，也曾去刘家买这些雕版所刻的书。那次他还对我说，他从小也是在这样的雕版书堆中长大的。

　　对于少年的回忆，他曾多次说过这样的话："我家中不单有古书，也有新书，因为我的伯父、父亲、兄长都是大学毕业生。我自小与书为伍，培养出喜欢读书的基本性格，加上长辈的文化修养好，家里房产亦丰，生活不愁，家人间的活动也很文雅，闲来多是下棋、看书……"查良镛幼时聪明顽皮，深得母亲的关爱。他记得曾被抱到街头，去看傀儡戏。猪八戒高老庄招亲，被新娘子大打耳光的情形，过了多少年他都记得清清楚楚。

少年查良镛

　　尽管那时查良镛年纪小，但他最爱的是查家的各个书房，所涉猎的书籍，已相当广泛。母亲爱读《红楼梦》，查良镛十二岁时，虽不大懂，但跟着母亲一起看。母亲常和堂嫂、堂姐谈论贾宝玉、林黛玉等，她最喜欢的人物是探春，其次是薛宝琴，会背诵薛小妹新编的《怀古诗》。查良镛出生在这样的家庭，从小耳濡目染，无疑对他是最好的一种熏陶、教育。

在现代知识方面，查良镛称小学时代"得益最多，记忆很深"的，是父亲、兄长购置的邹韬奋所著《萍踪寄语》《萍踪忆语》等世界各地旅行记，以及邹韬奋主编的《生活周报》。

有关从小在一个舒适的环境中读书的回忆，我们不妨读读金庸与池田大作的那段对话：

年轻时培养我创作能力和写作能力最主要的因素是读书，特别是阅读小说。我父亲是一位热心的小说读者，家中藏书相当多……

因为是地主的身份，平时没有什么工作，空闲很多，可使用的钱也多，大家都买了各种各样的小说。有传统的明代、清朝的小说，也有比较新的上海出版的小说，例如张恨水的小说，各种武侠小说等；也有新派的《小说月报》、鸳鸯蝴蝶派的《红》杂志、《红玫瑰》等小说杂志……

我哥哥查良铿，学习古典文学和新文学。在上海上大学，他花不少钱买书，常常弄得饭钱也不够，受到我父亲的严厉责备。他买的书有茅盾、鲁迅、巴金、老舍等人的著作。我家和各位伯父、堂兄、堂姐等人所拥有的书是互相流通的，大家借来借去。所以我在小学期间，读过的小说就已不少。我父亲、母亲见我一天到晚看书，不喜欢游玩运动，身体衰弱，很是担忧，常带我到野外去放纸鸢、骑白行车，但我只敷衍了事地玩一下，又去读小说了……

我上的小学，图书馆里书籍也相当丰富，老师们很鼓励学生读课外书。我记得有一位姓傅的老师，特地借出他珍藏的《小妇人》《好妻子》《小男儿》三部书给我阅读。这三部书的译者郑晓沧先生是美国留学生，是我故乡海宁的出名文人，大家以他为荣，因此，这三部外国书在我故乡竟然相当流行。我年轻时最爱读的三部书是《水浒传》《三国演义》以及大仲马的《三个火枪手》……

查良镛迷上武侠小说，也是从这个时候开始的。有一天，他在无意中看到一本武侠小说《荒江女侠》，这是他生平第一次接触武侠小说，那年，他八九岁，想不到世上还有这样好看的书，此后对武侠小说日渐入迷。这部小说是"新文派"始祖、言情小说名家顾明道所写，内容主要是写方玉琴、岳剑秋这对"琴剑二侠"的武侠生涯。书中首创男女二侠双双闯荡江湖的模式，这对后世的武侠小说，影响很深。顾明道以言情小说的笔调、新文艺腔的笔法写这本小说，给阳刚味浓烈的武侠小说注入了温婉艳约的柔美，开启了"侠情"武侠小说的新境界。

查良镛粗粗阅了几页，书中的内容就吸引住了他，令他爱不释手，连着几天便看完这本《荒江女侠》，他禁不住拍案叫绝。当时，这样的阅读方式，无疑给他以后的文字功底，打下了一定的基础。

其后，少年查良镛到处搜罗武侠小说，一睹为快。他在当时相当流行的、上海出版的消闲性读物《红玫瑰》中，读到平江不肖生的《江湖奇侠传》，书中桂武、甘联珠、金罗汉、甘瘤子等人物深深地吸引了他，其中"火烧红莲寺"的故事，更给他留下了深刻的印象。

另外，平江不肖生在《侦探世界》杂志上连载，描述清末民初武林真人真事的《近代侠义英雄传》，更使查良镛看得入迷。

以后几年，查良镛看过的小说有好几十本，其中描写梁山好汉反抗官府的《水浒传》，写包青天除暴安良、一身正气的《三侠五义》及其续篇《小五义》《彭公案》《施公案》等，都让查良镛看得如痴如醉。小时候的查良镛还到书摊租书看。《七侠五义》《小五义》，以及还珠楼主、白羽等的武侠小说，在他眼前展开了一个充满想象力的新奇世界。

《三国演义》文言成分较多，查良镛在小学时，就津津有味地读了，虽然有许多文句不懂，但故事和人物的吸引力太大，终于使他跳过不懂的部分，一路读完。

当然，那时的查良镛迷爱武侠小说，只是因为武侠小说好看，人物和故事深深地吸引着他，这也许是大多数少年看小说入迷的主要原因。当然也可以说，那时的他，连做梦也没有想到今后会去写武侠小说，更没有想到自己将来，终成为新派武侠小说的一代宗师。

# 第三章　求学生涯

## 一、不忘师恩

查良镛七岁时就读于村口巷里十七学堂，高小转入袁花镇上的龙山小学堂。他没有上过私塾，一开始上的就是现代小学。龙山小学堂，始建于一九〇二年，是海宁最早的四所高等小学堂之一，又名海宁第三高等小学堂。

从家出发，有一段泥路，路边有池塘柳树，经过一座石桥，再有一段石板路，就到了天仙河畔的龙山小学堂。在此小学读书，最让他难忘的是遇到了一位好的班主任兼国文老师——陈未冬（原名陈维栋，诸暨人）。陈老师也爱写作，那时也常有作品发表。陈老师很喜欢这个聪明的小学生，对他的每一篇作文，都细加圈点、认真批改，作为范文在课堂上评析，常常鼓励他上进读书，还让他一起编五年级的级刊《喔喔啼》。他们将这本小小的级刊，办得生动活泼。

金庸后来说："数十年来编报，老师之指点，固无时或敢忘也。"虽然等他小学毕业，袁花一别，师生从此失去了联系，但陈未冬老师是一直记得"查良镛"这个名字的。六十年后，师生两人终于在杭州相会，重逢时有说不完的话题。金庸至今忘不了陈未冬老师当年为他改正的一些错字。

龙山小学堂的图书馆，藏书相当丰富，老师们很鼓励学生读课外书。他在低年级时看《儿童画报》《小朋友》《小学生》，后来看内容丰富的《小朋友文库》，还阅读了一些章回体小说。

到五六年级时，他就开始看新文艺作品。如读了巴金的《家》《春》《秋》等书。查良镛后来回忆时，总觉得"读小说常常引入自己的经验，这是天下小说读者常有的习惯。我当时最爱读的是武侠小说，因此觉得《家》《春》《秋》《春天里的秋天》这一类小说，读来不够过瘾"。

一九三六年，少年查良镛从龙山小学堂毕业，考入浙江省立第二中（今嘉兴一中）。他第一次离开袁花镇，离开了海宁。

美丽的南湖、古老的烟雨楼，从此成了他挥之不去的梦。二十年后，嘉兴一再出现在他的小说中，在《射雕英雄传》中有这样的描述：

"那是浙西大城，丝米集散之地，自来就十分繁盛……城中居民人物温雅，虽然贩夫走卒，亦多俊秀不俗之人。"

《神雕侠侣》开篇就有：

"一阵轻柔婉转的歌声，飘在烟水蒙蒙的湖面上。歌声发自一艘小船之中，船里五个少女和歌嬉笑，荡舟采莲……节近中秋，荷叶渐残，莲肉饱实。"

嘉兴烟雨楼的名称，历史上最早的记载出现在元代，《嘉竹志》中有一首《题烟雨楼》的词，那首词美丽、确切、动人，也许读者喜欢，不妨录之。

有客抱幽独，高立万人头。东湖千顷烟雨，占断几春秋。自有茂林修竹，不用买花沽酒，此乐若为酬。秋到天空阔，浩气与云浮。

叹吾曹，缘五斗，尚迟留。练江亭下，长忆闲了钓鱼舟。剗更飘摇身世，又更奔腾岁月，辛苦复何求。咫尺桃源隔，他日拟重游。

这首烟雨楼词，把烟雨楼描绘得美丽多姿，楚楚动人，是宋代吴潜与姜白石，于一二二九年在嘉兴会面时所作，可知在那个时期，嘉兴王氏烟雨楼，早已闻名于世。

浙江省立第二中学，原来是嘉兴府学，一九〇二年废科举建学校，改为府中学堂，民国后改称浙江省立第二中学、嘉兴中学（现为嘉兴一中），老师中不少都有真才实学，查良镛的班主任、国文老师王芝簃是北大毕业生，学识渊博，品格崇高，对他很爱护，是他常常想念的恩师。王老师的刚毅正直、勇敢仁厚，查良镛在一生中时时引为楷模。

自一九三一年起担任校长的张印通先生，曾留学日本，以为人正直、办学有方而誉满乡里，深受师生和社会各界的爱戴。数学老师章克标，亦让查良镛终生难忘。

章克标先生于二〇〇七年一月二十三日去世，享年一百零八岁。一九九八年二月十八日，是章先生九十九岁寿诞，金庸曾从香港发来贺电说："愿吾师身体康宁，欢乐颐养，数载之后，良镛当造门祝寿，更受教益也。"后来果然仍以当年学生之礼造访。

我至今保存了一本既有金庸签名，也有章克标先生签名的《世纪挥手》初版本的书。我也曾数次登门访谈章克标先生，后在陆文夫主编的《苏州杂志》刊出了访谈录《谈章克标先生》。

章克标曾对我说，他十九岁去日本，在日本留学六年，他虽是学数学的，但和郭沫若、郁达夫、林语堂、夏衍等中国文坛一些名家，在日本交往甚密，还精通日、德、英、法等国文字。他自一九二五年回国至一九五七年，有三十二年之久基本上住在上海，在这个"十里洋场"上做自由撰稿人、出版家和编辑。

我和我的朋友专程去拜访他时，他正在为深圳一家出版社写自传体随笔《世纪挥手》。当我通过一间小小的厨房，走进章克标乱

作者张建智珍藏的章克标著的《世纪挥手》，上有章克标和金庸签名

糟糟的书房兼卧室时，迎来的却并不是想象中的大作家、中外文化融合的西装革履的学者，而是一个微矮稍胖、平头白发中有少量黑发、说着海宁土话、皮肉白嫩、近似乡下土老人一般的老者。能有机会与一个见过鲁迅，而后和鲁迅发生过误会，日后又没有机会向鲁迅当面解释的老人见面，且能无拘束地和他促膝长谈，确实是一件幸事。

谈话自然要说到鲁迅与他的关系。我们和他谈到了七十年前鲁迅在《准风月谈》上那篇《登龙术拾遗》的文章。

而今七十年以后，我们不好意思地又问他："今日，许多书上都说鲁迅骂过你，有这回事吗？……"毕竟人已过百岁，没有了一点火气，他十分坦然并笑吟吟地用嘉兴夹海宁土话回答我们："说到鲁迅骂过我，他是冲着我的《文坛登龙术》一书而来的，其实他骂的是我的朋友——邵洵美。邵是'唯美派'诗人，那时我喜欢和'唯美派'这些人聚在一起，我和邵洵美一起编过《人言》周刊。我把鲁迅用日文写的、刊于日本《改造》杂志上的《谈监狱》一节，译了过来，于一九三四年三月的《人言》杂志上刊出。可邵洵美又在我的这篇译文后，加了一段不恰当的'注'（'注'中认为鲁迅之文'强词夺理'，意气多于议论，捏造多于事实）。

"鲁迅阅后，以为这段'注'是我写的，便骂我是'邵家的帮闲专家'。后来鲁迅又写信给郑振铎，说我'为人恶劣'。又过了一年，鲁迅死了，真所谓死无对证，这件事在文坛上，已经讲不清了，我还能向谁去讲清呢？……"

还好，虽然这段二十世纪三十年代的文坛公案，使章克标先生非常不愉快，但他还是不无幽默地向我们谈起许多文坛逸事。当我们问他："你见过鲁迅先生吗？"他仍笑着回答："我和鲁迅见过两次面。一次是在内山书店，碰巧遇到，因我见过他的照片，认了出来，可他未注意到我。另一次是曾为鲁迅画过像的陶元庆先生领我去的，一进鲁迅家，正巧他家里有客人，经陶介绍了一下，大家点了点头，可鲁迅抽不出身来和我谈话，仍和原来在他家里的客人谈话，所以这次也没有很好谈什么事。"

章克标在和我们的谈话中时有对"唯美派"文学的赞美，但对在当时的状况下一味倾向"唯美"似有些自愧。他老人家心中不会忘记，二十世纪三十年代的中国，正处于苦难深重的民族矛盾时期，日寇的屠刀已沾满了国人的鲜血，而唯美派诗人们的自作多情，和当时的时代背景格格不入，这岂能不令鲁迅先生愤慨呢？

快近二〇〇〇年的岁末，已是庚辰农历小雪节气，忽听嘉兴人范笑对我说章先生和他新婚不久的五十多岁的东北女子刘桂馥（章后来给她另取名为"林青"，意为上海人常说的口头语——"拎得清"）即刻要离开家乡海宁硖石，去湖北保康一个山区农场，我们又去了他的老房舍。虽已三四年未见面了，但出现在我们面前的，依然是一个能喝善饮、步履轻捷、每天还能吃鸡腿喝牛奶、思维反应灵敏、充满机智幽默的老人。这从我和他的谈话便可知道。那是一次难得的人生幽默谈，不妨录之：

我问："记得几年前我们来看你，你身体不错，隔了三四年你已经百岁多了，如今看你身体却越来越好了。"

他却笑对我说："我想建议你把这'好'字改成'年轻'。因为，我身子是越来越年轻了。"

"这样说，章先生是逢到了生命的春天了。"我对他说道。

他道出了新意："我的生命是从百岁不老开始转向青春的。"真说得我无话可说。于是我略带调侃地对这位老人不敬起来："那么你真像你的学生金庸写的武侠小说中的'老顽童'了！"

对于我的调侃，他却说："我活着，还比较不够顽！"听了百岁老人如此幽默真是使我哭笑不得。

我索性用比较激烈的语言对他说："如果你还那么顽固不化，我们应该打倒你吗？"

章克标老先生的回答更幽默，且带有挑战性："应该被打倒，但怕打不倒，不是吗？因为，我早已倒在地上了！"

说这句话的时候，他的新婚妻子林青正好走过来靠在他的藤椅旁，我对林女士说："章先生，现在你身旁还有美丽的林姑娘了，你已经不肯随便倒下了吧？"

他的回答却又是另一番情景，他说："不是吗，她现在也倒下来了！"这句回话，我现在还没明白，所指是章老和她结婚后被人说闲话说得要倒下了呢，还是说嫁鸡随鸡，他是倒下的人，那么夫唱妇随也应该一同倒下呢？这就不得而知了。

我随即转到生命问题上来，我问他："一个人活了一百多年，一个世纪多了，什么都经历过了，这样的生命是长呢，还是人生苦短呢？"

他的回答似乎也很得体和辩证："不长呵，可也不短了，这样的生命倒合乎孔夫子的'中庸之道'呢？"

我有些奇怪，他的回答，牵扯了二十世纪中国知识分子要做什么？是要立功，还是立德，抑或是立言呢？从章克标先生对生命只要合乎孔夫子的"中庸之道"便算不错了，寿命也长了，抑或是"中庸"和"乐天"使这位知识分子活过了一个多世纪吗？

我们的谈话牵扯到生活的美满和爱情，也许和百岁老人说"爱情"有些滑稽，但他是一个文学家，一定还有爱情留存心灵深处，我问他道："你最近喜结良缘，你是三十年代的文学家，而且是倾向于'唯美派'文学的，你如今的生活有爱情吗？生活美满吗？"

他毫不思考便回答了爱情与生活的关系，他说："我现在没有爱情，但没爱情也要生活，生活也可以不要爱情，而只要人情……"

在百岁老人那狭小寒酸的家中，谈着二十世纪三十年代文坛往事，不免谈起曾与鲁迅交往较多的郁达夫。这位曾经也是创造社的才子，写的小说《沉沦》当年在现代文学史上还是挺红的，与章克标在上海也交往很多。我们再听听章克标对郁达夫的评说："他呀，是生在那个年代，却没怎么受五四精神的洗礼，全是旧时代名士的做派。他和王映霞结婚，是把王映霞当作妾看待的。这一点上，他不如徐志摩，徐志摩是接受了五四精神洗礼的，在爱情婚姻上是向往自由且也认真的。"

借本书再版之际，补录当年访章克标并与之对话内容，也想让读者对二十世纪三十年代上海文坛的大致情况多些了解，对金庸那个年代的生活背景多些认识多些了解。写此，还可以告知读者，章克标老先生，至二〇〇五年五月，已是一百零六岁的老人了，便与后来的夫人林青，到湖北生活了一段时间。之后，章老先生从湖北返回，就寓居上海松江，直至二〇〇七年一月二十三日去世，活了一百零八岁，可谓是中国文坛，从五四新文化运动后，最为长寿的一位奇人了。

当然，那时的章克标作为中学老师，给查良镛印象最深的，却是他教的数学课上的圆周率。章老师能推算到小数点后上百位，整整写满一张纸。章克标虽是作家，但留学日本时学的却是数学，编写过《算学的故事》（上海开明书店，民国二十四年九月初版），其中写有英国人欣克（Shanks）把圆周率推算到小数点后七百零七位的故事。章老师为人很是滑稽，同学们经常和他玩闹，而不大听他讲课，但他的治学精神对学生影响却很大。


## 二、母校如慈母

一九三七年八月十三日，紧接着卢沟桥的烽火，上海八一三事变的炮声响了，浙江的嘉兴、海宁等地，离上海前线较近，再也放不下平整的书桌了。

金庸在嘉兴的老师章克标先生，也是当年亲历事变的最后一位见证人，后在他写的《世纪挥手》这部自传体回忆录中，曾这样回忆当年嘉兴中学在抗战时的一些情况，不妨一读：

> 一九三七年"八一三"上海打起来后，大家还以为不久可以结束战争。所以嘉兴中学还是于九月一日照常开学，照常上课。……
> 初开学的一段时间，还比较平静，学生照常上课，每天沪杭火车仍通，上海报纸准时投递到达，大家争看战事消息。后

来大部分学生搬走了，火车也不大准时了。飞机开始轰炸后，嘉兴城里的住户，也陆陆续续搬迁到城外乡间去躲避了。再后来轰炸比较频繁了，有时一天要来两三次，我们的中学，也开始要逃避了，显然形势更紧张了，……

这时候的嘉兴中学，先是迁移到北部的新塍镇继续上课，这是嘉兴撤退到后方的必经之路。但是，至一九三七年十一月五日拂晓时，日军已增兵三个师团，约二十万日军，在大雾的掩护下，日军从杭州湾金山卫、全公亭一带登陆，大肆烧杀，嘉兴危在旦夕，数百名无"家"可归的学生，还留在学校，一时人心惶惶。

但曾经留学过日本的，自一九三一年起担任该校校长的张印通先生，却凭着一颗正义和爱护学生之心，在战争发生的危难之际，不顾经费不足和前途艰辛莫测，毅然挑起了这副重担，他带领整个学校的师生，迅速南迁。这位张校长，甚至还顾不上安置好上有老、下有小，也同样处于危险与困境之中的自己的家庭，他只身带着学生，先期迁移了，他的孩子们，只能后期逃难离开嘉兴。

张校长独自带着学生于十一月十一日匆忙离开新塍，踏上了遥遥无期的千里流亡之路。六天后，三架日机轰炸新塍镇。当晚，数十名日军，还潜入新塍，残酷地杀害了十三名同胞。试想当时如果没有张校长这样的人，毅然牺牲自己个人和家庭的利益，那么在这突然的轰炸中，肯定有部分学生会受伤或被杀害。

至十一月十九日，随着上海的沦陷、国民党军队的西撤，嘉兴终于沦陷。这时的张校长正全力在保护着这批包括查良镛在内的学生转移。因为要转移到后方山区中去，多数学生年龄都很小，大的不过十四五岁，小的只有十二岁，查良镛当年只有十三岁。虽然这些孩子们年弱力薄，但他们却互相扶持着继续前行迁移。

张印通校长和二十多位老师、全体学生，同行、同吃、同住，每到宿营地，都是稻草在地上一铺，就地而卧。每次发一元钱要用好几天，常常买三个铜板的山芋充饥，吃上一只粽子，就是一顿奢侈的美餐了，而在疲惫的流亡途中，老师仍要抓紧时间给学生上课。没有教室，没有课本，没有学习用品，学生就坐在树荫、屋檐下，老师凭着一块很小的黑板上课。

时已初冬，天气一天比一天冷，战时的教育经费不足，师生常处在冻饿的威胁之中，前无定所，后无接济。队伍过建德、兰溪，走到金华时，长期驻扎嘉兴的苏浙边区绥靖公署主任、淞沪前线总指挥张发奎，被张印通校长带领师生艰难南迁的事迹所感动，派高级参谋，驱车赶来，赠送大洋一千元，言明不需要正式收据。

流亡师生吃山芋，睡泥地，风餐露宿，行程千里，经过近两个月的跋涉，终于在一九三七年十二月下旬，到达丽水碧湖镇，没有一个人掉队。路上曾有教师力主解散学校，让学生自谋生路，以致人心浮动，大家不知所措。关键时刻，张印通召集全体师生，他说："只要有我张印通在，我就要对学生负责，坚持到底！"

在嘉兴方面的中学生往金华方面转移时，随着抗日战争的持久战，同是浙江的湖州学生在老师带领下是往西天目山方向转移。

当年和查良镛一起亲聆过张印通校长这番话的学生吴慧芳，后来回忆说："虽时隔近半个世纪，当时的情景，犹历历在目。这响当当的几句话，至今铭刻在我的心中。"

这样的日子,在查良镛年轻的心上留下了很深的烙印。因为战火,他失去了很多宝贵的学习机会;因为战火,他被迫流离失所、饱受煎熬。他看到日本发动的侵略战争,给无辜的百姓特别是给正在成长的学生,带来了无限的灾难。多少个家庭妻离子散,多少对爱侣劳燕分飞、生死两隔,多少人死在战争中。可以说,这段少年时的苦难历程,使他后来从事新闻报业后,一直坚定地维护和平,反对武力给平民带来灾难。

半个多世纪后,金庸重游母校,非常怀念他崇敬的校长张印通先生。感慨系之,于一九九二年十二月三日,特为母校嘉兴一中题诗留念。他的诗,充溢着对当年母校的一种感怀:

当年遭寇难,失哺意彷徨。

母校如慈母,育我厚抚养。

去来五十载,重瞻旧学堂。

感怀昔日情,恩德何敢忘。

张印通(杨艳丽拍摄于海宁金庸故居)

这种对母校的感怀,长期梦萦于金庸的心,因为母校和当年的校长——张印通先生,在抗战最危难之际,解救了金庸他们当年"生死系于一线的大难"。

金庸难以忘怀抗战时的张校长给予他的师生之恩,一九九四年,又特地回母校访问,并为他一生所敬重的张印通校长塑像,亲自为张校长纪念铜像揭幕，题写碑额。可谓是"滴水之恩，涌泉相报"。作为"儒侠"的金庸，抗战时他和张校长的一幕幕师生相依的情景，还时时梦萦于他的心间。

## 三、母亲病亡

金庸在嘉兴中学成立九十周年校庆时，曾对当年抗战时，学生们到处流亡的生活状况，做了如下回忆："……当时我们才十二三岁，每天要步行七八十里路，风餐露宿，为抗日救国，我们跟学校到后方去；为救亡图存，我们努力学习。走不动了，就唱支歌……"他说，他还记得校长张印通当年对学生的讲话："只要有我张印通在，我就要对学生负责，坚持到底……"

查良镛与老师、同学踏上流亡之路后，差不多就在同时，在他的家乡海宁沦陷前夕，金庸的父母也带着全家逃难去了。一九三七年九月三十日，海宁至杭州的汽车停开，电信中断。十一月五日中午，日军登陆，炮轰海盐县城，海宁受到严重威胁。十一月十七日，海宁县政府部分人员开始撤离。第二天（也就是查良镛踏上流亡路七天后），县城和各集镇居民，纷纷往浙西山区或偏僻农村避难。他的父母也带着全家逃难，告别美好的家园，渡过钱塘江，在对岸的余姚庵东镇（现归慈溪市）落脚。这里以产盐著称，号称"盐都"。

金庸曾在《倚天屠龙记》第三章特地写到这个地方："……余岱岩走遍大江南北，见闻实在不少，但从未见过如此奇异的情状，一问土人，不由得哑然失笑，原来那便是盐田……傍晚时分来到余姚县的庵东镇。由此过钱塘江，便到临安，再折向西北行，经江西、湖南省才到湖北武当。晚间无船渡江，只得在庵东镇上找家小店宿了……"金庸写下这个以产盐著称的江南小镇，是为纪念在抗战时，因缺医少药而病亡的最亲爱的母亲。

也就是在那个庵东镇，他的母亲徐禄不幸病了，得了急性菌性痢疾。那时乡山间无医无药，母亲几日里腹疼痢血，食不下咽，几至虚脱。父亲查枢卿，亲自上山采摘草药，和鸡汤让妻子服用。可这些药和鸡汤，终究救不了妻子。爱妻弥留之际，查枢卿悲痛欲绝，日夜守护不肯离开。这一年，查良镛的两个弟弟，良浩只有四岁，良钰只有两岁，尚嗷嗷待哺。远在碧湖的查良镛，也不知什么时候才得到母亲病故的消息。

几十年来，金庸在香港时时会在深夜、工作之余，思念母亲。每思之，必是锥心之痛，因为小时候，他母亲是最疼他的。几十年后，他才有机会回到故乡，他终于选择了一个清明时节，怀着对母亲深深的怀念，驾车到庵东镇，去寻访母亲度过生命最后时刻的地方，在母亲的坟墓前摆香祭奠……

就算是几十年过去了，他心中还不禁有些悔恨……在他母亲生病及在母亲生命的最后一刻，作为儿子却不能在身旁服侍，实在是他一生最大的憾事。当他每一次想起此事，家乡袁花镇在抗战时的那情那景，又会显现在他眼前。

那时他美丽的家乡饱受了日寇的蹂躏，昔日繁华的江南古镇也从此成了一片废墟，他家的房子也在战火中化为灰烬，多少代人积累起来的藏书也统统荡然无存；一个长历六百多年、绵延不绝的书香门第、曾经显赫的家族，就此完全中落……这样的遥想，在他心中总蕴含了无限的悲痛，半个世纪后，这家难中不堪回首的一幕浮上心头时，不禁潸然泪下……

一九三八年九月初，联中正式开学，查良镛进了初中部，和沈宝新等同学（正是这位同学，后在香港成了金庸事业的长期合作者），正是和大多数沦陷区来的学生一样，失去了经济来源，完全靠"战区学生救济金"来维持生活和学业。当年联中成立时，按规定将救济费分甲乙丙三等，来自沦陷区的都是甲等救济，一切应缴的费用全免，所有外穿的制服、书籍、伙食全由国家供应，每月发几元零用钱，可以买纸张、文具用品等。

查良镛在校享受甲等救济待遇，穿的衣服都是训练团留下来的军服，内衣裤、鞋袜等衣物则没有着落，就算天寒地冻也只是穿两件单衣，没有袜子，只能赤脚穿草鞋，在受军训时，冻得他咯咯叫。抗战时的学生总是四处颠沛，处于物质最匮乏的苦难时期。可是，也许正由于他在青少年时期受了这么一种生活之磨炼，尝尽了人生之苦难，才能使他日后无论遇到何种困难、艰辛，总能去克服、应对；也正缘于有了这种独立的意志，方能使他在人生旅途中，做出了辉煌的业绩。

## 四、惜别碧湖联高

查良镛读初中三年级的时候，数学、语文和英语全面发展，他既喜欢读大量的中外小说，又不得不应付升入高中部的考试，所以，时间对这位中学生来说，总感到不够用，那时的他连休息时间也抓得很紧，甚至吃饭都是匆匆忙忙的。

嘉兴中学迁到的碧湖，距丽水约二十公里，位于松阳、龙泉、遂昌等县之间，有一片群山包围的小平原，农田广阔，水利畅通，盛产稻谷杂粮，是个千年古镇，自古就是邻近各县农副产品的集散地。抗战时期，这个山区集镇，是浙江重要的文化中心。嘉兴中学师生到达时，省政府已在这里设立了一些战时机构。碧湖并没有湖，松阴溪和大溪（瓯江上游）在此交汇，水面宽阔，溪水澄碧，"树凝碧，溪如湖，远眺群山环绕，近观是一片宽宽展展的田野"。当时他们唱的校歌，就是当地的自然美与青年远大抱负相合的一支歌："三衢冲要，九峰巍立，万壑争流水滔滔，聚千百英豪修学励行习体操，适应抗战中需要。狮子般力量，骆驼般精神，勇猛、沉着，钢铁般意志，陶冶、训练，不屈不挠，哪怕世界狂涛，哪怕顽敌凶暴。同学们，增进智慧，负起责任，期把我国家重新建造。"

为纪念张印通校长带领全校逃出沦陷区的劳苦功绩，嘉兴中学的师生将一枚张发奎所赠的银圆加工制成纪念章，上面镌刻了"甘苦同尝"四个字，还举行了一个简单而意义深重的仪式。

嘉兴、湖州、杭州等地相继沦陷，一九三八年一月，浙江省政府在碧湖开办浙江省战时青年训练团，分高中学生组、简师班等，收容从战区逃出来的学生，张印通担任青训团简师班主任。初到碧湖，学生们都在这个训练团受训，他们穿上军装，男生是灰军服，女生是草绿色军服，地上铺些稻草就算是床铺。他们在这个战时青年训练团，共有半年，一边读书，一边军训。

嘉兴中学另外在碧湖成立了一个办事处。每逢星期天，同学们可以像回家一样到办事处去。这一天，他们往往能享受到一顿丰盛的午餐，老师和学生像家长和子女那样团聚在一起，共同度过美好的一天。金庸后来回忆说，少年时代，同学之间毫无利害关系、毫无心机，可以推心置腹、毫无保留地吐露心事。他最要好的朋友，都是中学时代结交的，那时候大家一起吃饭，住同一间宿舍，一起上课学习，生活亲密。

随着杭州等地沦陷，许多学校也相继来到碧湖。小小的碧湖，一时学生云集，逃难的人流蜂拥而至，机关、团体、军营、商店林立，寂寞的山镇变得喧嚣繁华起来。各校校长纷纷向教育厅建议，要求设立临时学校。一九三八年七月，教育厅决定由杭、嘉、湖七所省立中等学校（包括杭州高中、杭州初中、杭州女中、杭州师范学校、杭州民众教育实验学校、嘉兴中学、湖州中学）组成浙江省立临时联合中学，分高中部、初中部和师范部，由原来七校校长担任校务委员，实际上当时只有张印通、周育三（湖州中学校长）、唐世芳（杭州初中校长）三位校长在碧湖。不久之后，教育厅决定，由张印通任主任委员兼高中部主任，唐世芳任事务部主任兼初中部主任。凡从青训团转过来的七校学生，按照原各校所发的成绩单或证明书，分别编入三部的班级。各校迁校过程中，先后离开的学生、沦陷区逃出来的原七校或其他学校的学生，经查核属实，也准其入学。丽水、碧湖等附近地区有同等学力志愿入学的，经过考试，择优录取。因名额有限，报考者太多，录取的不多。

一九三八年九月初，联中正式开学，编入初中部的人数最多，分为十二个班级，查良镛终于恢复了中断的学业。次年，联中三部各自独立，初中部改名为浙江省立临时联合初中，高中部改名为浙江省立临时联合高中。

这么多学校来到碧湖，校舍问题不好解决，只能因陋就简，采用"进庙宇、借祠堂、租民房、盖草堂"四个方法，临时建的校舍，都是"木柱、草顶、泥筑壁"构成的。高中部在龙子庙（现是粮站），师范部在三峰禹王庙，初中部设在碧湖上街的沈家祠堂和叶家祠，学校办事机构、教室、男生和部分男教师的宿舍，设在沈家祠堂。正中的房屋作为礼堂，全校师生经常在这里集会，两侧是男教师宿舍。由正屋侧面经由小巷前行，前后房屋都是男生宿舍，男生宿舍房间里两边靠墙设有上下两层的竹架床，中间是走道。查良镛在这里住了一年。男生宿舍后面是一片空地，东侧有一棵大樟树，新建了一字形三排十八间较为宽大的房屋，泥墙草顶，十二间作为教室，其余的作为办公室、图书室、游艺室。

教室两面开窗，光线充足，空气新鲜，虽然里面只有白坯的板凳条桌，但在抗战时期，这已是一个良好的学习场所。旁边的洞主殿是学生餐厅，有桌无凳，师生都是站着就餐。西北是大操场，背面是校医院。操场两侧有许多石碓，每当空袭警报响起，日机来侵扰时，师生就在这里隐蔽。每当这时，有不少学生仍在看书，甚至大声朗诵，以示对敌机的蔑视。

联初的教员，主要来自杭初、杭女中、嘉中、湖中等校，也有碧湖当地聘用的。饱经流离之苦的学生，深知这一切来之不易。他们衣衫破旧，面带饥色，然而求学心切，精神饱满。学校里弥漫着浓厚的学习气氛，天蒙蒙亮，田野上就响起他们朗读语文、英语的声音。各科的内容与课时，大致照常，增设了救护、防空、宣传、歌咏等内容，体育、童子军的课程和活动增多，南山下、广场上，彩旗飘扬。每年的春、秋运动会，师生大显身手，经常打破省纪录。清澈见底的江水倒映着他们未脱稚气的面孔，碧湖原野上回荡着他们的歌声。

沈家祠堂、叶家祠都有阅报处，每学期要举行时事测验，并以时事为题材，举行作文比赛、演讲比赛、辩论会等。学校还成立了一个"飘零剧团"，有时上碧湖街头，演出抗日话剧。唐世芳校长作词、音乐老师俞绂作曲的联初校歌，传唱一时，荡气回肠，萦绕在每个联初学子，尤其是杭、嘉、湖沦陷区流亡学子的心头。

有一天放学后，查良镛和两个要好的同学在课室里复习功课，互相切磋。做完功课后，他们三个人聚在一起聊天，但谈的还是投考高中的事。闲聊中，他突发奇想："那么多学生为了考试天天忙于功课，太辛苦了。我们不妨根据我们以前报考初中的经验，编一本书给准备投考初中的学生看，教他们怎样复习功课，才能做到事半功倍。"

这的确是个好主意，如果有一本"怎么投考初中的书"出版，想要考试的人一定会买来看。有一位一起复习功课的同学马上响应说："我们得赶紧编写，赶在考试之前出版。"大家表示很赞成，说干就干，三个同学商量一番，决定推选查良镛来主编这本书，其他几位同学每人写一部分，紧接着他们便分头开始编写。

一个多月后，书大致定稿，书名就定为《献给投考初中者》。内容是教升初中的学生，怎样在各科考试中答题，如何使自己的考试取得高分。三位同学各自发挥力量，自行设计、印刷、发行。这本由查良镛任主编的书，于一九三九年交由丽水一家出版社公开出版发行。这样一本很实用的书，也就成了他一生出版的第一本畅销书。这本书，后来不仅畅销浙南，还远销至江西、福建等省。这种类型的书，在当时的条件下，可能是首次出版，大受各地中学考生的欢迎是自然而然的事。

金庸等编的《献给投考初中者》（杨艳丽拍摄于海宁金庸故居）

《献给投考初中者》一书的畅销，也确实使查良镛和他的两个同学，获得了一笔丰厚的报酬。而对查良镛来说，除足够他在抗战期间的生活所需外，尚有能力把妹妹从乡间接到后方求学，并接济有困难的同学。推算起来，当时他只有十五岁。学业方面，查良镛表现突出，是公认的高才生。此外，中学时代的查良镛便已开始显露出他的文学创作才华。

在他当年同窗的印象中，高才生查良镛不仅数理化成绩优异，而且"英语、国文更是出色，能写得一手好文章"。而在那样的环境下，他能结合自己的学习编写出第一本畅销书，是难能可贵而罕见的。对于平生这般经历，几十年后，金庸与日本的池田大作对话时，也还自豪地提到这本畅销书。

《献给投考初中者》那本书，内容平凡，只是搜集了当时许多中学的招考试题，加以分析解答，同时用一种易于翻查的方式来编辑，出版后得以很大的成功。我们在浙江南部的丽水出版，书籍一直营销到福建、江西、安徽各地。这本书的收益，支持我们合作的三人顺利从高中毕业，再到重庆去进大学。这本书和文学修养无关，而是商业上的成功。对一个十五岁的少年来说，表示我能了解到消费者的需要，用简捷的方式来满足他们。以后我创办《明报》而得到成功，大概就源于这种洞悉读者心理的直觉能力。

一九三九年六月，查良镛初中毕业了。而后，他进入抗战时期组建的浙江省立联合高中学习。可就在这时期，查良镛因为一篇文章，惹怒了学校的训导主任，受到了不公正的待遇，被学校开除。

二十世纪四十年代，当时学校办了一个板报，校内凡有兴趣者均可自由编写。对查良镛来说，这个板报自然成了他练笔的极好园地。同学对查良镛写作才华的最初了解，便来自这个板报。板报就设在校图书馆走廊上。这一天课余，板报前忽然挤满了人，大家争看一篇题为《阿丽丝漫游记》的文章，因为人多，前排便有人高声朗诵给后排挤不上前的同学听，而听者则不时拍手叫好。《阿丽丝漫游记》正是查良镛所写。文中，他描述一位名叫阿丽丝的小姑娘，不远千里来到一家学校，正兴高采烈遨游东方世界之际，忽见一条色彩斑斓的眼镜蛇，东游西蹿，吐毒舌，喷毒汁，还口出狂言，威吓教训学生："如果……你活得不耐烦了，我就叫你永远不得超生……如果……"板报上的眼镜蛇时而到寝室，时而到教室；或到饭厅，或到操场，学生见之纷纷逃避。同学们一眼便看出，文中眼镜蛇，所讽喻的是学校的训导主任沈乃昌。这位训导主任也戴着眼镜，讲话时常夹着"如果"二字，学生就以"如果"当作他的绰号。这是一位令人讨厌、不近情理的训导主任，人人敬而远之。查良镛借文中阿丽丝之口，讲出了学生想讲却不敢讲的话，自然令同学们拍手称快。但对号入座的训导主任被惹怒了。几天后，校方宣布将查良镛开除。自此，查良镛离开联合高中，转入衢州中学学习。

这一旧事在查良镛当年同窗看来，既显露出了查良镛的文章才华，也显示出他敢于反抗强权的精神，因而时隔多年，仍难以忘怀。抗战之前，富家子弟，纷纷到国外留学，学成后再回国一展抱负。这在当时成为一时的潮流和时尚。以查家优裕的家境，让查良镛去海外留学，本是计划中的事。但抗日战争的爆发，使这一计划不能得以实现。以至于后来金庸忆及此事，仍颇感遗憾。如果没有抗战的爆发，无论是查氏家族还是他个人，所首选者必是出国留学的。他甚至想到，"若学成回来，就很有可能当上大学教授"。

对查良镛来说，虽然不能出国留学以圆他的"教授梦"，是个不小的憾事，但也正因为这一变化，反倒使他更坚定地选择了另一种志向。这段人生故事，正是发生在抗战读书求学时期，后收在了由萧乾主编的"新编文史笔记丛书"——《两浙轶事》中，人们才能读到对这段往事的回忆。

> 我高中一年级时，在学校板报上撰文讽刺训导主任沈乃昌先生而被开除，是我一生中最大的危机之一。因为给学校开除，不但失去了继续求学的机会，连吃饭、住宿的生活也发生问题，后来终于在原校长张印通先生及旧同学好友余兆文君的帮助下进入衢州中学，那是生死系于一线的大难。

不怕重大压力而在文字中畅所欲言，这也是后来《明报》之所以成功的一个关键。不过，在《明报》写社评、坚持编辑方针，是有意识地反抗不合理现象；而高中板报上的文章，只是少年的一股冲动，没有考虑到严重后果的鲁莽行为而已。

查良镛被开除后离开了碧湖的联高，只能到抗战时期设在衢州

石梁的衢州中学去求读了。当然，这对于查良镛来说，是年轻时期一件不愉快的事。然而更使他想不到的是，当时国家正处在国破家亡、民族灾难深重之际，他出自一种内心的正义感，说了一点别的同学不敢说的心里话，就得罪了这位有权势的训导主任。这件事使他深深感到，正义之话仍被压制，不能发表个人的真话，当时他的内心只能感叹：这是社会的一种悲哀！

## 五、烂柯山的石梁

其实，抗战时期的衢州中学，是一所非常有实力的中学。当然，离开原已经习惯的学校，离开了原本已熟悉的同学和老师，对于查良镛来说，无疑有一种既留恋又有些失落的感觉。但在某种意义上，也并不一定是件坏事。

衢州中学创办于一九〇二年，是一所历史悠久的学校。整个抗战时期，由于全国各地的学校在抗战时期的流动性较大，所以流动到衢州中学任教的老师，好多是当年在国内各领域很有名望的教师。如先后到衢中任教的方光焘是语言学家，王西彦是作家，何植三是五四新文学时期有名的诗人，曹百川、张厚植的旧学根基很深，袁微子、陈康白、陈友琴等在文史方面都有真才实学，富有教学经验，皆一时之专业人才。这些来自各地的有名教师，无疑给当年在这里求学的学子带来了丰富而宝贵的知识，为他们日后成才打下了扎实的基础。这里当然包括了几十年后成为著名作家的金庸先生。

因为有高水平的老师的教导，当年衢中的学习气氛非常好，文风很盛。俗话说，名师出高徒，比如在一九四一年九月，学生自治会就创办了一个小刊物——《驼铃》。这本由学生自己办的文学旬刊，刊名由陈康白老师题写，虽在当时闭塞的山区创办，但内容丰富而有朝气。查良镛到了衢中后，在这样的环境里真可谓如鱼得水，他的写作能力很快就显露和发挥出来。到石梁不久，也即《驼铃》创刊前后，他就在金华的《东南日报》上发表了两篇文章，用的是老师给他取的笔名"查理"。

以"查理"为笔名的《一事能狂便少年》一文，发表在一九四一年九月四日《东南日报》副刊《笔垒》（第八四七期）上，题目取自他的同乡前辈王国维的诗句。这篇文章，文笔犀利，见解独到，字里行间抒发了年轻人的一颗正义之心。文中还不时对为国民党卖力、不尊重知识和学生人格的训导主任进行了抨击。

查良镛在《东南日报》所发表的这篇文章，当年，在衢州中学确是引起了一番小小的轰动，阅报栏前吸引了不少同学们注视的目光。

一九四一年十二月七日，《人比黄花瘦——读李清照词偶感》一文刊登在《笔垒》的版首，他对南宋词人李清照的名句大胆地提出了自己独特的看法：

> 对于真正不幸者的同情我以为是最高贵的一种感情。但故意的做作却完全是另外一件事。人类的弱点应该得到同情，但这同情不应该由这弱点的保有者故意地去求得。

这篇文章在一定程度上带有主观的偏激情绪，但正题反题的驳论却是精彩的，所运用的知识也很渊博，作为一名中学生，能写出这类文章也是不多见的。

作为此文作者的查良镛，抗战时期是一位热血青年，身处当时抗战的大背景下，他正好借用了李清照这位历史人物的词句，做了这篇文章。作者从社会现实出发，实际是在批评那种故作姿态的社会状况，"自我怜惜心理""一切吟风弄月，缺乏战斗精神的思想"，一些在当时那个特定的时代里表现出的人的心态。

当年署名"查理"的这篇文章，我们今天还能在浙江省档案馆所存的《东南日报》缩微胶卷中读道："……坚强地忍受吧，我们不要怨叹与诉苦。如果你还能够思想，能够行动，你所说的不幸实在是对真正不幸的侮辱。"今日，再重读查良镛这几句发自内心的激愤之语，所激起的余波，才是这文章的主题。查良镛当年能发表出如此文章，离不开一位名叫陈向平的副刊编辑的帮助。金庸发表的第一篇文章，是经陈向平修改后发表的，而金庸的第一篇小说，也是在陈向平的影响下创作的，甚或他当记者的生涯，也离不开陈的推荐。

当年，日本侵略者除了掷炸弹，还在金华衢州一带使用细菌战，对中国进行侵略。一九四一年全校举行"双十节"文艺会演，查良镛自己编导并主演的英语话剧《月亮升起》（*Rising of the Moon*）在石梁广场演出，观众虽大都听不太懂，却感到别致新颖。全校英语教师，则一致称赞演员们发音正确流利。每学期一次的全校性独唱比赛，唯有他唱的是英文歌，声调高亢而凄厉。而这时战事加剧，一九四二年四月，二十万日军沿浙赣线西进，衢州城的房屋几乎全被炸毁，人心惶惶。城里人一早就提着装了食品的警报袋出城避难了，石梁也不得安宁。早饭后，任课老师就分头带领学生疏散到山边树林里去上课。

有一个星期天，不少学生在教室里做作业，警报突然响起来，大家纷纷都疏散出去，跑到田边洼沟里躲避。十几分钟后，一架敌机在教室上空咆哮，然后低空盘旋，打了几个圈才飞走。对于日寇惨无人道的轰炸和灭绝人性的细菌战，查良镛都怀有刻骨铭心的记忆，直到半个多世纪以后，他对池田大作忆及这曾发生在他身边的战争，记忆还非常清晰。

战时印象最深的有两件事。一次日本空军投掷的炸弹在我身旁不远处爆炸。我立刻伏倒，听得机枪子弹在地下啪啪作响。听得飞机远去而站起身来后，见到身旁有两具死尸。面色蜡黄，口鼻流血，双眼却没有闭上。附近一个女同学吓得大哭，我只好过去拍拍她肩头安慰。另一次是日军进行细菌战，在浙江衢州城上空投掷鼠疫的细菌疫苗。当时我在衢州中学上高中，在乡下上课，鼠疫在衢州城中蔓延，病者绝对治不好，情况十分恐怖。哪一家有人染上了，军人将病人搬到衢江中的一艘船上，任其自死，七日后放火烧船，叫这家人换上新衣，什么东西也不能带，立即出门（官方补还其钞票），将整座房子烧了。当时我读高中二年级，同班有一个同学毛良楷君是体育健将，却不幸染上鼠疫，全校学生校工等立刻逃得干干净净。毛君躺在床上只是哭泣，班主任姜子璜老师拿钱出来，重金雇了两名农民抬毛君进城，送上江中的一艘小船。我是班长，心中虽然害怕，但义不容辞，黑夜中只得跟在担架后面步行，直至江边和毛君垂泪永别。回到学校，和姜老师全身互泼热水，以防身上留有传染鼠疫的跳蚤。战争期间，唯一自觉有点勇敢的事就只这么一件。

对于长久留存在金庸心灵里的这些回忆，特别是对于抗日战争时期发生的国破家亡的记忆，永远难以磨灭。同学毛良楷，患鼠疫死亡，全校放假七天，查良镛心有余悸，可怕的鼠疫活生生地夺去了同学的生命，这是他第一次真实地感受到死亡的威迫和恐惧。他目睹同学被抬上死亡之船，小船孤零零地停在江上，上船就是被隔绝、就是等死。无情的战争夺去了母亲的生命、弟弟的生命，还有同学的生命，这些令人垂泪的一件件往事，永存在他的内心深处。

一九四二年的五月二十四日，日军攻陷金华、兰溪等地，衢州危在旦夕，迫于形势，学校决定停课疏散，学生纷纷离校。为了减轻负担，校方决定毕业班提前草草毕业，于是，查良镛的高中生涯也就此结束了，这一年他正好十八岁。不久衢州沦陷，八月，衢州中学也搬到了遂安县夏洲村，这个村位于偏僻的深山里。金庸在石梁的两年，是他求学生涯中难忘的一段时光。

十四年后，他在香港发表第二部武侠小说《碧血剑》时，还虚构了一个"石梁派"，写到了衢江，这一切都来自他的这段经历。

他在《碧血剑》中，曾这样描写道。

石梁离衢州二十多里，他脚步迅速，不消半个时辰就到了。石梁是个小镇，附近便是烂柯山。相传晋时樵夫王质入山采樵，观看两位仙人对弈，等到一局既终，回过头来，自己的斧头柄已经烂了，回到家里，人事全非，原来入山一去已经数十年。烂柯山上两峰之间有一条巨大的石梁相连，鬼斧神工，非人力所能搬上，当地故老相传是神仙以法力移来，石梁之名，由此而起。

第五回的回目"山幽花寂寂，水秀草青青"固然是形容他笔下的石梁女孩温青青，也是石梁留给他的美好印象。

作为人生的一个转折点，查良镛结束了他整个中学生涯，急急地离开衢州中学，离开美妙而神仙般的石梁，到一个新的地方去求学、谋生，等待他的将是另一种环境和新生活。但烂柯山上，两峰之间巨大的石梁，以及那一切美好、丑恶的人世沧桑，将永远地留在了一个年轻人的心间。

## 六、留恋湘西

离开衢州石梁，算是高中毕业了。此时在查良镛心目中，他最亲爱的母亲，也因战争而早早地离开了人世，如今他那年轻的命运又将投向何方呢？那时的中国，政治中心也随抗战而迁移到了西南的重庆，东南半壁江山已不可能有这位年轻人的立足之地。在当时的情况下，作为一位热血的爱国青年，他最后还是决定，选择到重庆去寻求他的理想之梦。从浙江到西南四川的重庆，遥遥数千里，漫漫而艰辛的长途跋涉，对一个没有多少盘缠的青年人，一路之坎坷就可想而知了。

那时去重庆的男女同学，有一行八人，他们先在衢州航埠乡王浩然家里集中，带着随身衣物和路上吃的炒米，挤上去江西的火车，凭着流亡学生证明可以免票。车上挤满了逃难的男女老少。火车开出浙江，天就下雨了，越下越大，暴雨引起山洪，冲塌了前面好几段铁路路基。车到江西贵溪，浙赣铁路中断，火车停开。

因为连续赶路，日晒雨淋，吃不好睡不好，除了查良镛，另外七个人都病倒了。如此的艰难路程，一行八人到了赣州，只能分手，各自去寻找生路了。

一九四二年冬天，查良镛终于走到了湖南的湘西。从交通上说，那时的湘西是进入四川的重要通道。查良镛到了湘西后，生活上因有同学关系，可稍有安顿；那里美丽而特殊的风光，深深地吸引了这个年轻人的心。查良镛带的盘缠已用得所剩无几，离考期尚远，他决定在同学哥哥开办的私人农场，一边干活，一边复习功课。美丽、贫困而神秘的湘西，成了他临时的栖息地。

在湘西这块风水宝地，查良镛住了一年多，当年的这个边远小城，虽没有五光十色和熙熙攘攘的热闹，但那美丽的山水、烤红薯，以及那动听的民歌，在他心头却永远难以忘却。对于这段湘西最可留恋的生活，金庸后来在香港的《大公报》上也有回忆。

……我曾在湘西住过两年，那地方就是沈从文《边城》这部小说中翠翠的故乡，当地汉人、苗人没有一个不会唱歌，几乎没一个不是出口成歌的歌手，对于他们，唱歌就是言语的一部分。冬天的晚上，我和他们一齐围着地下挖起来的大树根烤火，一面从火堆里捡起烤热了的红薯吃，一面听他们你歌我和地唱着，我就用铅笔一首首地记录下来，一共记了厚厚的三大册，总数有一千余首。这些歌中谈情的数量固然最多，但也颇有相当数量的歌曲是诅咒当时政治的，然而在一般印行的民歌集子中，却很难看到这些东西，那当然是因为怕犯当政者之所忌的关系……

我记得，陪同金庸先生一起游湖州山水，他也多少谈及一些《射雕英雄传》中所描绘的人物，其中谈得最多的是一灯大师、瑛姑，隐居在湘西时的故事情节。当然，也谈及一如《伏尔加纤夫曲》那沅江上的纤夫，在数里长的河谷间，拉纤的劳动人民一代代艰苦生活的状况……一提起湘西，我又会想起，常把沈从文叫"文表叔"的黄永玉先生，他在那篇叫《这些忧郁的碎屑——回忆沈从文表叔》的文章中，写到湘西的一些历史片段，他说：

……那时湘西十县，都由一位名叫陈渠珍的军人管领……在湘西人的心目中，当时的对头是何健，他是湖南省的省长。红军在长征时路过湘西……而在一九三五年、一九三六年前后，蒋介石的力量伸进了湘西……在湘西文化生活方面，那时候的湘西，除"汉武戏"之外，还有"傩堂戏""阳戏""木脑壳戏"。到了年终，演"还傩愿戏"时，免不了又有一番热闹……

当然，对于湘西这地方，最著名的应数沈从文的小说了。有时我想，不知查良镛先生之后那收集的湘西民歌，是否保存下来？抗战时他在湘西的那段时间，是否也看过湘西有名的"傩堂戏"或"木脑壳戏"呢？

当年在湘西的查良镛，在那里一边复习功课准备考大学，一边让秀美之景疗治他的心伤。直到一九四三年初夏，大学入学考试时，他才前往重庆参加高考。

当时间流逝了五十多年后，有人问起金庸喜欢中国作家中的哪些作品时，他还是深深地怀念着湘西，他说："……有人问过我，现代作家中，你最喜欢哪一个，我说我最喜欢湖南作家沈从文。我从小就喜欢看他的作品，现在还是喜欢看。"

这样的回答，确实也说明了金庸对美丽的湘西有着一生永远割不断的情结。我们不妨看，当他离开湘西十几年后，提笔构想《射雕英雄传》和《连城诀》等武侠小说时，他一次次在心坎里，又重新寻梦到了湘西的一山一水、一草一木。

一九四三年初夏的一天，他终于来到了中国抗战时期的首都——那个好似英国伦敦的由雾和雨笼罩着的重庆。

金庸后来回忆起当年离湘西去重庆考大学的情况时说：

> 其实，我当时也考取了中央大学、西南联大和四川大学的外文系，但是当时在经济上负担不起。因为，那时我没有钱，家中也失去了经济上的接济，那段时间，跟家庭也几乎因抗战而断绝了联系。而西南联大当时又在昆明，路途遥远，没法子去。而在重庆的"中央政治学校"，是一座不收学费的学校，我便去了。"中央政治学校"读书的唯一好处就是方便，免去家庭的开支，那学校是国民党训练干部的地方，衣食住行样样供应……

这便是当年金庸为什么选择了这所大学的缘由。

## 七、到重庆读大学

确实，当时的"中央政治学校"，是国民党政府的"党立最高学府"，其前身是"中央党务学校"。最早于一九二七年成立于南京，蒋介石亲自任校长。一九二九年，改名为"中央政治学校"。到抗战胜利后的一九四六年，这个学校又与三青团的"中央干部学校"合并，改名为"国立政治大学"。而当年在重庆实际主持"中央政治学校"工作的，就是当时很有权势的湖州籍的陈果夫。陈果夫是陈立夫的哥哥，可谓是蒋介石的心腹。由他规定了这所学校的教育方法、课程配置。如规定"第一学期以军训为主，正其心志，严其纪律为其根本"。第二学期以后，则求博学，多设课程，改革以往的教育方法，使被动学习转为主动学习，以达慎思、明辨的目的。其余为学习军事训练和军事管理制度。这所学校还制定了军训军管等一系列制度。这些特别的课程无疑是当时其他大学教学上所没有的。

当然，这并不是一所普通的大学，而是一座突出政治、军事并严格训练学生的大学。几十年后，金庸依然记得在"中央政治学校"读书时的状况："……那是抗日战争发展到最激烈的那一年，有一个暑假里，同学们大都回家去了，而像我这样一些无家可归的同学，就住在学校里，天气炎热，除了游泳，我就在教室里埋头读一点书。我当时读了《资治通鉴》《世界史纲》等书。我记得《资治通鉴》是中华书局出版的线装本，字体很大……《世界史纲》却是大开本的插图本……读倦了，便大汗淋漓地蜷曲在窄窄的长凳上睡觉，醒来后就再读……长凳只有半尺来宽……而后，我在《神雕侠侣》中，写小龙女在一条悬空的绳子上睡觉……也许，这写作的灵感自此而来。在那个暑假里，我以中西两部精彩的历史书为伴，精神充实而快乐……"

的确如此，这时的查良镛过得还是非常畅心的。在他心里始终记得：在碧湖，一篇《阿丽丝漫游记》几乎使他失学。所以，到了重庆，他只埋头读书，尽管学校的派系斗争很激烈，但他从不介入。"我是很个人主义化的，我对校政虽有不满，但却没有兴趣加入对抗校方的政治活动。我只抱着现时西方学生的那种心态，希望多点个人发挥的自由。读书归读书，不要有太多的管束。"

但好景不长。一方面，因为这所学校毕竟与其他大学不同，在办学方针、培养目标上，它是一所性质特殊、使命特殊的学校，校方自然对学生严加管束。另一方面，当时的中国正处于非常时期，如果从查良镛的出身和他从小养成的性格来看，在他心灵深处，他似乎总认为自己身处这突出政治和军事的学校，显然是不太合拍的。

的确，查良镛不去管读书以外的事，也即胡适先生的少谈点主义，多读点书的愿望。他很愿意接受胡适"在文明中游动自由理想主义"。这时，他的思想已深受几年来亲眼看到的血与肉横飞的残酷战争经历的影响，心里却想保持血统里早已形成的"儒者的安宁与朴素"那种人生状态，同时也是个有着"远远观察当时复杂多变的社会、一心只是想做个清醒的旁观者"。

他到了这所新学校后，没有兴趣参与当时学生对抗校方的政治活动。对于当时学生中的派系斗争，查良镛也是不闻不问、避之千里。因为他毕竟是个从远道而来的学生，而且是抗日战争中落难于此的、一个无依无靠的学生。

我们在一起的那几天时间里，金庸曾经到刘家的藏书楼里参观，当他说起在重庆时的生活，也说一句有战袍味却使我感到莫名其妙的话："我曾经读了《资治通鉴》的线装本，虽然那时年纪轻，但心中至少已经知道一部中国历史中帝王将相与人民的生活，处于怎么一种状态。"

但只不过是查良镛一个短时间内的状态，也仅仅是一厢情愿之事。不管他读懂了《资治通鉴》，读懂了《世界史纲》，现实摆在这位年轻人面前的，是在这所学校的现实空间中生存，每天毕竟脱离不了这个环境中的人和物。就算你主观上想避而不见、视而不听，但在客观上却是万万逃避不了的。查良镛最终还是没能让自己的"不闻不问"坚持到底，不可避免的祸事还是发生了。

事情说来也很简单。因这所学校的性质是为国民党政府培育军政人才的，当时在学校中有不少国民党的职业学生（相当于调干生或委托代培生），他们因为入学前都有背景，所以往往自以为是，不免横行校园。有一天，这些职业学生与其他学生发生了冲突，将几名学生领袖揪到了学校操场的舞台上打，说他们是"异党分子"（共产党）。这时，冷眼旁观的查良镛确实再也看不过去了，他为学校中有这样的学生非常气愤，一种责任和正义感从他原本已冷漠的心间升起，他向学校投诉此事，责问校方何以能容忍那些职业学生的劣行。他甚至为了这件事，与领导党务的训育长发生了激烈争辩。

当时，在这所特殊性质的学校里，对于这类情况如果你不闻不问，倒也平安无事，你只读你的书就可以了，可作为一个普通的学生，你却站出来去干涉，那当然闯了大祸。校方给查良镛投诉的回复非常严厉：没有二话，即勒令他退学。这个处理的潜台词就是：这由国民党政府特殊办的学校，能让一个学生随便责问吗？

于是，查良镛在重庆"中央政治学校"读了一年零两个月，大约在一九四四年十一月，他又一次失学了。但是，这次的勒令退学，却与在联合高中被开除后，转个学校再读有着很大不同，因为这次再另找学校读书，已经不可能了。被勒令退学的查良镛已别无他路可走，现在他面临的，是必须就地找个工作来做，否则他怎么来维持抗战时期自己的生活呢？因为家离他那么远，真是远水救不了近火啊！

好在那时，对查良镛这个被学校开除的学生来说，在重庆还有个叫蒋复璁的表兄，当时在中央图书馆任馆长（他是蒋百里的侄儿），凭着这层关系，查良镛总算在重庆找到了一份可维持生活的工作。这便是查良镛步入社会的第一份职业。

查良镛进馆后被分配在阅览组工作，具体的活儿是办理取书、还书、登记，兼以维持现场秩序。工作时间是下午两点至晚上十点。对查良镛来说，这份工作十分轻松。而最让他满意的是，可以借工作之便大量读书。这期间，查良镛细读了英文原著的司各特小说《撒克逊劫后英雄传》，大仲马的《侠隐记》《基度山伯爵》等。在他看来，这些十八九世纪的作家，他们作品的共同点是"故事性"。他曾对池田大作说：以"伟大文学"而论，大仲马与雨果的作品真是实至名归。大仲马能在世界文学史中占一席地，并非由于他小说中情节的离奇，而是由于书中人物的生动。能创造一个活生生的人物，是小说家极高的文学才能。

老话说："塞翁失马，焉知非福。"查良镛在校园里没法寻到一张安静的书桌，被这所国民党学校赶出校门后，却在这里获得了一方安静读书的天地。以今天的眼光看，这段时间的阅读，对日后查良镛的武侠小说之创作，确有着不可小觑的影响。

另外，那时有一本以时事译作为主的《时与潮》半月刊，在重庆风行一时，这是几个东北青年一九三八年五月，在武汉创办的，齐世英（一八九九——一九八七）为发行人。《时与潮》后迁到重庆，继续办下去。因为及时把国际上关于政治、经济、外交、军事等方面的文章翻译过来，受到许多读者的欢迎，每期销到两万多份，又增出了副刊、文艺双月刊，合在一起总销量有三万五到四万份。（注：齐邦媛是齐世英的女儿，是《巨流河》一书的作者，由生活·读书·新知三联书店出版）

查良镛看到这个刊物受欢迎，想模仿《时与潮》办一份刊物，取名《太平洋杂志》，刊登从国外翻译过来的作品。他利用图书馆丰富的藏书、资料，每天上班，一有空就着手编他的杂志。下了班，他就带着英汉字典，赶到离中央图书馆不远的美军俱乐部，抢译新到的外国报纸杂志，这些报刊由美军飞机直接带来，都是最近出版的。几个穷学生四处借钱，也没有筹到印刷费，好不容易找到重庆大东书局，勉强赊账给他们印出一期，算是创刊号，印了三千册，很快就销完了。但由于纸价飞涨，印第二期时，大东书局再不答应赊欠，《太平洋杂志》只出一期，就停刊了，创刊号成了终刊号。这件事也使查良镛很伤心，再加上那时形势也有了些变化，总感到在图书馆管图书，终究不是长久之计，他决心离开图书馆。

一九四五年，他向图书馆办完离职手续，就和余兆文一起匆匆离开重庆，告别了一年中有半年被雾和雨笼罩的雾都，又去湘西生活了一段时间。

在这个沈从文专事描绘的世界，查良镛先后两次生活了约两年时间。《射雕英雄传》中的一灯大师、瑛姑都隐居在这里。"铁掌山"在洞庭湖向西，"经常德、辰州，溯沅江而上，泸溪与辰溪之间有座形如五指向天的高山"，这些地名，显然不是来自书本、地图，而是他足迹到过的地方，是他生命中所熟悉的。《连城诀》中忠厚纯朴的狄云，就出生在这片土地，"那是湘西沅陵南郊的麻溪乡下"。小说中有个细节，狄云在狱中度过了五年，终于出来时，"剥了萝卜皮，大大咬了一口。生萝卜甜美而辛辣的汁液流入咽喉。五年多没尝到了，想到了湖南的乡下，不知有多少次，曾和戚师妹一起拔了生萝卜，在田野间漫步剥食……"

《飞狐外传》写到胡斐过五岭入湖南，在衡阳的饭馆吃饭时的情景："少停酒菜送上，湖南人吃饭，筷极长，碗极大，无菜不辣，每味皆浓，颇有豪迈之风……"这当中确实有查良镛自身的体验。《射雕英雄传》中描写的沅江的纤夫，正是他熟悉的，"眼见日将当午，沅江两旁群山愈来愈是险峻……只见上行的船只都由人拉纤，大船的纤夫多至数十人，最小的小船也有三四人。每名纤夫弓身弯腰，一步步地往上挨着，额头几和地面相触，在急流冲击之下，船只竟似钉住不动一般。众纤夫都是头缠白布，上身赤膊，古铜色的皮肤上满是汗珠，在烈日下闪闪发光，口中大声吆喝，数里长的河谷间呼声此伏彼起，绵绵不绝"。金庸曾说："我的小说中，最好的女人是湖南人，最好的男人也是湖南人。"的确，湖南的风俗习惯，在他的生命中留下了深深的烙印。

# 第四章　抗战后的生涯

## 一、新闻事业的开端

一九四五年，抗日战争终于胜利了。八月十日，重庆的天气酷热而郁闷，无线电波传来惊人的消息，日本昭和天皇宣布：愿意接受盟国《波茨坦公告》，无条件投降。无论是雾都山城，还是上海十里洋场，都陷入不夜的狂欢之中。那一刻，查良镛正在湘西的农场，未能加入狂欢的人流。

在他的家乡海宁，八月十一日清晨，重庆中央电台一遍又一遍地广播日本政府的请降书已送达盟国的消息。当天，海宁县政府把这一消息布告全县民众，还印发了各种小型宣传品。下午，国民党县政府进驻县城，袁花区署同时进驻袁花镇上办公。八月十五日，日本正式宣布无条件投降，饱受十四年战争蹂躏，牺牲了无以数计的生命、财产的海宁，和整个中国一起陷入欢腾之中。查良镛也结束了抗战的漂泊生涯，准备打道返回家乡。但由于湘西农场主一再挽留，直到一九四六年初夏他才返回久别的家园。

这位二十出头的青年，在战乱不断的十四年中，从初中到大学一直无家可归、漂泊异乡，他和万千学子一起饱受了外敌入侵造成的离乱之痛、饥寒之苦，而且曾两次尝到失学的滋味。当抗战胜利的消息传入他耳中的时候，他和当时每一位青年一样，怎么也抑制不住内心的喜悦、激动。这个胜利的消息对他来讲，来得多么突然，有好几夜，他真是通宵难眠。当那苦难而又漫长的十四年抗战结束后，每个中国人都悲喜交集。

战争使他永远失去了母亲，想到孟郊的那首"谁言寸草心，报得三春晖"孝母诗，在他的眼前，禁不住一次次地重现慈母温和的笑容。母亲是他小时候最可亲的人，也是他接受知识教育最早的启蒙者，他万万想不到在抗战时和亲爱的母亲一别，竟成永诀。这次抗战后重回家园，使他心灵最痛、最沉重的，就是再也见不到母亲了……

他美丽的家园被战火毁掉已有九年，离一九四二年他远去重庆求学转眼也四年了，他重回故乡，沉浸在与家人团圆的一片家庭悲喜的氛围中。在这次回乡途中，查良镛在上海买了英国历史学家汤因比的英文巨著《历史研究》，带回家阅读时，他的心灵平添了几分欣喜。当时整部《历史研究》还没有完成，他买的是前面几卷的节本。半个多世纪之后，他在与池田大作对话录的序言《不曾见面早相知》中，回忆了他在抗战后途经上海能买到一部好书时的心情："……抗战胜利后，从西南回到故乡，在上海西书店里买到了一本A. Toynbee（汤因比）大著《历史研究》（*A Study of History*）的节本，废寝忘食地诵读了四分之一后，顿时犹如进入了一个从来没有听到过、见到过的瑰丽世界，料想刘姥姥初进大观园，所见所闻亦不过如是。想不到世界上竟有这样的学问，这样的见解。汤因比根据丰富的史实而得到结论：世界上各个文明所以能存在，进而兴旺发达，都是由于遇到了重大的挑战而能成功应付。我非常信服这项规律，这本书越是读下去心中一个念头越是强烈：我如能受汤因比博士之教，做他的学生，此后一生即使贫困潦倒、颠沛困苦，甚至最后在街头倒毙，无人收尸，那也是幸福满足的一生。"

查良镛在家乡小住了不到半个月，与父亲、兄弟姐妹一起享受了短暂的团聚时光。但总感这个家已破碎不堪，一望乡邻，寂寞寥寥，唯有大历史学家汤因比的这部书，是他心灵唯一的寄托。

当时，比他小十三岁的查良钰，正在袁花镇龙头阁小学读四年级，几十年后，弟弟曾回忆当时的情景："小阿哥在家里住了近半个月的时间，我和三哥缠着他讲了近半个月的故事。那段日子，是我记事以来最开心、最难忘的，至今回忆起来，我觉得像是在眼前一样。小阿哥要走了。上次走后，四年多才见面，这次一走，不知何时才能再见到小阿哥。我心里非常难过，站在他面前一个劲儿抹眼泪。小阿哥把我搂进怀里：'小毛弟，好好读书，小阿哥会常回来看你的！'"

在大千世界奔波过的查良镛，长住这个小地方，深感施展不了才华。当然，对于年轻人要奔前途，他父亲是非常理解的。查良镛再度离家，他又遇到热心的陈向平编辑，陈向平极力向杭州的《东南日报》总编辑汪远涵推荐，查良镛很快在省城杭州的《东南日报》找到了一份外勤记者的工作。

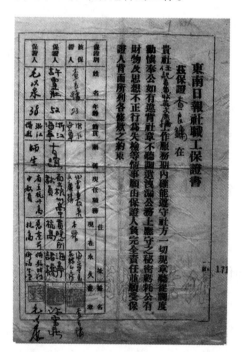

查良镛与《东南日报》签下的"东南日报社职工保证书"（杨艳丽拍摄于海宁金庸故居）

当时的主编汪远涵，对他很是赏识。汪远涵是浙江永嘉人，笔名越闲。出生于温州城里的大户人家，家里在蛟翔巷开钱庄。他中学毕业后，于一九三一年投考复旦大学文学院新闻系。复旦大学毕业后，一九三九年进入《东南日报》，从编辑到主任编辑，一直做到总编辑。汪远涵这位谦和平易的总编，一开始就很喜欢这个年轻人，并说自己与他颇有缘分，他们曾一起在杭州喝酒谈天。四十年后，金庸在给汪远涵的信中还回忆起这个场景，他们之间那细水长流的情谊，令金庸永铭于心间。回忆他们在杭州天香楼喝陈年花雕，以鲥鱼佐酒。一九八六年，金庸在给汪远涵的信中还说："记得吾公喜食鲥鱼，鲥鱼初上市时，辄先尝鲜。现在香港食此鱼时，每每忆及。"在他眼中，汪远涵是个好好先生，谦和平易。一九九三年，金庸说到自己怀念的新闻人，其中就有汪远涵。汪先生于一九五六年担任温州师范学院英语教师，一九八五年退休，先后为民盟及民革成员。二〇〇六年九月二十四日，在温州市区县前头老宅家中去世，中国一代新闻名家走完了他的一生。

当时在《东南日报》工作，查良镛大都是晚上八点开始一天的工作，一边收听英语广播，一边将重要的关键字记下来，然后凭着记忆将收听到的新闻翻译成汉语。同学余兆文来杭州，听说他的工作是收听英语广播并将之译成中文，感到很吃惊："外国电台广播，说话那么快，又只是说一遍，无法核对，能听懂，就已经不错了，你怎么还能逐字逐句把它们直译下来？"查良镛解释说："一般说来，每段时间，国际上也只有那么几件大事，又多是有来龙去脉的，有连续性的。必要时，写下有关的时间、地点、人名、数字，再注意听听有什么新的发展，总是八九不离十，不会有太大差错。"国际新闻版几乎天天有"本报 × 日收纽约（或伦敦、华盛顿等地）广播"的消息。查良镛的英语基础比较扎实，中文底子也过硬，记忆力又好，不仅很快适应了这份工作，而且也得到了同事和上司的好评。

虽然查良镛在《东南日报》的生活还过得颇为如意，也是他从事新闻事业的开端，但他的性情决定了他不会仅仅满足于栖身在这样一方小天地里。当然，那时的人间天堂杭州，依然夜夜笙歌，西湖上画船如梭、游人如织，达官贵人醉生梦死，美丽的西子湖畔，到处是他们休闲的别墅，"山外青山楼外楼，西湖歌舞几时休"的诗句，一次次穿越和印证了王朝更迭、世事变革。"东南形胜，三吴都会，钱塘自古繁华"，柳永的《望海潮》词，是查良镛从小就熟悉的。西子湖畔的湖光山色、文化古迹，也处处吸引着他，许多庙宇、亭子、茶楼都留下了他的足迹。那里有很多有名的对联，查良镛小时候就会背诵。比如，清代学者阮元撰的对联："下笔千言，正槐子黄时，桂花香里；出门一笑，看西湖月满，东海潮来。"再如杭州的月下老人祠的对联："愿天下有情人，都成为眷属；是前生注定事，莫错过姻缘。"

月下老人祠号称"司天下男女姻缘的庙宇"，在西子湖边，雷峰塔下，白云庵旁。祠堂极小，却是风雅之士与情侣们必到之处，查良镛空闲时，也常会去看看。他以后曾以瑰丽的笔触描绘了乾隆与红花会在西湖相会的情景："五艘船向湖心划去，只见湖中灯火辉煌，满湖游船上都点了灯，有如满天繁星。再划近时，丝竹箫管之声，不住从水面上漂来……数百艘小船前后左右拥卫，船上灯笼点点火光，天上一轮皓月，都倒映在湖水之中，湖水深绿，有若碧玉。"

说真的，对美若仙女的西子湖，查良镛一直是流连不已的。但是，在杭州的工作，对金庸的事业和人生而言，只是一次小小的过渡。他还想有机会继续自己的学业，去实现更大的人生抱负。当时的杭州比上海这样的国际大都市、充满机会的人生大舞台来说，仍是太小了。再说，做外勤记者本不是他最高的理想，尽管他也由衷地喜欢这一工作，但毕竟

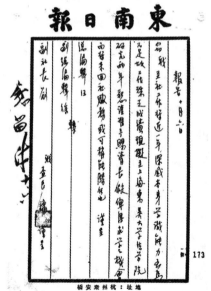

查良镛辞职离开《东南日报》，随后投入
《大公报》

太辛苦了，也缺少发展前途……总之，他不可能久留此地。

此时国内的局势也发生了重大的变化。国共两党内战全面爆发，战场上的炮火、硝烟，以及杭州当权者的醉生梦死，又一次触动了查良镛那根敏感的政治神经，他决意向汪远涵递交辞呈，转往上海，寻找新的机遇。

他的堂兄查良鉴当时是"上海市法院院长"，并在东吴大学法学院做兼职教授。这不仅是金庸理想的表率，也是一种现实的、可资利用的关系。大上海有他的堂兄、堂弟，他便转到大上海去求发展，那年他正好二十二岁。这样的年轻，谁不想去寻求发展机遇与人生腾飞之梦呢？

## 二、进入《大公报》

当时的上海是中国的经济、贸易、金融中心，同时也是一个华洋混杂、繁华如梦的大都会，世称"冒险家的乐园"。只身赴沪的查良镛，初到上海便拜会了堂兄查良鉴，他向堂兄表明了自己想继续求学的愿望。于是在堂兄的帮助下，查良镛便以"中央政治学校外交系"的学历，插班进入上海东吴大学攻读国际法专业。东吴大学，在当时是一所著名的高等学府，在读学生大都是各学校的精英，可谓人才济济。这所学校也培养出了不少名人，如一些政界要员、企业集团精英，以及社会名流，毕业于东吴大学的不在少数。

查良镛凭借堂兄的帮助，再次有机会攻读他一直心仪的国际法专业，实在是一件非常幸运的事，毕业后的前程当然是看好的。然而，世事难料，一个人的命运轨迹也变幻莫测，查良镛终究无缘于法学界的深造，其命运却似乎注定了他与新闻报业有着千丝万缕的联系。一九四七年的上半年，上海《大公报》在全国范围内公开招聘，这次公开招聘不仅在上海报界掀起了不小的热潮，沪上有志的年轻人，均纷纷跃跃欲试，也影响了年轻查良镛的命运。

《大公报》创刊于一九〇二年六月，发祥地在天津，创刊人是满洲贵族英华。从创刊之初，《大公报》就以"开风气，牖民智"的宗旨，以敢言而著称，风格独特，颇受中产阶层和企业知识界人士的欢迎。虽然《大公报》一度停刊（一九二五年停办），几度易主，历经时事变迁，但始终焕发着强大的生命力和鲜活的气息，其中有张季鸾、胡政之和吴鼎昌三人的功劳。一九二六年，他们三人以新记公司的名义联手接办《大公报》（吴任社长、胡任经理、张任总编），提出了"不党、不卖、不私、不盲"的"四不"办报方针，而且他们在中国新闻报业史上，标榜"文人论政"，这在当年颇具鲜明的反封建意识，为中国的传统报业开辟了一条新路子。

随着抗战的胜利，上海、天津的《大公报》相继复刊，新记《大公报》在新闻界的影响如日中天。一九四七年六七月，恰逢上海《大公报》面向全国招聘三名电讯翻译，查良镛的生命由此揭开了新的一页。这次公开招聘也正是在上海《大公报》复刊不久之际。由于《大公报》的"四不"办报方针和"文人论政"之锐气，一直对年轻人，特别是对于有理想的年轻人具有非常大的吸引力。

当时的查良镛在报纸上看到了这则公开招聘启事中有国际电讯编辑这一熟悉的职位，他不禁回想起了在《东南日报》的岁月。这也许是个机会，一个美好的理想，抑或是一丝火花，在年轻查良镛的心头闪过……当初，他婉拒了杭州《东南日报》汪远涵总编留他在杭州的好意，只身赴沪不就是为了不使自己的意志在安逸的"天堂"杭州日益消磨，不就是希望在这个令无数人梦寐以求的大都市中寻找更多的机会吗？

当然，在查良镛做最终选择时，他还是感到左右为难。因为，他通过堂兄的帮助，得以在东吴大学攻读国际法，才刚读了一年多，如果此时马上放弃很有前途的专业，似乎又十分可惜。然而他的确是个热衷于报业的有心人，一直以来，他留意着《大公报》的发展，它的销量虽然在当时报业界还不是最大，却是地位最高、最具影响力的大报。特别它提出的"文人论政"和敢言的办报风格，很对他的胃口。如今，进入《大公报》的机会正摆在他的眼前，同时这也是一个证明自己是否有实力的时机，岂能让它白白流走呢？于是，查良镛还是下定决心参加了《大公报》的招聘。

报纸刊出招聘广告，应征函如雪片一般飞来，共有一百零九人。上海本市的占百分之九十五，其他多来自南京、徐州、苏州、嘉兴、杭州等地，其中有"中央研究院"的研究员、大学教授、银行职员等，还有知名作家。但当时的《大公报》，有独特的用人标准，不唯名气，不唯资历，唯才是举。报馆最后选择十位优秀的应聘者参加笔试。资深的《大公报》翻译主任杨历樵拟定试题并亲自阅卷，评定分数。试题有英文电报一篇、社论一篇，要求将之译为中文。查良镛第一个交卷，只用了六十五分钟。随后，他又顺利通过杨历樵、许君远、李侠文负责的口试。

查良镛凭着过硬的中英文基础，以及他在杭州《东南日报》的工作经历，一路过关斩将，从应聘者中脱颖而出，顺利通过了要求很高的笔试和面试，最终第一个被录用，另外被录用的两人是蒋定本和李君维。以后的事实证明，这的确是他人生中的一个转折点，对他以后的人生有着无法估量的影响。

我曾有机会和金庸谈及他这一人生转折，他认为当时虽年轻，也未考虑到今后许多后事，但他日后回顾往事，他的决定与选择还是正确的。因为此时查良镛在东吴大学的学业未完，所以他在上海《大公报》的工作，只是兼职，属于半工半读性质。然而他在《大公报》学到了在校园里无法学到的东西：在那里他第一次接触了社评，那些激动过一个时代的社评，自然也使年轻的查良镛心潮澎湃，这也许是他后来常年坚持写社评，坚持以正确的舆论影响社会的原因之一。在那里，他受到了"文人办报"思想的熏陶，近距离地领略了《大公报》的精神气质，这为他日后创办《明报》，开创文人办报的先河，打下了基础；在那里，他也练就了在压力下工作的能力，因为《大公报》要求十分严格，稿子付印前，常要几个编辑过目，经过仔细推敲，方才定稿，这也使他后来养成了严谨的工作作风。

也许人生之转折，便是如此而来；人生之路，也就是如此一步一步走了下去，重要的是，在年轻时，便应认准一个方向朝前走去。

## 三、白手赴香江

查良镛进入《大公报》没多久，时局就发生了激烈的变化：一九四七年后，《大公报》生存日益维艰。《大公报》的经理胡政之忧心忡忡，他深感前途迷茫，一直想要寻找突破口，另寻一个新的发展空间。

香港这座小岛，在清道光初年，被往来于零丁洋一带的外国船员称为"香港"之前，一般叫作"石排湾"或"赤柱"。一八四一年，人口不过七千四百五十人，全部是渔民。然而经过百年，世人对其视角眼光大变。这时，香港这个太平洋上的东方明珠，吸引了无数政治上的敏锐目光。香港虽是一个不起眼的小都市，在经济上、文化上与上海相比落后很多，但香港却有着得天独厚的发展条件：香港水深港阔，是难得的深水良港，且它历来在出口贸易、商业繁荣等方面，有着发展成大都市的潜力，人称世界的自由港；当时被英国殖民，紧连内陆，一旦国内战事爆发，香港不会受到战事的影响，必然会是一些富商、政要、达官首选的迁移之地。胡政之在心底权衡了诸多因素后，毅然下决心亲自带队到香港，以求《大公报》在异地的发展。

胡政之（一八八九年至一九四九年四月十四日）名霖，字政之，四川成都人，新记《大公报》创办人之一，任总经理兼副总编辑。他二十四岁就当上了章太炎主办的上海《大共和日报》的总编辑，三十一岁任名报人林白水主办的北京《新社会报》的主编。一九二六年，他和吴鼎昌、张季鸾共同以新记公司，接掌《大公报》。他还创办过国闻通讯社和《国闻周报》，终生以新闻为业，被外国报界视为报界巨子。

一九四八年一月二十五日，胡政之亲自带着费彝发、李侠文、马延栋、李宗瀛等报社骨干奔赴香港，开始了港版《大公报》的复刊工作。胡政之与几十名赴港员工，经过五十天上下的同心埋头苦干，克服了各种各样的困难，终于在三月十五日将港版《大公报》正式复刊。

胡政之对于《大公报》能在如此短的时间内在香港顺利复刊，感到十分欣慰，他亲笔写了复刊词，重申了《大公报》的办报初衷是"文章报国"，是为了"代表中国读书人的一点不屈不挠的正气"，同时他还强调了民国二十七年（一九三八）的《大公报》（香港版），只是为了应对抗战的临时组织，而这次复刊却是希望在香港长期发展。

港版《大公报》的复刊成功，把新记《大公报》推向了时代的最后一个高潮。刚成立的报馆，急需一名翻译，于是准备派原来在上海报馆的张契尼前去，但由于张的妻子恰好临产，张无法抛下妻子和孩子远赴香港。就这样，派驻到香港的机会便落到了当时仅二十四岁的查良镛头上。赴港前夕，他去了一趟家乡海宁，去了一趟南京，去了两趟杭州。三月二十九日，同事在南京路的报馆为他饯行，尹任先为他买好了机票，第二天早晨即起飞。

三月三十日，带着半年就回来的期待，带着对陌生的香港的种种猜想，查良镛登上了飞往香港的飞机。人生中充满了无数的偶然，他没有想到此行将决定他一生的命运。对于查良镛来说，这个十分偶然的机缘，又是他生命中的第二个重要转折点。我们说人的生命之舟，有时就是如此迂回曲折，同时也不禁让人感叹人生如戏，充满着偶然性之发展。

离开大上海时，他确实对上海有些留恋，也不时想起在海宁家乡的亲人，当飞机慢慢地收起起落架，渐渐升空时，他亲爱的故乡，那山、那水、那代表嘉兴的南湖烟雨、那"山色如娥，花光如颊，温风如酒，波纹如绫，才一举头，已不觉目酣神醉"的西湖，在他的视线与想象中，变得越来越遥远。此时此刻、此情此景，他心中不禁有些怅惘，他不知等待他的命运，将又会如何变幻。因为这是他人生中的又一个重要旅程。但不知为什么，对此刻的查良镛来说，似乎像是一次普通的外出度假。此时的他也没有想到，今后人生的大部分岁月，将会在香港度过，更没有想到这海岛将是他成家立业的重要人生大舞台……

飞机升入五千米的高空，空中小姐送上了简单精致的午餐。查良镛边吃着午饭边想着自己到达香港后的行程，正当他迷迷糊糊冥想时，突然想起出门仓促，身上竟然没有带一分港币，这一想急得他一头冷汗，心想身无分文如何搭船至报馆报到，况且香港人生地不熟，这可如何是好。正当查良镛局促不安时，与他邻座的香港《国民日报》的社长潘公弼，看他神色不安，便关切地询问发生了何事。待查良镛把实际情况告知后，潘公弼笑道："这有什么好忧心的。"说完就借给了他十港币。正是有了这十港币，查良镛才顺利到报馆报了到。这虽是一件小小的逸事，但也印证了金庸初到香港确实可称得上是"身无分文"，如果对照后来的身家资产，也可谓是一介书生的发家奇迹。

查良镛初到香港《大公报》时，工作内容与上海一样仍是国际电讯翻译。因是创业阶段，工作条件艰苦，生活条件也远不如上海。但是查良镛并没有感到失落，相反对这个城市感到十分新鲜。虽然与上海比，香港只是个小城市，但香港人坦诚直爽、重视信用、说话算数，他对他们产生了好感，觉得香港的人际关系比上海好，而且"生活安定，毫无涨价威胁""可以学会广东话、广东文字。可以坐二毫子的双层电车。在街上没有被汽车撞死的危险。出门买东西，不必背皮包装钞票……"

香港的《大公报》报馆是一个气氛融洽的团队，特别是一些资深的老报人，手把手地教年轻人，对新闻事业的呕心沥血，更是感染了报社的一大批年轻后辈，其中就包括查良镛。

胡政之先生的为人和学识，使查良镛体会到作为一个报人的理想和责任感；胡先生在工作中不辞辛劳，与年轻人同甘共苦的精神，也深深感动着他。"与胡先生相处只有一个多月，在这一个多月中，因工作、吃饭、睡觉都是在一起，这位伟大的报人对于一个年轻的新闻工作者生活和学习上所发生的影响是极其深远的。我常常想起他那些似乎平淡无奇其实意义精湛的话来，现在却永远再听不到那些话了。"《大公报》翻译主任杨历樵，为人仁厚，乐意扶植年轻人，是当时公开招聘时的主考官，对查良镛可说有知遇之恩；杨历樵还精通多门语言，被称为"翻译圣手"，对查良镛的翻译工作，常给予悉心的指导。港版初创，内容与"香港文化"似乎格格不入。有一次吃饭，胡先生说："报纸的任务是教育读者，以正确的道路指示读者，我们绝不能为了争取销路，迎合某些读者的心理而降低报纸的水平，歪曲真理。"

这些老报人在他心中留下了难以磨灭的印象，他们的精神风骨，也无形中成为他人生的标杆，数十年后，金庸在与池田大作的对话中，还深情地怀念过几位当年《大公报》的恩师："在《大公报》工作时，翻译主任杨历樵先生，教了我不少翻译的诀窍。报纸主持人胡政之先生、前辈同事许君远先生，都对我有提携教导之恩。可惜这数位恩师都已经逝世，虽欲报恩而不可得了……"的确，胡政之为一代社会贤达，国民党政府多次邀他做官，他都拒绝了，一生以报人自任。抗战胜利后，他到南京，美国驻华大使司徒雷登试探他是否愿意出任行政院院长，拿洋房、汽车吸引他，他却谢绝了，自己跑回《大公报》南京办事处，去睡帆布床。他曾言："我与社会上层人物和达官权贵虽多交往，但只有公谊而无私交，所谈皆国内外时势大事，从不涉私，这样对于事业是有利的。"

金庸曾说："也是在这个季节，也是这种天气，胡先生离开香港。我站在报馆宿舍门口，看着他一步一步走下坚道的斜坡。临别时他说：'再会。'我问他：'胡先生，你会回来吗？'他说：'会回来。'说完淡淡地一笑，我从这笑容中看到一种凄然的神色，我立在门口待了许久，心中似乎有一种对命运无可奈何的不祥预感。果然，他永不会再回来，这些话也永远不会再听到了。"一九四八年四月的一个夜晚，胡政之突然病发，离开香港飞回上海就医。辗转病榻一年后，在上海黯然谢世。

## 四、重新选择

查良镛在香港《大公报》工作了大半年，渐渐适应了这里的气候和人文环境，他虽然身处他乡，却时刻关注国内局势的走向。此时国内正发生着翻天覆地的变化，一九四八年十一月，内战胜负已分，中国人民解放军百万雄师抢渡长江，攻占了南京国民党的总统府，国民党在失去南京后，深感大势已去，无力回天，只有节节败退台湾地区而去。

此时，《大公报》也正面临着何去何从的抉择，作为新闻媒体必须慢慢顺应这股强大的历史潮流，积极向新生的政权靠拢。

主持《大公报》笔政的王芸生，也正面临着何去何从的抉择。在接到毛泽东同志亲自邀请他参加新政协的明确信号后，王芸生于十一月五日离开台湾地区，八日抵达香港。两天后，他在《大公报》（香港版），发表社评，标志着香港《大公报》左转。

中华人民共和国成立，《大公报》转向，全国上下百废待兴、气势如虹……这一切的一切不断撞击着查良镛的内心，想要报效祖国、大展宏图和对故国的相思，令他心潮激荡、辗转难眠，他不止一次萌发北上的念头。然而，他也明白时机还未到来，他蓄势待发等待着。对于这样一位长期受儒家思想熏陶的书香门第的年轻人，也经历过了时代大动荡的磨炼，二十世纪的大转折，正是他想施展才华之时。当时，在他内心深处，祖父、曾祖父直到查氏家族的先祖们，都是他走向人生辉煌的楷模，那时代的走向与趋势，每一天都在触动着他的神经，在他心中涌动的是根深蒂固的一句话，即为了实践"不为良相，亦为良医"这条人生之路，他可以冒任何人生之险，去闯他的事业之路。

正在他难以把握之时，他在香港却意外收到梅汝璈博士的电报，召他北上。这时的查良镛，他的政治嗅觉与敏锐的神经似乎全部调动起来了，立刻将机会紧紧抓住。他没有丝毫犹豫，甚至不顾妻子、亲人和朋友们的劝阻，铁了心也要北上报国。

他终于向《大公报》递上请辞书，踏上了北上的旅程，仿佛感到鲜艳的五星红旗在向他招手，一个未知的天堂在等待他，如锦的前程美梦在深深地吸引他……他本以为将永远告别香港这片原本就是阴错阳差而来的土地，他甚而想将会扎根内地，再也不会回头了，谁知命运却和他开了一个大玩笑，他似乎就像一只小蜻蜓，在那美丽的荷花池上，绕了一圈，又重新回到原地。

呜——呜——，响亮的汽笛声，划过耳际，终将查良镛从回忆中惊醒，让他一下又回到眼前的现实中……他乘坐的从北南下的海轮，已经快到香港了。当他一路海路一路雨地堕入到二十世纪五十年代以

前的人生历程时，真是难以言说，让他有一种恍如隔世的感觉。

回顾他所走过的二十六年的人生之路，他似乎找不到生活的坐标究竟在何处。他的抱负、信念以及理想……"现在，我该置于何处呢？"

每逢人生的关键时刻，查良镛心中的现实主义往往是占上风的。北上的失败，虽对他来说无疑是一种沉重的打击，但若从硬币的另一面来看，这也是命运之神对他的眷顾。从这以后，查良镛不再是那个易激动的毛头小伙子，他的心智成熟了，性情淡然、沉稳了些，处世似乎变得荣辱不惊。人家说他为人木讷，其实不然，他又收敛起了那源自儒家的理想主义色彩。但由于他毕竟还年轻，一种目前还说不上是什么样的理想和追求，在强烈地诱惑着他的心智，它们成了盘旋在他心中的核心主题，当心中同时回忆了自己之事业和往事的千丝万缕的联系时，他突然悟出"后之视今，亦犹今之视昔"的道理。他似乎懂得了他现在所面对与从事的，不是现成存在之世界，而应是他尚待去发现和奋斗的世界。

这种与过去、将来的精神联系，不知怎的，为这位暂时失意的年轻人提供了进一步向前走的信心。他细细地从往事中，去寻找失败的原因。

从北京南下的船，终于到了香港，慢慢靠港，他又看见维多利亚碧波的海湾。接连几天的阴雨绵绵，也突然停了下来，阳光正从云层中透出，洒向大地，他心中不禁泛起淡淡的暖意。

也许，真的与这块土地有缘，也许，他"人生只合住香江"，这里才是他扎根的地方，既然人生这条路已走到这里，他决心向前看，坦然去接受以后的命运安排。

这似乎又是一种提示，正是他重回香港的决定，才有了以后不同凡响的事业，同时在这世界上，也才出现了另一个响亮的名字——"儒侠金庸"。

下　篇

金庸夫妇（左一为林乐怡）

# 第五章　二十世纪五十年代的日子

## 一、从《大公报》到《新晚报》

从北京回到香港，查良镛又一次回到了他的老东家《大公报》，俗话说，好马不吃回头草，他为何选择回到《大公报》呢？如果我们能设身处地地想一下，他当时重回香港时的处境，也就不难理解他的这个决定了。当时，他要在香港生存下去，一时间也无法找到更合适的工作，而《大公报》毕竟是当时规模大、历史长的大报业集团，待遇条件相对优厚，虽然他明白当初是自己执意递交辞呈北上，如今却又不适时宜而归，回来只是想求得一个暂时的容身之地。当然，重回"老东家"，也必然会招致一些人的不欢迎，甚至会遭到冷嘲热讽，但这确实是他那时唯一的出路。当时，查良镛在《大公报》国际新闻版的同事，有对文学有兴趣的萧乾、袁水拍两位前辈，有喜欢俄国文学、后来做过《人民日报》总编辑的谭文瑞，他跟他们常谈的是希腊悲剧等话题。

查良镛继续在《大公报》做他的国际电讯翻译，这虽是他的"老本行"，但这次回来却干得并不舒心。一九五〇年六月二十五日，抗美援朝战争爆发，香港《大公报》《文汇报》这些报纸"一般不用外国通讯社的稿件，特别是关于抗美援朝的消息，更是拒用外电"。一九五〇年十月后的《大公报》，为吸引更多的读者，便抽出了部分人手，创办了《新晚报》，此报由罗孚任总编辑。

一九五二年，查良镛由《大公报》转入《新晚报》，同时由国际电讯翻译转为副刊编辑。这一转变，也确实让他离开了原来感到压抑、沉闷的环境。虽然《新晚报》仍属于《大公报》管理，但终究是晚报形式，有了一片新的氛围。

查良镛在《新晚报》主编"下午茶座"栏目，这是一个消闲性质的副刊栏目。对他来说，做副刊编辑还是第一次，他却如鱼得水，驾轻就熟。因"下午茶座"毕竟着重于消闲娱乐，立意自应贴近生活，才能吸引读者；同时又要办得有品位，以赢得社会上一些上层高雅人士的欢迎。这个栏目涉及文学、艺术、电影、舞蹈、绘画等多个领域，而他作为编辑，也常常自己写些稿子。

他热衷于写影评，经常流连于电影院，几乎一天一部电影，如痴如狂地读着电影理论文章；他谈舞蹈，在栏目中解答读者有关舞蹈方面的问题，心血来潮还亲自穿上舞衣学芭蕾舞。

"下午茶座"由查良镛接手不久，就办得有声有色，雅俗共赏。当然，他也花了不少心思。他给自己起了个笔名"姚馥兰"，取自英文："Your Friend"的谐音，希望以这个女性化的笔名与读者贴近，同时也冲淡过于男性化的风格。其实，雅俗共赏，是他一直追求的艺术境界，在以后的武侠著作中亦可见一斑：洪七公的一套"降龙十八掌"中的招式，"亢龙有悔""飞龙在天""见龙在田"等，都取自《易经》的"卦爻辞"象辞。《神雕侠侣》中的"美女拳法"，那一招一式，都来自古代历史和传说，文学作品中的美女，诸如嫦娥窃药、木兰弯弓、红线盗盒、文姬归汉等都有利用；甚至琴、棋、书、画，诗、文、歌、舞，乃至渔、樵、耕、读等，都被融进了武侠小说中。他将粗俗的武打，写得高雅化，令读者在阅读之中，得到美的享受。

甚至对内地电影如《天仙配》《梁山伯与祝英台》《秦香莲》《红楼二尤》这些带有中国民间色彩的故事，查良镛也同样喜欢，写出了许多有自己见地的评论："我在看影片《梁祝》的时候，首次感到心酸的是在'十八相送';看《天仙配》听到董永唱'听她说出肺腑言，倒叫我又是欢喜又辛酸。董永生来无人怜，这样的知心话，我从未听见'这几句话时，忍不住流下泪来。这两场本来都是欢乐的场面，却令人在喜悦之中受到极度的感动。我想，这因为在欢乐之中，也蕴蓄着真诚的深厚感情，而这种感情使人流下泪来。因为真诚的友谊、纯朴的爱情、受到怜惜时的感激，都会强烈地打动人心。"

查良镛为了配合演出，一些文章都是当晚看戏，当晚就写。他说，事后校阅，"颇觉文字粗率，更加缺乏学术上的深度"，"采用的是一种个人漫谈、随意抒发己见的形式"。可董桥却给了很高的评价，说他考证袁崇焕生平之类的重头文章，气象万千，"他笔下的一些'个人漫谈、随意抒发己见'的文字却最为引人入胜"。

例如《除三害》的开篇："急锣紧鼓中，幕里大叫一声：'好酒！'一个神态豪迈、气宇轩昂的豪杰跌跌撞撞地大步出台，袍袖一挥，四句西皮散板，只听得：'醉里不知天地窄，任教两眼笑英雄'，台下彩声春雷轰动。啊哈，真乃绝妙好辞，绝妙好戏也！"

另外还有评京剧《狮子楼》之文，也如此："在戏里，我们看到武松回家，发现哥哥已死，悲痛之中，见嫂嫂外穿孝服，里面却穿红衣。在原作中并不是这样写的，因为施耐庵有充裕的篇幅来写潘金莲怎么洗去了脂粉，拔去首饰钗环，脱去红裙绣袄，换上孝裙孝衫，假哭下楼。但京戏只用外白内红的衣饰，立刻鲜明而迅捷地表明内中必有奸情。事实上，潘金莲恐怕不会傻到在孝衣之中穿着红裳，但京戏用了这夸张手法，很简洁地表现了整个故事的关键所在。"

这句"潘金莲孝服底下的红裳"也令董桥大为赞叹。

的确，在《新晚报》的日子，查良镛过得十分快乐、惬意，不仅因为负责"下午茶座"这个栏目，很对他的兴趣与胃口，办起来得心应手；还因为在这里他结识了两个好朋友，后来还成了他一生的挚友良朋，那就是当时《新晚报》的总编辑罗孚和也在《新晚报》共事的梁羽生。

这似乎有点儿像刘邦、张良与韩信，正是因为这三个人的相遇，才会有后来的楚汉相争，才会有汉代的辉煌历史；而正是因为当时办起了《新晚报》，才有罗孚、梁羽生与金庸三人的合作，才会掀起后来那声势浩大的新武侠小说时代，仿佛冥冥之中，有所注定，此三人合作必定会擦出不小的火花，虽然当时他们彼此并没有意识到什么：金庸编他的"下午茶座"，而梁羽生则编《新晚报》的另一个副刊——"天方夜谭"。

说起梁羽生，可谓是个奇才，也是个非常讲义气的人，他原名陈文统，一九二四年生人，生于广西蒙山县文圩乡屯治村。十四岁时，因患疟疾腹泻，休学半年，阅读了大量的名家词集和两份象棋棋谱。一九四九年，从岭南大学经济系毕业。一九五二年，他们两人先后调到《新晚报》编副刊。巧的是梁羽生与金庸，在出身、经历、爱好上，均有惊人的相似之处。同是一九二四年出生，同样出生在一个富有家庭。梁羽生进入《大公报》，一开始也是翻译英文电讯，后来才转入《新晚报》，这些经历与金庸几乎完全相同。同时，他们在爱好上，也有很多相同之处。梁羽生也有很深厚的文学功底，诗词对联无不精通；他们同为棋迷，对弈时，两个常常忘我拼杀；他们均为书痴，阅读各种类型的书籍，涉猎十分广泛；最重要的一点，是他们同为武侠迷，侃起武侠来如痴如醉、日日夜夜乐此不疲。当然梁羽生没有金庸那段学外交、国际法专业的经历。

他们无论是在工作上还是在闲暇时间，总有聊不尽的话题，并且颇有英雄识英雄、英雄惜英雄之感。闲来无事时，他们一起下棋，在棋盘上拼个你死我活，且在棋罢畅谈一番。这一习惯一直延续到他们老年，两位年届古稀的老人，还兴致勃勃地对弈，一度被传为佳话。

他们还一起在《新晚报》上发棋话，同样受到读者欢迎，引起了不小的影响。他们一起侃武侠……如《蜀山剑侠传》《十二金钱镖》《荒江女侠》，一部接一部，直说得唾沫横飞、欲罢不能。

而后，这两位大侠，从只是闲来谈谈武侠的读者，变为亲自操刀的炮制者，并且在若干年后，都成了写武侠小说的大家，可那时他们两人，谁都没有想到今后会去写武侠小说。所以，如果我们从这个意义来说，那么当年的香港《新晚报》，确实是查良镛和梁羽生日后成为新武侠小说开山鼻祖的摇篮。

## 二、侠气满香江

一九五四年，本应是个平凡的年头，却因一场武术比赛，在人们的记忆中变得不平凡。

那年，香港的太极派与白鹤派发生门户之争，各执一词、相持不下，最后文斗竟演变成了武斗，白鹤派的掌门人陈克夫向太极派的掌门人吴公仪下了战书，签下生死状，以比武分高下。因香港禁止设台比武，所以擂台设在与香港隔海相望的澳门。这两大帮派之争，在香港引起了很大的反响，不仅老百姓茶余饭后议论纷纷，各大报纸也争相追踪报道，甚至可以说，香港市民无人不知、无人不晓。

《新晚报》几乎天天都有比武的最新消息。比武当天更是万人空巷，不少人到澳门观看这场比武。然而，最后这场盛况空前的比武却显得雷声大、雨点小。一月十七日下午，比武在澳门新花园拉开序幕，短短两个回合，吴公仪就一拳击中陈克夫的鼻子，顿时血流如注，这场期望值极高的比武就此告终。

然而比武虽然告终，但它所带来的后续效应却远远没有终结，相反它带来的武侠热潮才刚刚开始，不久这股热潮就以汹涌无比的势头席卷了整个香江。《新晚报》的总编辑罗孚看到这等情景，心头不禁灵光一闪，心想先前报道比武竟会如此受欢迎，何不在报纸上开个武侠的连载故事，肯定会吸引很多读者。同时，罗孚也正在构建一个更大的战略方案，他在心中掂量了当年香港的天时、地利、人和，想趁着比武刚结束，老百姓对武侠的劲头正浓之时，趁热打铁推出武侠连载，也可占尽天时、地利。而且就在这以前，《新晚报》的"天方夜谭"，也一直在连载小说，吸引了不少读者，但是，从来还没有登过武侠小说。同时《新晚报》这样的报纸，如果一旦连载武侠小说，必是冲破藩篱之举，令人耳目一新，此可谓坐拥地利的良策。

此时，罗孚马上想到手下有几个不折不扣的"武侠迷"，他们平时谈起武侠就兴奋不已，现在机会来了，能亲手让他们写武侠小说，也正是发挥他们才情之举，不正是人尽其才吗？

于是，罗孚首先找到了梁羽生，让其在"天方夜谭"栏目上，连载武侠小说。梁羽生接到这个写作任务，便一口答应了。一月十九日，即比武结束的第三天，《新晚报》就在头版显著位置，刊出"本报增刊武侠小说"的预告。二十日，梁羽生的《龙虎斗京华》开始连载了。梁羽生不愧是一代武侠宗师，从接受任务开始，仅酝酿了一天，就署名"梁羽生"开始了他的武侠小说连载。这是梁羽生的处女作，

《新晚报》连载《龙虎斗京华》

也是成名作，可以说标志着新武侠小说的诞生。在读者中，竟引起了意想不到的热烈反响，《新晚报》销量也随之看涨。

《龙虎斗京华》在《新晚报》连载了七个月，一时大家争读，梁羽生也由此一炮而红。之后，梁羽生的武侠小说风靡整个香港，这让罗孚喜出望外。因为，当初他只不过想借连载武侠招徕读者，谁料在高度商业化的香港，引出了一场武侠热潮，自然也为自己当初的决定而欣喜。

别的报纸看到《新晚报》的这一举动，收到如此好的社会、经济效应，也纷纷效仿，一夜之间就有好几家报纸同时开辟武侠专栏，其中不仅有一些小报纸，更有一些十分有地位的报纸也打破惯例开辟武侠连载。这样一来，专栏开得有声有色，但能写出高质量的新派武侠小说的人却不多。

梁羽生也同时接到几家报纸专栏的邀请，忙得不可开交，应接不暇。这时，罗孚想到了查良镛。

平时与梁羽生谈武侠最投契的就数他了，并且他文学底子也不错，是时候让他来另挑一面旗帜了。一来梁羽生这边精力不够，可分担他一部分写作任务；二来，也可让这武侠热潮愈演愈烈，再说毕竟让梁一个人上阵略显单调，"群雄并起"才能热闹非凡。由此，他决定推举查良镛上阵。从梁羽生的《龙虎斗京华》到《草莽龙蛇传》，查良镛只是忠实读者，从未想过自己也要上阵。一九五五年二月初，罗孚和"天方夜谭"的编辑，忽然向他紧急拉稿，说《草莽龙蛇传》已连载完了，必须有一篇武侠小说顶上，写稿之任务非落在他头上不可。

于是，写武侠小说，看似是偶然实则是必然，查良镛只有披甲上阵，没有退路。其实，这样的时机，也是他心中一直向往的，他与梁羽生都是"武侠迷"，平时谈侠论剑，并不逊于梁兄；现在梁兄这边正写得如火如荼，洛阳纸贵，他那满脑子刀光剑影、侠气豪情却无处宣泄，真是让他技痒、手痒、心更痒。因此，当罗孚告诉他："如今香港的报纸，那么急需武侠小说的连载，你也来写吧！"他听了罗孚的指令，心中欣喜，毫不推辞一口应允了下来。

回到家中，他才开始细细思忖：军令状已经接了，该写什么、该怎么写、该有些什么人物可写呢？这些他心中还全然没底。想着想着，渐近傍晚，他凭窗远眺西边落日，绯红的晚霞正涨满整个天边……

不知怎的，今天的晚霞，那么像当年与兄弟、姐妹们在观潮亭看到的晚霞，也是那样红艳，铺满了整个天边，此时一直深藏在他心头那浓得化不开的乡愁，如一首清远的歌笛在他耳边悠然响起；月下缓缓流淌的是钱塘江，江边乘凉的是乡亲们，那曾经露营的石塘边，一个个小时候伴他入梦的传说故事，不禁在他脑海里一一浮现。

他便想到了那个他从小就听说的传说故事，说乾隆皇帝本是海宁陈家人，实是汉家血统；想到了乾隆皇帝题诗的石刻；想到了流传的反清复明的义士们。他心想，虽说从清康、雍、乾三朝，有长达一百三十余年间的统治，无论武功文治，都算是中国历史上一个伟大的时代。清朝一直是个非常专断的朝代，明末清初时期，镇压了大量反清志士，把历史上的文字狱推向了高潮。乾隆更是个多故事的皇帝。那好，我就写乾隆，写他与汉人之间千丝万缕的联系，写反清复明的种种故事。由此，一个以清朝为历史背景，一个由半真半假的传说引出的故事，便在他的脑海中有了雏形。

想到这里，他的兴致上来了，立刻拿来纸笔，说写就写。因为他从小就看过不少武侠小说和外国小说，又有多年报纸写作的经验，虽然对于写小说是个门外汉，但有了初步的构思和人物定位，便思如泉涌，很快写成第一稿。书稿从塞外古道上一个"年近六十，须眉皆白，可是神光内蕴，精力充沛"的老者写起，也许他常常看到报社一个老工友，触动了当时的灵感。所以后来他说，"如果我一开始写小说，就算是文学创作，那么当时写作的目的，只是为做一件工作"。

一九五五年二月八日，《书剑恩仇录》在《新晚报》的"天方夜谭"开始连载，署名"金庸"，每天一段，直到一九五六年九月五日，连载了一年零七个月，共刊出了五百七十四天。

他写武侠小说，所用笔名，也很简单，即"镛"字拆成两半，便是"金庸"两字。他自称"没有什么含义的"。然从此金庸横空出世，世人往往只知"金庸"而不知他的原名为"查良镛"了。

《书剑恩仇录》，金庸的第一部武侠小说，就这样与世人见面了。第一篇的稿纸，那时只是静静地躺在书桌上，在灯下泛着淡淡的鹅黄色的柔光，之后即有人拿走，即刻送到报社，然后成为铅字。这时的作者想到了遥远的家乡，"如果你到过江南，会想到那些燕子，那些杨柳与杏花，那些微雨中的小船"。这正是他落笔写《书剑恩仇录》时的心境。

作为武侠小说家的金庸，一九五五年二月八日出场，这一年，他已过而立之年。虽然早就离开了故乡海宁，但故乡在他的梦里不时萦回，母亲、父亲、兄弟姐妹，故乡的风物人情、民间传说，总深埋在一个漂泊异乡的游子心中，并化为文字，萦回于他的武侠小说之中。

三、书剑碧血露锋芒

《书剑恩仇录》刚开始连载的几期反应平平，过了一个多月，小说的各主要人物纷纷上场，情节开始错综复杂，场面也波澜壮阔起来，不禁深深地吸引住了读者，也很快令《新晚报》的销量骤增。

陈家洛是《书剑恩仇录》的第一男主角，是一个金庸虚构出来

《新晚报》连载《书剑恩仇录》

的人物。作为金庸笔下的第一个正面主角，陈家洛是一个悲剧性的英雄人物，他重情重义，心忧天下，有志报效祖国；他武艺超群，领导群雄，二十几岁就当上了红花会的总舵主。然而，他天性软弱，注定了他的悲剧性。他重感情，却缺乏果敢，常常进退维谷、优柔寡断；他有心率众起义，却对当时的统治阶级抱着天真的幻想，没有能彻底穿透统治者之心。最后，陈家洛对清政府的妥协，带来了红花会覆灭的悲剧，他的出路，也只能是退隐回疆。这部书，金庸试图避免用现代语言来表达。

我记得，那次金庸回乡，后陪金庸在南浔沿着长长的百间楼漫步时，不知是什么话题使他偶尔兴起，谈及他的这部《书剑恩仇录》小说，他说："这是一部以清代为背景的小说，碰到有些现代语汇，比如说我总用'转念头''寻思'来代替'思想''考虑'。或用'留神''小心'等来代替'注意'……其实，这些语汇，在嘉兴、海宁、南浔一带老百姓都是常用的方言。"

我听金庸对自己作品的坦诚言说，我也便对他说了些直话："这些方言在你的作品中偶尔出现是可以的，如常用太湖流域的口语，当会使作品的流传、小说思想性深度上的开掘，总或多或少会受到限制。"我的直言，作为已是功成名就的大家，他还是能接受的。

当然，金庸在塑造《书剑恩仇录》的主要人物陈家洛这个人物

据传，《书剑恩仇录》故事原型中的乾隆是陈阁老之子　　郑少秋版《书剑恩仇记》

形象时，他与我的聊谈之中，他是结合了近代海宁历史上的几位人物，来展开这部作品的。作为金庸武侠小说的处女作，相较于他后期的作品，无论是思想性上，还是艺术性上，是略逊一筹的，这也是金庸与我面论时，他也承认有短处的地方。他对我如是说："当时，我也是匆匆而上写这武侠小说的，虽然平时看了许多国内外小说，但写前的思想准备，是不足的，那时我心中是明白的。"

如果我们再回头看这部小说，小说的最后一回，写陈家洛为复国大业，宁愿将自己的心上人——香香公主，也让给了好色的乾隆，但乾隆得到佳人后，即食言了。陈家洛却还被蒙在鼓里，而一心依恋于陈家洛的香香公主却以死来殉，且以此警示陈家洛。金庸笔下如此的悲剧英雄，有评家认为，陈家洛在这部小说中，是个失败的艺术形象，他拖着《水浒传》中宋江的辫子，对乾隆一让再让……陈家洛的致命弱点，给全书蒙上了阴影。（见曹正文书评）但也有书评说："这样的高潮戏的来临，却是如天仙一般从天而降的美丽。纯洁的香香公主的一腔碧血，未被作者导引出来，对于读者的感情，虽受到挫伤，但在结构营造出来的叙事技巧上，却产生出许多艺术效应。……作者的这种浪漫主义的审美意义，则既抚慰了阅读者的心理遗憾，但却又让人们从书剑恩仇的刀光剑影里，展示了一片优美幻想的诗意空间。"

而从我个人来说，读完这部书时，确有这种多元的疑问，但也被作者这类虚漫的描述感动，阅读时的情绪止不住会激动起来。我想，这也不足为怪。连冯其庸、王春瑜等，在专为金庸小说作评时，都有不同之论。而金庸在与我对谈之中，虽没有讲到这么的深究意蕴，但聊谈时，对评书家不是挺满意，也认为有不足之处。

其实，海宁是个出文人墨客的地方，从海宁走出的文人诸如王国维、徐志摩，他们都是文质彬彬，"性格中有一些忧郁色调和悲剧意味，也都带着几分不合时宜的执拗"，就算是蒋百里——从海宁走出来的军事家，有决胜千里之外的本领，但也只是个会讲武而不会动武的文人。这些在陈家洛这个虚构的人物身上无不有所折射。同时，金庸往往还将自己对人性的标准和理解，寄托在这个人物身上，这也充分体现了金庸心底深处的儒家思想——在世为人就应心系天下，心忧国事，应有为了大义甚至可以牺牲小我的精神和感情。这种思想也一如孔子的"朝闻道，夕死可矣"或如"志士仁人，无求生以害仁，有杀身以求仁"。当然，故事结局，也有《水浒传》的痕迹。金庸在塑造人物形象时，也无不怀有这样的主观看法："陈家洛，不是一个成功的人物，但是他反映了许多知识分子的理想、抱负、幻想、幻灭，反映了他们的天真心态，可取之处与弱点都有。"有人就如此评论："金庸——一个深受中国传统文化熏陶的读书人，在经历动荡乱世之后，独自在异乡通过武侠小说展开他对人性的独特理解。"

金庸向来善于在以真实历史为背景的舞台上，编织一个个动人的故事，将史实和艺术结合得相当完美。同时，他的小说开头总力求平实，主角往往要到几章之后才会出场现身，越往后的情节越是引人入胜、扣人心弦，可谓高潮迭起、一浪高过一浪。

另外，金庸的武侠小说涉及人物往往不下上百个，场景更是达数百个之多，然而金庸依然能从容地驾驭，每个人物都有血有肉、各不相同；每个情节的展开，之前必然埋下伏笔，绵里藏针、疏而不漏，足见其功力。这些特点可以说是金庸武侠小说之所以能吸引人，能产生如此大轰动效应的原因。《书剑恩仇录》虽然是金庸的处女作，但已经鲜明地体现出这些特点。"又要做读书人，又要做革命首领，又要做政治家，既是富家公子，亦是草莽英雄，又重事业，又重爱情，即使在感情问题上，爱姐姐还是爱妹妹也纠缠不清。"其实，在陈家洛身上也可以看出作者的一些性格。在这个虚构人物的身上，寄托了作者的某些理想。金庸非但向往家乡海宁，也一再梦回杭州。从他的《书剑恩仇录》到《射雕英雄传》《倚天屠龙记》，再到《笑傲江湖》都能寻得。他以亲切的笔触，勾勒出西湖的美丽神韵："陈家洛满饮一杯，长啸数声，见皓月斜照，在湖中残荷菱叶间映成片片碎影，蓦地一惊……陈家洛远望众人去远，跳上一艘小船，木桨拨动，小船在明澄如镜的湖面上轻轻滑了过去。船到湖心，收起木桨，呆望月亮，不禁流下泪来。原来次日八月十八是他生母徐氏的生辰。他离家十年，重回江南，母亲却已亡故，想起慈容笑貌，从此人鬼殊途，不由得悲从中来。适才听徐天宏一说日子，已自忍耐不住，此刻众人已去，忍不住放声恸哭。"这正是金庸本人的身世写照，他笔下陈家洛的母亲和他母亲一样姓徐，这不是简单的巧合。《射雕英雄传》中的断桥、荷花，《倚天屠龙记》中的六和塔下、垂柳扁舟，《笑傲江湖》中的孤山"梅庄"，"遍地都是梅树，老干横斜，枝叶茂密，想象初春梅花盛开之日，香雪如海，定然观赏不尽"。这些，无不是金庸的另一番剪不断、理还乱的乡愁。

金庸的《书剑恩仇录》，无疑使他成了新派武侠小说的另一位开山之人，锋芒直逼梁羽生。这个结果，实在出乎他意料，本是无心插柳，却柳树成荫。在撰写《书剑恩仇录》时，金庸已从《新晚报》调回《大公报》，只不过不再做国际电讯翻译，而是做了副刊编辑。

因为《书剑恩仇录》极大地带动了《新晚报》的销量，刊出时，金庸于"三剑楼随笔"中说，"有许多读者写信与他，其有银行经理、律师、大学的讲师，也有把手车的工人；有七八十岁的老婆婆，也有八九岁的小弟弟小妹妹。在南洋许多地方，它被作为电台广播与街头说书的题材"。此时，其他各报社，纷纷邀请金庸为其报的武侠专栏撰稿，金庸一时之间成了香港各大报纸的"抢手货"。而金庸在分身乏术的情况下，只允诺为《香港商报》撰稿，为此，他开始构思《书剑恩仇录》后的第二部武侠小说《碧血剑》。

金庸构思《碧血剑》，依然以真实历史背景为依托，只是这次由清朝换至了明末，主角是袁承志和"金蛇郎君"夏雪宜。这部小说是金庸的第二部武侠小说，也是他在新派武侠小说探索之路上的一个重要转折点。在这部小说中，金庸第一次运用了倒叙的手法来展开故事情节。还有另一处称奇的，是书中的主角夏雪宜，在书中自始至终没有出场，关于他的一切都是由两个爱他的女人温仪和何红药的回叙来表现的。这种以倒叙切入故事，以配角来写主角的手法，令金庸的武侠小说更跌宕起伏，读来欲罢不能。同时，这种写作手法也被后人认为是新派武侠小说与旧派武侠小说的重要区别之一。当然，金庸在这部作品中，还是写他

《碧血剑》连载

熟知的生活，如在《碧血剑》中虚构了一个"石梁派"，女主角温青青，就出生在石梁。衢州、石梁，以及烂柯山的风光，都是他中学时代熟悉和经历的。书中第五回，"山幽花寂寂，水秀草青青"，依稀是写石梁的春天，"两人缓步向后山上行去。那山也不甚高，四周树木葱翠，四下里轻烟薄雾，出没于枝叶之间。良夜寂寂，两人足踏软草，竟连脚步也是悄无声息。将到山顶，转了两个弯，一阵清风，四周全是花香。月色如霜，放眼望去，满坡尽是红色、白色、黄色的玫瑰"。

当时《碧血剑》在《香港商报》连载至一九五六年十二月三十一日，整整一年，好评不断，吸引了无数读者及评论家，可以称得上叫座又叫好。因为，相比过去传统的旧派武侠小说，金庸的《碧血剑》给人耳目一新、心头一震的感觉。同时，又因为《碧血剑》中，有关大批难民身处乱世、颠沛流离的描写，倾注了作者金庸自身的真情实感，让人读来极易产生共鸣。袁承志面对易代的大动荡、大变化，最终选择到南洋一个海岛开始新生活，有人说，这是对千千万万人逃入香港的隐喻。你看，一九四五年第二次世界大战结束时，香港不足六十万人口，一九四九年前后，大批移民进入，到一九五〇年春天，人口已猛涨到二百三十万。

虽然《书剑恩仇录》与《碧血剑》一样都是金庸的早期作品，人物塑造还欠功力，情节也不够紧凑，这与金庸初涉武侠世界、语言表达火候未到有关，但这两部作品，依然在武侠世界里放射出奇异的光彩，也是解读金庸小说的重要钥匙。

## 四、别了，《大公报》

从一九五五年《书剑恩仇录》问世，到一九五六年下半年《碧血剑》连载结束，短短一年多的时间，金庸就由一个报社的小小副刊编辑，变为香港报界的"红人"。两部小说的问世，可以说给他带来了名誉，带来了可观的经济收入，也带来了众多读者的仰慕。然而，这一切并没有给金庸带来长久的快乐和满足，因为，在这世界上，成为一个畅销武侠小说家，并不是他的夙愿，他心底深埋的希望，远不止如此。尽管当年他从北京重返香港的海轮上，将那心中之希望暂时收起，深深掩埋。但那希望的火种并未熄灭，它一直在他心底涌动着、跳跃着，等待有一天喷薄而出。因此，平常人看来他如今应称得上名利双收，志得意满了，但他自己总觉得缺少什么，似乎有一种更高远的志向在支配着他，牵引着他去追求眼前他所拥有的之外的东西。

同时，作为《大公报》的副刊编辑，金庸也感到日益受到限制，条条框框越来越多。他经常怀念起胡政之老先生和那些老报人一起在《大公报》的日子。

"三剑楼随笔"从一九五六年十月开始，在《大公报》副刊上刊载，每日一篇。构思这个栏目，是因当时香港写武侠小说的主要有三个人：梁羽生、金庸和百剑堂主。"百剑堂主"原名陈凡，生于一九一五年，比梁、查二人早进入《大公报》。早在一九四一年春天，就已进入《大公报》，先后做过记者、采访主任、副总编等，决心以《大公报》为终身事业。一九四七年五月三十一日，他因广州采访中山大学学生罢课游行的新闻而被捕过，同事唐振常说他是《大公报》当年的名记者，走南闯北，写下了许多受人欢迎的通讯。他"嬉笑怒骂，哀思激烈，亦庄亦谐，可歌可泣"。早年，曾热衷新诗，中年以后改写旧体诗词，钱锺书罕见地为他的《壮岁集》作序。在香港的武侠热潮中，他也对武侠小说产生了浓厚的兴趣，他的《风虎云龙传》，也在《新晚报》的"天方夜谭"上连载过好一阵。

金庸在"天方夜谭"致各位读者中，曾说"百剑堂主是一位著名作家的笔名，《书剑恩仇录》单行本第一集的那首《满庭芳》词，就出于他的手笔。堂主文采风流……"

他们三人在当时的香港有"文坛三剑客"之称，因此报方考虑如果让这几位写武侠的能手，写一些散文随笔的文章，轮流刊登，必然会受到武侠读者们的欢迎，"三剑楼随笔"这个栏目，也就应运而生。后来，还根据金庸的提议，改轮流刊登为三人一起上马，相约合写。他们三人可以无拘无束、随心所欲地漫谈，如嗜联的梁羽生写了一篇《闲话怪联》，百剑堂主写了一篇《吟诗作对之类》，金庸接着写了一篇《也谈对联》，从许多熟悉的对联谈起，还谈到百剑堂主的一联："偏多热血偏多骨，不悔情真不悔痴。"

金庸很喜欢这副对联，百剑堂主用宣纸写好，金庸请荷李活道一家装裱店裱好，挂在他当时租住的斗室中，不觉雅气骤增。他们三人从文史掌故、名人逸事到琴棋书画、诗词联谜、神话武侠、歌舞影剧，上下古今，无所不谈。专栏持续了三个多月，到一九五七年一月三十日，共写了八十四个题目，大约十四万字。

对"三剑楼随笔"这个栏目，金庸倾注了很多心血，他在这个栏目中谈音乐、绘画、戏剧、围棋、舞蹈等，几乎无所不谈，仿佛又让他回到了在《新晚报》主持"下午茶座"的那段时光。

一九五六年十月二十四日，喜欢电影的金庸为"三剑楼随笔"开篇写的是《〈相思曲〉与小说》，他说："你或许是我写的《书剑恩仇录》或《碧血剑》的读者，你或许也看过正在皇后与平安戏院上映的影片《相思曲》。这部影片讲一位美国歌唱家的故事，和我们的武侠小说没有任何共通的地方，但我们这个专栏却是上大卜地丸所不谈的，所以今天我谈的是一部电影。也许，百剑堂主明天谈的是广东鱼翅，而梁羽生谈的是变态心理。这一切相互之间似乎完全没有联系，作为一个随笔与散文的专栏，越是没有拘束的漫谈，或许越是轻松可喜。"当然，能与梁羽生、百剑堂主，互相切磋文艺、聊谈时事，也让金庸能取长补短、灵感突发。

有时，三人还为写一篇散文，一起翻书查找资料，乐此不疲。金庸在"三剑楼随笔"中的每一篇散文，都情趣盎然，生机灵动，可读性强，受到众多读者的青睐，梁羽生和百剑堂主，也不示弱，他们两人在"三剑楼随笔"中所撰随笔，也常佳作迭出，令人读来不呆板，有时歪打正着，读者不禁拍案叫绝。

"三剑楼随笔"这种由三位文人联手，以漫谈形式出现的专栏，当时还不多见。同时它虽是商业化的文化运作手法，却实实在在地凝结着金庸、梁羽生和百剑堂主的思想、情感和智慧。可惜这个十分受欢迎的栏目却无疾而终。是因为时局的关系，还是因为《大公报》上层的原因，三位当事人都没有说起，至今还是个谜。一九九七年九月三十日，百剑堂主因心脏病猝发在香港去世，一九八七年已移居澳大利亚的梁羽生，在万里之外寄诗哀悼，刊登在他们当年共写"三剑楼随笔"的《大公报》"大公园"副刊上："三剑楼足证平生，亦狂亦侠真名士。卅年事何堪回首，能哭能歌迈俗流。"

可以肯定的是，"三剑楼随笔"的无疾而终，让金庸感到分外失落，因为当初他对这个栏目，是十分看重的。现在这个让他能无拘无束释放自己情怀的空间，也关上了大门，他又重新回到了原先压抑的环境中，这让他越来越感到《大公报》与他所愿，究属格格不入，工作激情也越来越低。

由此他萌发了离开《大公报》，另闯新天地的想法，但此时的金庸已不是当年那个可以一走了之的热血青年了，他感到精神上的苦恼与迷惘。毕竟他在《大公报》度过了十年春华秋实，这里有他熟悉的人，有他熟悉的一草一木，长期以来那种《大公报》情结，对他来说还是难以割舍的。

尽管还不知离开《大公报》后，他该何去何从，但他终于做出了这个痛苦的决定。金庸曾两次离开《大公报》，又两度回来，但这一次与上两次不同的是，他绝不会再"吃回头草"了。一九五七年冬天，他辞职离开《大公报》，离职前支的是"四等十三级（或四等十四级）"的薪水，并不是高级职员。这次离开《大公报》，他义无反顾，决心去勘踏出另一条新的人生之旅。

## 五、"触电"长城

金庸离开《大公报》之后，旋即进入当时香港最大的电影制片公司之一——长城电影制片公司。金庸在长城电影制片公司（以下简称"长城"）的这段经历很少为外界所知，很多人并不知道赫赫有名的"武林大侠"金庸，也曾涉足过电影圈，还拍过几部很卖座的片子。其实，金庸之所以进入"长城"，一是因为刚离开《大公报》，一时还找不到更好的落脚点，算一种权宜之计；二是，早在主持"下午茶座"的时候，他就酷爱电影，在写影评的同时，也与电影圈中的人士建立了广泛的联系，进入电影圈也是顺理成章的事。这似乎就像是如今我们许多作家、文化人喜欢走入影视圈一样的道理，因为毕竟影视圈成名快、收入高，属于现代媒体，它的受众面也宽广得多。

初进"长城"的金庸，开始写电影剧本，这对他来说是熟门熟路。"长城"底薪虽然只有二百八十港币，但每写一个剧本，不管是否被采用，都能得到三千港币稿费，经济收入十分诱人。这段时期，金庸以"林欢"为笔名，写了不少剧本，如《有女怀春》《三恋》《午夜琴声》《小鸽子姑娘》等，其中还有几部被拍成了电影。

而对于指导电影来说，金庸当时是十分感兴趣的，他曾经读过许多电影理论著作，如今能让他有机会真正地指导一部电影，自然令他兴奋不已。然而，由于他待在"长城"的时间较短，最后也没有独立地去指导过一部电影。一九五八年和程步高共同导演的《有女怀春》，是根据《傲慢与偏见》改编的，由傅奇、陈思思扮演男女主角。一九五九年，他又与胡小峰合作导演了另一部电影《王老虎抢亲》，由夏梦、李嫱等主演。这两部电影，据说在当时票房和口碑都还不错。

虽然金庸最终没有独立指导过一部电影，可说是他银色生涯的遗憾，但短暂的导演生涯，也让他从中汲取了不少电影技巧，例如场景的组接、蒙太奇的手法等，这让他获益匪浅，丰富了他小说的表现手法和艺术性。

正如他在《射雕英雄传》后记中所说："写《射雕英雄传》时，我正在长城电影公司做编剧和导演。在这段时期中，所读的书主要是西洋的戏剧和戏剧理论，所以小说中有些情节的处理，不知不觉间是戏剧体的。"

在"长城"电影公司的那段时光，对金庸的整个人生来说，是一支短暂的插曲，却因为一个人使这支插曲奏得凄迷婉转，带上了一点少不更事的浪漫和罗曼蒂克的情调。

金庸所说的这个人，就是当时有"长城公主"之称的夏梦。夏梦人如其名，是位如梦般轻盈美丽、优雅浪漫的绝色佳人。夏梦本名杨濛，祖籍苏州，一九三二年生于上海一个知识分子家庭，父母都爱好京剧，从小受到家庭熏陶，京剧、越剧都能朗朗上口。一九四七年她随家人南下香港，就读于玛利诺女书院，一九四九年在文艺联欢会上，演出英语舞台剧《圣女贞德》，她主演的贞德获了极大的成功。人们夸她："人既漂亮，戏又演得精彩。"一九五一年，夏梦以《禁婚记》一炮走红。她成名后，步步为营，逐渐成为"长城长公主"，她所接手的影片，大多是制片精美，班底一流，甚至可以说是为她量身定制的。未达此，她宁愿不接。

那时，夏梦芳龄二十四，却已是当红明星，在香港极有票房号召力。她年轻美丽，又生于书香门第，有很好的文化素养。连著名导演李翰祥，也赞她为"中国电影有史以来最最漂亮的女明星，并且气质不俗、令人沉醉"，能得到李导演如此高的赞誉，可想而知，夏梦当时确实有极大的魅力和光彩。一九五〇年，她十八岁，和同学毛妹（导演袁仰安的女儿）到长城电影公司参观，受到赏识，由此进入"长城"，迅速在银幕上放出光彩。因主演影片《绝代佳人》和《新寡》，获一九五七年文化部优秀影片奖。在"长城"

夏梦登上《长城画报》封面

共主演影片十八部。一九五六年至一九六六年，加入凤凰影业公司，主演影片十部。同时又在长城主演十一部影片，其中有在香港国际电影节备受赞赏的古装悲剧片《同命鸳鸯》、越剧戏曲片《三看御妹刘金定》《金枝玉叶》等。

　　在夏梦主演的影片中，她几乎都是女主角，更是整部影片的主角。她的银幕形象很大程度上代表了香港左派电影对女性的建构与想象。从一九五一年，她自以长城新星夏梦女士的侧影登上《长城画报》以来，几乎每期都会有关于夏梦的报道。"长公主"的成名轨迹，在《长城画报》上留下了清晰而完整的记录。从一名刚毕业的学生，到万众瞩目、蜚声影坛的"女神"，夏梦是颇值当年香港观众关注的一位出色具有艺术人文的电影演员。夏梦，后成为全国政协委员。

　　金庸在"长城"时，曾与夏梦共事过一段时间，夏梦的代表作之一《绝代佳人》，就是由金庸特地为她编剧的。当时，这部影片由夏梦任主演，李萍倩任导演。这期间，曾一度流传金庸爱慕夏梦的传闻，但夏梦那时是"长城"的当家花旦，贵为一线明星，金庸只是一个小小的电影编剧。并且夏梦在金庸进入

夏梦登上《长城画报》

"长城"之前，一九五四年与林葆诚已经结婚，因此这段似是而非、捉摸不透的感情，也最终烟消云散。对于传闻，金庸一直未表态，没有任何说法，因此事实究竟如何，始终不得而知。

虽然，我们无从得知当时是不是才子遇佳人，抑或是落花有意、流水无情，但相信夏梦对金庸小说的创造，确实有着一定的影响。古今中外有多少文人骚客、倜傥才子，曾为他们心目中的"缪斯女神"，瞬间燃起爱情火花，写下无数流传千古的佳作诗篇。古有曹植为甄妃赋《洛神》，现代有徐志摩为陆小曼谱《爱眉小札》；国外文坛巨匠中如歌德，年近八十时，还聊发少年狂，向一位妙龄的美丽少女求婚，并为她写下了著名诗篇《玛丽恩巴德悲歌》，类似的例子不一而足、不胜枚举。

因而，金大侠也不例外，当他独自于孤灯下对着稿纸，构思小说中的人物和情节时，相信夏梦的情影，不止一次地出现在他的脑海中，想起她那精致的瓜子脸、明亮流转的秋波、凝脂般的肌肤、乌黑飘逸的秀发，还有那纤纤的身姿，不知不觉间他已将夏梦的形

象，嫁接到他小说中的人物身上，那人物仿佛也因此有了她的呼吸、声音、一颦一笑……

因此，细心的读者也许会发现，《天龙八部》中，那个让段誉一见就惊为天人、称其"神仙姐姐"的王语嫣，便明显流露出夏梦的影子。王语嫣是姑苏燕子坞的大小姐，而夏梦也正是姑苏人氏；王语嫣端庄曼妙、仪态万方，而夏梦也是以其上乘的气质，独立于众多女星之中。且夏梦在银幕上最擅长扮演温柔美丽、知书达理的女子形象。后金庸写的几部武侠小说，如《射雕英雄传》里的黄蓉，《神雕侠侣》里的小龙女，无论一颦一笑，都跟夏梦相似。相信如果当初投拍《天龙八部》，王语嫣的人选，一定非夏梦莫属。当然，这只是武侠迷们的推测，因为这位聪慧美丽的女子，后退出演艺圈，洗净铅华，过了一段平静幸福的日子。

金庸对夏梦，始终是欣赏且眷顾的，他曾在《明报》上，特腾出版面开了一个专栏，名为"夏梦游记"，专门刊出夏梦的旅行散文。为一个女明星开一个专栏，在《明报》实属罕见。刊出了《夏梦谈巴黎近况》《在伦敦误进谋人寺——夏梦归鸿之二》《看脱衣舞要懂行情——夏梦游记之三》等文章。并且当夏梦拍了四十二部电影息影退出演艺圈，移居加拿大后，金庸还专门为她写了一篇诗意盎然的《夏梦的春梦》社评，祝福夏梦，并为她离开香港送行。还用一首严蕊的《卜算子》词，道出心声："去也终须去，住也如何住，若得山花插满头，莫问奴归处。"深情表达了对她离开香港的感叹和祝福。当然，金庸不可能回到陆游那种遥远的年代，而发出，"城南小陌又逢春，只见梅花不见人。玉骨久成泉下土，墨痕犹锁壁间尘"。这是一种感怀的一腔愁绪。

金庸在《明报》的社评，一向是对一些国际热点事件、重大社会问题进行评述，这次却为一位女明星移民大发感词，实属罕见，这在《明报》历史上，也不寻常。

这段感情亦真、亦幻，亦是、亦非，也终究仍是男女个人之间的谜。但有一事可以肯定：一天，有记者问罗孚，金庸暗恋夏梦是不是真的，罗孚确定地回答："是真的。"记者又问是否追过夏梦，罗孚回答说："是追过夏梦。"然而，不论外界对此有多少猜测，夏梦于一九六七年，告别了从影十七年的生活，告别了香港，移民去了加拿大定居。他们俩虽最终未能携手，但也算为世人留下一段才子佳人的风流佳话。有人说，"两人虽然无缘结合，但都开拓出自己的一片天空，这不也是件很美的事吗？"

夏梦于二〇一六年十月三十日去世。

二〇一八年十月三十日，一代武侠宗师金庸与世长辞，享年九十四岁。巧合的是，这一天正是夏梦的祭日。

## 六、《射雕》莫与争锋

进入"长城"后，金庸主要从事电影编辑工作，但他并没有停止武侠小说的创作，因为与报社有约，所以他每天都要完成一千字左右的小说，然后交给报社连载。《碧血剑》一结束，他便开始一刻不停地赶制另一部小说，这就是金庸的第三部武侠小说——《雪山飞狐》。如果说前两部武侠小说，《书剑恩仇录》和《碧血剑》是他牛刀小试、才华初露之作，那么这部《雪山飞狐》，可以说是他的武侠小说创作走向成熟期的开端，也是第一部被译成英文、在国际上流传的武侠小说。

首先，相比前两部小说，《雪山飞狐》在故事情节的展开、人物性格的定位、语言表达等方面，都成熟很多，破绽和脱节的地方也较少。其次，《雪山飞狐》的主要人物胡一刀和苗人凤，要比《书剑恩仇录》中的陈家洛和《碧血剑》中的袁承志与夏雪宜，光辉很多。《雪山飞狐》中的胡一刀，可以称得上是一位顶天立地的大丈夫，他为人光明磊落，绝不用阴谋诡计；他的夫人也是一位女中丈夫，有勇有谋、心细如尘，与夫君一起闯荡江湖，对夫君情深似海，在胡一刀死于非命后，她也殉情而死。

《雪山飞狐》中的另一个主角苗人凤，实在是一个读来令人回味的角色：他的性格是一个矛盾综合体，他为人襟怀坦荡，坚毅如石，在他的字典里绝无退缩二字；他天性仁慈，重感情，对敌人却只是硬拼，少了一些谋略，苗人凤的这一性格特征，注定了他容易被小人利用。同时，他也是一个感情上的失败者，英雄爱美人本是自然，古已有之，但苗人凤在抱得美人南兰归之后，却不懂得对她体贴，明明他爱南兰至深，却偏偏让田归农这样的小人，将南兰抢走，读苗人凤的故事不禁让人为他的命运扼腕叹息。

因而，这部《雪山飞狐》从开始连载起，便犹如石破天惊，令香港的武侠界为之一震。这部小说之所以是金庸武侠小说中较成功的一部，最重要的一点是，因为相比前两部小说，金庸在写《雪山飞狐》时更为用心，到最后甚至入了化境，几乎达到了与书中的人物同呼吸共命运的境界。因而当小说连载到胡斐和苗人凤要决一死战，以了断他们之间多年的恩恩怨怨时，几乎全香港的人都在翘首盼望这场人生决战的最后结局。

苗人凤与胡斐两人大打出手，交战几个回合后，却始终不相上下、胜负难分。"两人生死决斗又惺惺相惜，白天激战，晚上抵足而谈，比武历时三日，每日都有不同的变化。除了两个主角之外，并穿插以周围的人各式各样的活动，在比武过程中突出了主角的性格，描写了周围的人物，渲染了现场的气氛，又从正面、侧面，或淡描或浓抹地勾勒了主角高明的武艺。读者看得紧张、过瘾。"此时，胡斐，却在苗人凤的刀法中，找到了一处破绽。高手交战被对手抓住了破绽，犹如毒蛇被人捏住了七寸。于是，只要胡斐再发一招，必定能挫败苗人凤，以了却一直以来的恩怨。

然而，就在这紧要关头，金庸却突然宣布全书完结，这个出人意料的结局，让全香港的读者大跌眼镜。至一九五九年六月十八日，《雪山飞狐》共计连载了一百二十九天，小说最后却没有肯定的结局，留下了一个永远的悬念——胡斐这一刀到底劈下去还是不劈呢，让每个读者，自行构想。

金庸对此的解释是："写到最后，胡斐的矛盾，就变成了我的矛盾，同时苗人凤的痛苦，也成了我的痛苦，这两人如何了断恩怨情仇，连我也决定不了，所以胡斐那刀到底砍不砍得下去，我无法知道……"

写小说，能写到物我两忘的境界，可见金庸的武侠小说，已从当初为招徕读者之文化快餐，转而为一种具有更高艺术性的文学创作。一位懂中文的日本记者读了此书，有一次与金庸见面，话题就一直围绕着其中的情节，尤其侧重里面的推理桥段。金庸也不否认这是武侠加推理，他只是说，自己十分欣赏日本推理小说家松本清张。金庸最喜爱的小说之一，是法国作家大仲马的《基度山伯爵》，不管有意或者无意，有人说，"他的小说受到《基度山伯爵》等西方文学作品的影响，不仅表现在刻画、描写人物等小说技巧、方法上，更主要的是精神、气质上的影响"。

一九六〇年十月五日，《新晚报》十周年，他写了《〈雪山飞狐〉有没有写完》一文，他说，写这个结尾，他想到了西方中世纪著名的故事，公主、宫女和武士、饿狮，想到了美国作家马克·吐温的小说《中世纪的传奇》。

按照中国的传统观念，杀父之仇不共戴天，父仇子报，以牙还牙，以血还血，乃是天经地义的。这一简单的复仇模式早已内化为民族潜意识，为芸芸众生所普遍接受，更是中国文学作品长久阐述的主题之一。"而《基度山伯爵》表现的善恶观念，对复仇的处理，直接影响了《雪山飞狐》对人物命运的安排及性格的塑造。"

《雪山飞狐》获得了巨大成功，读者的来信犹如雪片，一家家报纸争先恐后地转载。正当全香港无数的读者还在为胡斐究竟有没有对苗人凤砍下那最后一刀万般猜测之时，金庸的另一部武侠巨著又开始连载，简直令万千武侠迷为之疯狂。

一九五七年元旦，金庸开始在《香港商报》上连载《射雕英雄传》，这是新派武侠小说史上，具有划时代意义的作品，无论是在故事性和艺术性上，还是在场面之气势和人物的数量上，都几乎压倒他以前所有的武侠小说，《射雕英雄传》一出，似乎大有"天地为之动容，群雄莫敢争锋"的气势。

一九七六年，香港佳艺电视台首次将金庸的武侠小说《射雕英雄传》改编成电视剧，由白彪和米雪主演，播出后大受欢迎。后来佳视倒闭并被 TVB 收购，TVB 翻拍《射雕英雄传》（1983 年版）时，为了保证翻拍的收视率，就将这个版本雪藏了起来，所以现在已很难在网上找到本剧，只能零零碎碎地找到一些片段而已。它确实是一部有着里程碑意义的绝版之作。

故事以宋、金、蒙古三国对峙作为背景。南宋偏安，君臣昏聩，朝政日衰。大金国虎视眈眈，而蒙古雄鹰成吉思汗，表面联宋伐金，暗地则酝酿着一统江山的野心。金庸因在湘西时的那段闲暇，读了许多中外历史书籍，故能将许多历史上真实存在过的人物写入他的作品，甚至以此人物为主角，借中国历史上曾发生过的事迹为线索，展开大胆又合理的想象，在亦真亦假、变幻莫测的历史叙事中，演绎　场场虚构的江湖恩怨。我没很好读过《宋书》，但我因研究过中国留存于世的古籍瑰宝宋版书，知从北宋至南宋这个朝代却能维持了三百一十九年之久。我与金庸先生也讨论过这部武侠小说。我问他"射雕三部曲"中的前两部《射雕英雄传》《神雕侠侣》中的主人公郭靖真有此人吗？他回说："历史上真有其人！"并说他对这段宋史独辟蹊径地研究过，还列举了一些宋史细节。

《宋史·忠义传四》中有记载："有郭靖者,高桥土豪巡检也。吴曦叛,四州之民不愿臣金者,弃田宅,推老稚,顺嘉陵而下……曦尽驱惊移之民使还,皆不肯行。靖时亦在遣中,至白厓关,告其弟端曰:'吾家世为王民,自金人犯边,吾兄弟不能以死报国,避居入关,今为曦所逐,吾不忍弃汉衣冠,愿死于此,为赵氏鬼。'遂赴江而死。"

若从中国史视之,史书中记载的郭靖和小说中的郭靖皆为忠义之士,所不同的是,作者结合其他人的事迹,再加上大胆的想象,将历史上这个大约在一二○六年就忠烈殉国的郭靖,写成集忠孝仁义、憨厚善良、智勇双全于一身,有着盖世武功并穷尽一生之力誓守襄阳、抗击蒙军的侠之大者。靖康之耻阴影下的中原江湖,小说中的武林至宝《武穆遗书》和《九阴真经》,既有历史真实又有虚构成分,寄托了主人公匡扶大宋江山、追求武学巅峰的人生理想。

金庸把武侠中的东邪、西毒、南帝、北丐四大侠,以及全真派、丐帮等数大门派纷纷卷入其中。而忠良之后、少年郭靖,承母命从蒙古草原南下寻找杀父仇人,他偶遇桃花岛岛主"东邪"黄药师的女儿黄蓉,郭靖天生纯朴,憨厚宽和,黄蓉美丽无比,蕙质兰心,古灵精怪,两人一见倾心。他们结伴闯荡江湖,经历了无数的奇遇、凶险,许下了"聪明人和笨人永远在一起,一起生,一起死,永远不分开"的誓言。

金庸在写《射雕英雄传》时,依旧用的是武侠与史实相结合的手法,其中的人物个性单纯,如郭靖诚朴厚重,他既无陈家洛的书生气,也没袁承志的公子味,黄蓉机智可爱,令读者印象深刻。这是中国传统小说和戏剧的特征。小说讲述郭靖如何从一个涉世未深、老实巴交的孩童,最终成长为一代大侠的历程。一个看来像是毛头小子闯荡江湖的简单故事,却因金庸的一支生花妙笔成为许多人心中的梦。他描写郭靖是用从一件件小事可见其个性的方式。他如何做人、如何讲义气、诚实待人、不贪生怕死，对钱财的看轻等，这样的小说描述，反使故事情节波澜壮阔、高潮暗涌。随情节的展开，时而写江湖拼杀的血雨腥风，紧张、刺激；时而写男女间的两小无猜，亲热呢喃，纯真、浪漫；场景时而是春光明媚的江南水乡，时而是气势恢宏的塞外草原。

当然，开篇就再现了江南的秀美场景："钱塘江浩浩江水，日日夜夜无穷无休地从临安牛家村边绕过，东流入海。江畔一排数十株乌

黄日华版《射雕英雄传》宣传海报

柏树，叶子似火烧般红，正是八月天时。村前村后的野草，刚起始变黄，一抹斜阳映照之下，更增了几分萧索。"金庸从小就生活在这如境的太湖流域……，那是他最熟稔的乡愁之思，也是他从小每天踏过的地方。

《射雕英雄传》结尾处，是郭靖与黄蓉一同南归，"一路上但见骷髅白骨散处长草之间，不禁感慨不已"。这也止是金庸十抗战时的经历，是自身的感慨伤痛与时代伤疤的体现。

《射雕英雄传》可以说是金庸所有小说中，人物塑造最完美的一部，不仅涉及人物众多，而且个个精彩：东邪、西毒、南帝、北丐、中神通，个个性格迥异。东邪黄药师，亦正亦邪、卓然不群；西毒欧阳锋，口蜜腹剑、阴险歹毒；南帝正气昂然、宽恕仁慈；北丐洪七

公，热心滑稽、大智若愚；老顽童，天真好玩、游戏人间。

"瞧，各种人物之性格，无不跃然纸上，听，字里行间都在发出各自的声响。"况且，它们都可独立成为一部小说，怪不得自《射雕英雄传》问世后，不断有断章取义，编造成文的小说问世。

相比《射雕英雄传》中众多武艺高强的江湖人物，主角郭靖却只是一个平凡之人，甚至智力水平还不及一般人，但他最终却成就了一番事业，成为一位大英雄，所以平凡人自有长处在。郭靖十分刻苦，是我们平常常说的"笨鸟先飞"且能坚持不懈的人物。他学的武功，是雄浑有力的"降龙十八掌"，不带一丝一毫取巧。郭靖为人厚道、对朋友说一不二，因而常得贵人相助，黄蓉之所以被郭靖吸引，便是看出了他真诚、宽容的禀性；他也是个有抱负、有责任的壮志男儿，心忧家国、民族，为民族大义，奋不顾身，身先士卒，甚或能抛弃个人所有的一切。

《射雕英雄传》中所描绘的武功，当然出于金庸之想象，但是细心的人还是发现了这些武功的源头。在形的方面，主要取自金庸对舞蹈艺术的熟悉，在神的方面，则来自哲学思想，特别是道家思想。黄蓉的武功，比如，"兰花拂穴手"这一名字，就有舞蹈的姿态，"落英神剑掌"的身法，就如同落花。桃花岛上，黄蓉在花树底下舞蹈起来："但见她转头时，金环耀日，起臂处，白衣凌风，到后来越舞越急，又不时伸手去摇动身边花树，树上花瓣乱落，红花、白花、黄花、紫花，如一只只蝴蝶般绕着她身转动，煞人好看。"

洪七公教会黄蓉的"逍遥游"掌法（初名"燕双飞"），两人同练，"并肩而立，一个左起，一个右始，回旋往复，真似一只玉燕、一只大鹰翩翩飞舞一般"。这些，基本上就是作者心中对舞蹈艺术的再现和认知。

《射雕英雄传》当时在香港的火爆程度，可谓空前绝后。金庸的好友、香港著名作家倪匡曾说："《射雕英雄传》一发表，更是惊天动地，在一九五八年，若是有看小说的而不看《射雕英雄传》的，简直是笑话。"

　　但金庸自己却认为，"我以小说作为赚钱与谋生的工具，谈不上有什么崇高的社会目标，既未想到要教育青年，也没有怀抱兴邦报国之志……不过我写得兴高采烈，颇有发挥想象、驱策群侠于笔底之乐"。

　　这股"射雕热"不仅出现在香港，还波及内地和海外。当时，《射雕英雄传》是在内地流传最广的金庸小说，被人争相传阅。在曼谷，转载《射雕英雄传》的报纸，为了满足读者迫不及待想看到故事的愿望，甚至通过电报，报道香港连载的内容，可见其受欢迎之程度。

　　《射雕英雄传》连载结束，从此奠定了金庸武侠小说宗师的地位，因为这部书，已经不是完全意义上的通俗武侠小说，它寄托了金庸的精神追求和人生态度，包含着许多人生哲理，其中最重要的就是一种爱国心、民族情，一种敢于承担、勇于担当的英雄风骨。读者在郭靖身上，依稀可以看到作者的影子，金庸曾说："写郭靖时，我对文学还了解不深，较多地体现自己心目中的理想人格。如果说有自己的影子的话，那可能指我的性格反应比较慢，却有毅力，锲而不舍，在困难面前不后退。我这个人比较喜欢下苦功夫，不求速成。"

　　在这部小说中，究竟什么是英雄的定义，什么样的人，称得上英雄，金庸也借郭靖之口，说

《射雕英雄传》在《香港商报》上连载

出了他自己对英雄的理解：建功立业、名扬四海，就是英雄了吗？非也。武功盖世，世上无人与之匹敌，就是英雄了吗？亦非也。金庸心中的大英雄，应先天下之忧而忧，后天下之乐而乐，行侠仗义，为民造福，方是真英雄本色，方能流芳百世，令后人景仰。"只识弯弓射大雕"的一代天骄——成吉思汗，在金庸眼中，也称不上是英雄，至多是个枭雄罢了！

《射雕英雄传》的成功，虽然离不开这部小说生动的情节、人物、语言，但更蕴含着深层的哲学思想。这种深层的哲学思想，正是金庸心底儒家思想的折射。中国儒家思想的代表——孔子，当年游历六国，一路辛苦奔波，只为了遇到明君，为了礼乐、仁政之道，以实现他心中之最高理想。虽金庸自己说，"我以小说作为赚钱与谋生的工具，谈不上有什么崇高的社会目标，既未想到要教育青年，也没有怀抱兴邦报国之志……"可他的故国情怀、乡土情结，几乎浸透在他每一节的字里行间。试想，一个在世代的读书人家出生，在战乱中成长起来、饱经忧患的读书人，因为大时代的变动，漂泊异乡，在香港落脚生根，他身上的文化因子，全部来自那片古老的土地。

在我与金庸面对面请考他时，他无不带着一颗纯真之心，他曾对我说过这样的话："从《书剑恩仇录》到《射雕英雄传》，传达的首先是我从小到大，那赖以安身立命的文字基础和文化思想，我描出的小说，最大也只是一个载体而已……"

这部寄托着金庸深厚儒家思想的《射雕英雄传》，自然令众多华人，犹如读到自己心底深沉的渴望、永恒的追求，读了这样的作品，有谁不为之心潮澎湃呢？

这部小说，既反映了深刻的人生批评和社会批评的力量，同时也闪烁出作者智慧的光芒。一九五九年五月十九日，《射雕英雄传》在《香港商报》刊完八百六十二段，也正是《明报》创刊的前一天。

# 第六章 创立《明报》

## 一、告别"长城"

《雪山飞狐》与《射雕英雄传》这两部小说的问世，令年轻的金庸在香港武侠小说界声名日隆，可以说在这条他另辟蹊径之路上，走得一帆风顺，令旁人艳羡无比。然而，他的职业生涯却一直不顺利，甚至是屡遭挫败。他最初的梦想是走仕途之路，做一名外交官，所以在重庆读外交系，后又在上海再修国际法学，应该说他的人生，一直朝着这个目标在努力，并未旁骛，但这个目标并未实现。回港后，他在《大公报》原想作为一个报人，开拓自己的职业生涯；然而《大公报》的工作状态亦与自己的理想相去甚远。为此，他又一次遇到人生去向的重大抉择。他思前想后，毅然决定离开他已工作多年的《大公报》。尽管《大公报》许多人士对他再三挽留，他还是执意告别，重新寻求出路。就这样，他转到了长城电影公司。长城电影公司，原是从上海转到香港的张善琨，于一九四八年年底创办的，专拍国语影片。一九五〇年，张退出，吕建康、袁仰安、费彝民等重组"长城"，袁山任总经理。

金庸到"长城"后，原本想在他钟爱的电影事业上大展拳脚，因为毕竟电影作为一种特殊的文艺形式，同样有影响社会的力量，可谁知还是事与愿违。金庸当时有好几个剧本都通不过审查，不获准投拍，这让他对"长城"感到失望，没有他的用武之地，士气也渐低落。金庸的人生使命感，在电影界又再一次遭遇瓶颈。

金庸从最初北上，重返《大公报》，又离开，转入"长城"，而后又离开"长城"……这一路走来，不禁让我想到孔子当年奔走六国的情景。孔子，从故地鲁国始，见鲁定公只顾沉迷享乐，全然听不进他的礼乐兴邦之道，他只好悄然离去；到卫国，卫灵公只想整军护国，不在乎他的治国大道，卫国后来发生大乱，他还受到牵连，仓皇出逃……直到他垂垂老矣，他还是渴望着要寻求明君，要将他的治国之道发扬光大，因始终有一种信念支撑着他，就算一次次碰壁，就是在一次次穷途末路之际，他心中总燃着希望之火。

我们说，当时在金庸心中，同样也有着这样一种儒家的终极信念，也好似孔子那般，重拾希望，整装待发。金庸生性就不是一个安于天命的人，当在一个环境受挫时，他总会去寻求新出路；他更不是一个易于满足的人，在武侠小说界的成功，并不能让他感到满足，似有一种天生壮志未酬的感觉。最终，金庸还是无缘留在"长城"。

此时，金庸已是"身在曹营心在汉"，人虽在"长城"，但已经开始筹划他路了。很多人以为，当初他自立门户，创办《明报》，是他的意气用事，事实上却不尽然。其实，精明的他，在"长城"工作时，《明报》已准备创刊。

在《大公报》和"长城"的经历，让金庸总感到处于"人在屋檐下，不得不低头"的状态，以他追求自由的个性来说，与其将自己的命运寄托于他人之手，还不如自己来主宰它。在他心里，早早就算了一笔账，他考虑过去的大部分时间是与文字打交道，如果转行干别的，必是扬短抑长；同时他对新闻报业，还是十分热爱的，而且也积累了很多这方面的经验，自己踏出一条办报办刊之路，无疑是个不错的选择。

资金方面，因为武侠小说、电影剧本和翻译小说的收入，金庸也积累了一些资本，虽然不多，但办一份报纸的创业基金还是够了。

另外他也想到，他的武侠小说如此受欢迎，若只在自己办的报纸上连载，势必会带动报纸的销量，能够保证报纸创办后的收入。当然他也明白，他当时在香港无背景、无势力，投身报业界，风险是不言而喻的。但他天性中，总有那么一种知难而上的意志，使他明知接下去的路十分艰难，却依旧坚持自己的选择。

事实上，金庸当时考虑的这些方面，后来都印证他是对的，但真正投身报业后的艰辛程度，还是超出他的预料。当然，当时的他，也无从得知今后如何，只想离开"长城"，自立门户。这一年他三十五岁，南下香港第十一年，他踏上了前途莫测的创业之路。

## 二、初创《明报》

提到《明报》的创立，有一个人不得不提，那就是与金庸一起共同创办《明报》，并与他合作数十年的沈宝新。也正是与沈宝新在香港的意外重逢，使金庸最后下了办《明报》的决心，并付之行动。

沈宝新是浙江湖州人，比金庸年长四岁，是金庸抗战时期在碧湖中学读初三时的同班同学。在抗战时期艰苦的求学年代，两人是少年知己，亲密无间。但后来因为抗战、流亡、转学等多种原因，相互也渐渐失去了联系。谁能想到的是，他们两人在十多年以后，竟然意外地在香港重逢。

沈宝新，曾在浙江大学读农业专业，抗战胜利后，在邮政与银行工作过，积累了一些财务工作的经验。他一九四六年到香港，在印刷厂任职九年。说的是一口江浙口音的广东话，熟悉他的人都说他是一个"随和、有义气的人"，人际关系好，对朋友重情义，又懂经营管理。

金庸与沈宝新，兴许因为两人都是浙江人，且两人在地域文化上均属江南水乡，又都是同学，所以一拍即合，决定合作投身报业。

谁都没有想到两人从此合作了将近半个世纪，而且一直亲密无间，不禁让人感叹：在香港，商场上的经历大多是钩心斗角、人心险恶，但他们两人始终能保持如此深厚而绵长的合作友谊，确实难得。

当时沈宝新在香港任嘉华印刷厂的经理，对印刷出版方面较为熟悉。适逢金庸想要自己创办报刊，两人之间的一席谈话，竟然是心有灵犀一点通。沈宝新也深感香港当时盗版猖獗，出版生意难做，倒不如自己办报办刊、自己印刷、自己发行，看老朋友金庸有了这个决心，他愿意出钱出力、支持到底。

一九五九年年初，他们注册了野马出版社，社名出自《庄子·逍遥游》，刊名也为《野马》。他们准备办一份十日刊，以刊登武侠小说为主。

他们二人长期成功合作，也令金庸感慨，金庸后来与池田大作对话时，也不无感动地回忆起他们之间的这段友情："一九三八年开始认识、二十一年后的一九五九年同办《明报》，精诚合作地办了三十几年报纸，到今年已四十九年。在共同办报期间，挑拨离间的人很多，造谣生非的事常有，甚至到现在也还有。但我们互相从不怀疑，绝无丝毫恶感。前年我因心脏病动大手术，宝新兄在医院中从手术开始到结束，一直等了八个半小时。"

金庸为与沈宝新的精诚合作而感到自豪。作为湖州人后辈的我，不禁为能有这样忠于职守、精诚合作的前人所感佩。这也使我忆起了金庸的那次湖州之行，他还有意无意地询及湖州沈氏家族的历史。我曾对他说：湖州的沈氏家族，从历史上考证，是自东汉以后南迁到江南德清武康的，一直崇文重教，从东汉末年到南北朝，直到唐宋明清，在历史上是很有作为的家族。沈氏在江南可谓人才鼎盛，曾出了好几个王妃、皇后，早有了"天下沈氏出武康"和"天下沈氏出竹墩"之说。沈氏一门封侯的有沈约，中榜眼的有沈树本，至于将军、翰林、巡抚，则不计其数。近代新文化运动主将、一代书法大家的沈尹默，也是湖州竹墩沈氏家族出身……听着有关湖州沈氏一门的历史，金庸不时地点头、微笑。

我想，那一刻，他一定又想起了他的《明报》老搭档沈宝新来了。

一开始，金庸和沈宝新只准备办《野马》十日刊，但后来他们觉得日报销量比刊物更好，于是最终决定还是办日报。《明报》创办最初由金庸出资三万港币，沈宝新出资两万港币。这几万港币，三四个月就花光了，于是，金庸又投入五万港币，共出资八万港币。据《明报》老职员回忆："查先生那时候真的很惨，下午工作倦了，叫一杯咖啡，也是跟查太太两人喝。"那时，金庸住在尖沙咀，深夜下班时天星小轮已停航，要改乘俗称"哗啦哗啦"的电船仔渡海。每次要等齐六个人才能开船，船费比较便宜。如果要即到即开，需要包租费三元。他们夫妇宁愿挨着深夜凉飕飕的风等待，也不愿包船过海。咖啡、渡船不过是其中两个平常的故事而已，当年的艰苦可想而知。

当时，潘粤生提出"明"字，取"明辨是非"之意，也有"聪明"之意，经过一番推敲，决定取名《明报》。所谓"明"者，有光明、明理、清明、明察、光明正大、明辨是非等各种含义，金庸感到寓意很好。他们请香港当时有名的书法家王植波，为《明报》题写了报名，一直沿用至今。今天的人们，一提起《明报》，只知道金庸的《明报》，其实，中国近代报业史上，以"明报"为名称的报纸，曾先后在上海、苏州、北平、广东出现过。如在上海，一九二二年十月十·日出版了第一号《明报》，由明报社出版。第二次出现在一九三二年，苏州地区有一份《苏州明报》，出版人为"倚红"。《苏州明报》以新闻为主，对开一大张，报头以隶书书写，香港《明报》报头与其相似。孔效儒的《明报》，以新闻为主，另外也印行《明报画刊》，以报道电影明星生活及软性新闻为主，与金庸创办之《明报周刊》，内容上有相似之处。

一九五九年五月二十日，便是香港赫赫有名的三大报纸之一，金庸的《明报》创刊的日子。当然，这是金庸毕生难忘的日子，这一天，象征着他终于有了自己的阵地，象征着他另一番天地的开端，也象征着他真正独立成为一个报业人士了。

《明报》创刊纪念

在《明报》的创刊词上，金庸就表明了他办这份报纸的信条和理想："《明报》是一张同人的报纸，也是一张读者的报纸。""我们的信条是'公正、善良、活泼、美丽'。我们决心要成为你一个甜蜜的知心的朋友，跟你说说故事、讲讲笑话、讨论一下问题，但有时候，也向你做一些温文的劝告。"

而后，金庸又进一步详细阐述了《明报》的主张、目的和立场，发表于《明报》第十八期的社评中，不妨一读当年的这段文字：

> 我们重视人的尊严。主张每一个人应该享有他应得的权利，主张每个人都应该过一种无所恐惧，不受欺压与虐待的生活。我们希望世界和平，希望国家与国家之间，人与人之间，大家亲爱和睦。我们希望全世界经济繁荣，贸易发展，也希望香港市面兴旺，工商业发展，就业的人多。希望香港居民的生活条件能不断地改善。我们办这张报纸的目的，是要为上述这些目标尽一点微薄的力量。如果我们报道战争与混乱，报道凶

杀和自杀，我们是很感遗憾的；如果我们报道和平与安定，报道喜庆与繁荣，我们是十分高兴的。

从这些文字，我们可以读出字里行间都充满着金庸对《明报》未来所寄托的希冀，他希望通过《明报》的创办实现他一直以来救世济民的社会理想。

保持中立的办报立场，自然使《明报》初期步履维艰。《明报》第一天印了八千份，没有卖完，最低时跌到了六千一百份，发行了四个月才开始回升。金庸说，当时谁都觉得办《明报》是一件冒险的事业，旧同事、老朋友在背后都说："小查这次非倾家荡产不可！"金庸却想，反正没有多少家产，就是"倾家荡产"也没有什么大不了。

《明报》开始时，只是一份四开小张的报纸，属于名副其实的"小报"，头版刊登社会性特稿，二版是副刊，也会登小说，三版是重头戏，连载金庸和其他人的武侠小说，四版是杂文、小品、漫画等。

《明报》最早的员工只有三个人，金庸是社长兼总编辑，还是主笔，负责编辑部的工作；沈宝新是经理，负责报纸经营，是营业部唯一的员工；编辑只有潘粤生，时年二十四岁的一位编辑，其夫人黄夏女士，是香港《长城画报》的编辑。由于人手不够，金庸的妻子朱玫也加入了创业，成了最早的女记者，在《明报》跑香港新闻。

一九五九年的香港尽管经济还算不上繁荣，但报业竞争已够激烈。单就日报来说，左派报纸除了《大公报》，还有一九四八年九月创刊的《文汇报》、一九五二年十月创刊的《香港商报》、一九五五年创办的《晶报》（原名《明星日报》，一九五七年改名）。亲国民党的有一九四九年创刊的《香港时报》及老牌的《工商日报》。此外大多数报纸处于中间立场，如一九二五年六月创刊的《华侨日报》、一九三八年八月创刊的《星岛日报》、一九三九年五月创刊的《成报》，等等。还有《南华早报》等英文日报，其中也有中间偏左或中间偏右之分。背景各异，左、中、右分明。光是二十世纪五十年代新办的报纸，就有八十五家，平均一年新办八点五家，大部分为中文报纸，但能坚持十年以上的，凤毛麟角，至今仍在出版的仅《明报》《新报》《晶报》等寥寥数家。

金庸曾说："在政治取向上，我们……根据事实做正确报道，根据理性作公正判断和评论。"正是《明报》的中立特色，使其在报道和评论上，能保持客观、公正、独立，最终赢得了诸多知识界人士的青睐，在报业林立的香港，开垦了一片新土地。正是在这一九五九年五月二十日，蓄势待发的《明报》终于正式创刊了。继"导演"之后，金庸的又一重身份标签落实了。这一年，金庸三十五岁。一表人才的他，前已积累了许多职业生涯的实践经验。

一如金庸说的，他相信中国古代的名言："有容乃大，无欲则刚。"他始终认为："报刊中可以容纳各种各样不同意见，编辑部不持偏见，不排斥不同意的观点，同时报纸的主持人和工作人员不利用报纸来谋取自身不正当、不合理的利益，报纸必须永远光明磊落，为大多数读者的利益服务。"

我们不难发现，《明报》坚持的办报原则，与当年未转型前的《大公报》极为相似，相信当年胡政之等人倡导的"四不"原则，以及他们身体力行的榜样，已深刻地影响了金庸。


三、苦撑局面


刚开始时，金庸考虑如何给《明报》定位，他心里当然希望《明报》能与当时的一些大报，如《华侨日报》《大公报》一样，报道社会热点新闻、评论国内外时事，但以《明报》当时的财力、物力、人力，这简直是妄想。香港市面上还存在着一些小报，它们大多利用一些花边新闻、香艳小说来吸引读者，以满足一些小市民的猎奇心理，如果《明报》与这些小报为伍，虽可用很少的人力、财力招徕读者，但显然有违金庸办报的初衷。

一九五九年六月六日，《明报》出至第十八期，开始改为出对开大张，头版改为国际新闻和社评，二版为"银百合"副刊，三版还是"野马"小说副刊，四版为香港新闻（从第二十九期起，国际新闻改到第四版，港闻放到头版，社评有时也刊登在四版）。当天，金庸在《我们的立场》社评中，提出了"公正与善良"的办报理想，他说："我们曾在《发刊词》中说明，我们拥护'公正与善良'。这五个字，就可以说是我们的立场。"

于是，金庸走了一条折中的路线，选择介于小报和大报之间的定位。虽然这一路线是当时最好的选择，但却让《明报》的版面显得不伦不类，一边是金庸严肃的社评，而一边又是香艳小说，外界认为它整个风格极不统一，并认为如果《明报》这样办下去，关门大吉是迟早之事。

为了《明报》的生存，金庸和沈宝新绞尽了脑汁。金庸除了不断地写武侠小说、写社评，还要负责报纸的编辑工作，他多方挖掘、罗致人才，提高报纸的质量。沈宝新则从提早出报、发行、广告上下功夫，常常半夜三更起来去印刷车间给工人递烟。可以说，从一九五九年到一九六二年，这三年是《明报》最艰辛的草创时期。

当然，金庸也明白，一份报纸要有长久的生命力，必须要有整体的风格，要有一个统一的路线，目前这种折中的路线，始终不是长久之计，但以《明报》的现实情况，却不得不走这条路。虽然外界传言《明报》不久就会维持不下去，但金庸还是凭着他的意志和努力，将《明报》撑过了开创伊始的艰难时期，这在很大程度上，依赖于他精彩的武侠小说。如他当初办《明报》之前所料，很大一批读者，是因为要看他的武侠小说，才买《明报》的，因此金庸的武侠小说是《明报》销量的一大支柱。当然，武侠小说有众多读者，只是其一，办报之理念也很重要，金庸也说："很多技术问题都是我从《大公报》学来的。《大公报》本身有个传统，什么文字可以用，什么文字不可以用……我投身《大公报》，心里很佩服《大公报》当时对评论事件很公正，完全报道。报纸不应该歪曲事实，应该讲真话，不好讲的可以不讲。""心向往之，时作东施之效，只恨才识难追前贤，时有画虎不成之憾，但所作的努力，总朝着这个方向。"

正是在香港这块特殊的土地上，金庸传承了老《大公报》未竟的理想，《明报》的成功隐约可以看到某些老《大公报》的影子，比如坚持不接受任何方面的经济支援，他说"在这情形下，我们就能毫无顾忌地公正不偏，就会得到最广大读者的支援"。他以后津津乐道的"有容乃大，无欲则刚"，其实要等到一九六二年六月"自由

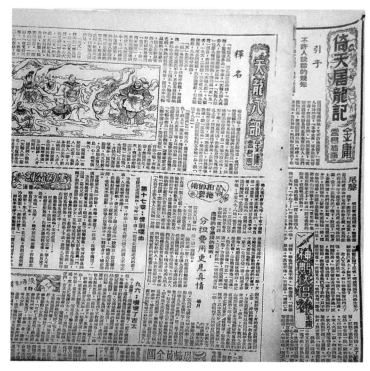

海宁金庸故居陈列的报纸（杨艳丽　摄）

谈"副刊诞生时才提出，一九六六年一月，《明报月刊》发刊词也以此为编辑方针，以后遂作为《明报》的报训。

这段时期，金庸同时创作了《神雕侠侣》和《倚天屠龙记》两部武侠小说，分别在《明报》上连载。这两部小说和以前创作的《射雕英雄传》合称"射雕三部曲"。《射雕英雄传》中的主角郭靖和黄蓉也延续到《神雕侠侣》之中，三部小说中的人物，可以编织成一张网络，书中的许多情节、人物及武功招式，也是一脉相承。

金庸当时可能考虑到《射雕英雄传》结束后，许多读者对其中的人物还津津乐道，纷纷猜测这些人物今后的命运，同时又正值《明报》初创的艰难时期，重要的是怎样争取读者，因而采用类似续集的方式进行创作。

《明报》创刊第一天，《神雕侠侣》开始连载，配有大幅插图。第五期起增加字数，每天由一千字扩充到一千二百字，后又增加了四百字。当时《雪山飞狐》还在《新晚报》上连载，金庸每天要写两个连载。《神雕侠侣》围绕一个"情"字展开——"问世间，情为何物，直教人生死相许"，这也许便是这部小说的主题，然而书中描写到的"情"，不仅局限于男女之情，还有爱国之情、父母亲情、兄弟手足之情、知己朋友之情，都在这部小说中得到了深刻的体现，读来令人为之动容。

倪匡曾经说："《明报》不倒闭，全靠金庸的武侠小说。"当时，金庸自己也说："我们的半张小报，经半年时间，便收支平衡，我的武侠小说，可有 定读者啊！"

如当时香港的许多中学生，每天上学都会在报摊上买一份《明报》，上了巴士，如有空位坐下，便会打开《神雕侠侣》的版面，细细追读，每天千把字，不消五分钟便看完，很不过瘾。

《神雕侠侣》虚构了杨过和小龙女"生死相许"的爱情。第一主角杨过是《射雕英雄传》中杨康的遗腹子，他的个性中有其父偏执、心胸狭窄的一面，但又受其义父郭靖的影响，有着不畏强权、敢作敢为的一面，可以说是一个具有双重性格的人物，他与后来《笑傲江湖》中的令狐冲，算是金庸小说中最具叛逆性的人物。

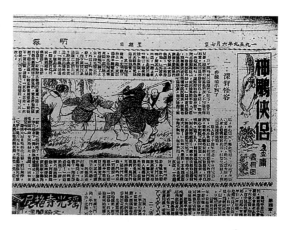

《明报》连载《神雕侠侣》

　　杨过从一出生，就因其父叛国求荣的恶名而背上沉重的包袱，后来他走过坎坷崎岖的成长之路，还一度陷入歧途，幸好他受到义父郭靖人格魅力的感染，最终走入了正途，还习得了绝世武功，成为一代大侠。在感情方面，杨过可以说是金庸小说中最为执着，也是爱得最为辛苦的一个。苍凉空旷、哀怨动人的情节，贯穿全书，奠定了悲剧的基调。

　　纯洁无瑕的小龙女被尹志平奸污，杨过被郭芙砍断了一只胳膊，当小龙女纵身跳下悬崖，留下谜一般的十六年之约时，也许小说应该结束，但金庸为了报纸生存，为迎合读者的需要，却不能戛然而止，只能写下去，写一个有情人终成眷属的大结局。杨过与小龙女的感情，一波三折、多灾多难。在小龙女跃入绝情谷后，杨过苦等十六年，至死不渝。如此真挚的感情，可歌可叹。

　　十六年后，杨过来到当时小龙女刻字的地方，守候了整整一天一夜，小龙女没有出现，杨过绝望，也纵身跳入万丈深渊！上天佑护，在深渊水下，杨过发现了一条狭窄的通道，游过通道，他找到了在这里隐居了十六年的小龙女。原来小龙女，投崖未死，无意中进入这个洞天福地，两人十六年后重逢，无限欣喜。

这两个苦命的恋人，还是相聚了，过上了神仙眷侣般的生活。小说通过作者之手，编织出了一个人世间生死不渝的爱情乌托邦。

　　大团圆的结局，也受到过很多评论家的质疑，他们认为如此结局，破坏了整部小说悲剧性的美感，不无败笔。然而，当时这部《神雕侠侣》小说的连载，是《明报》销量的保证。《明报》初创期的读者群大多是香港市民，他们的知识结构、社会层次，还无法领略悲剧作品的艺术性。他们更渴望和喜欢的，还是大团圆的结局。因此，如果金庸把《神雕侠侣》的结局，写为小龙女跳下谷底，不知所终；而杨过一个人守着这份感情孤独终老，可能会令很多读者大失所望，也可能使买《明报》阅读的人数大减，或对今后金庸的武侠小说失去信心。为了初创时期的利益，为使《明报》能顺利地发展下去，当然不能走这步险棋，所以，金庸当时写出这样的结局，很大程度上是出于维持《明报》销量的考虑。

　　《明报》创刊号即开始连载《神雕侠侣》，一直连载了两年多，而这些年正是《明报》最艰难的时期，可以说金庸的这部小说见证了《明报》的每一步成长，见证了金庸与几位同人的努力和辛酸。难怪金庸后来修改《神雕侠侣》时，会感叹："重新修改《神雕》的时候，几乎在每一段故事中，都找到了当年和几位同事共同辛劳的

《神雕侠侣》影视截图

情景。"

那时，金庸每天都要工作到很晚，不仅要写武侠，还要写社评，他就像一台生产文字的机器，不停地写稿，夜以继日、不知疲倦。与此同时，他还需负责整个版面的编辑、策划和设计，他事无巨细、亲力亲为，常常加班至深夜。然而，虽然日子过得很艰辛，但金庸却由衷地感到充实而幸福，因为他的第二位夫人朱玫，常陪伴在他身边，给予他关怀和支持。

他们俩在金庸还未进入"长城"之时，就已相识，之后结为连理。朱玫是一位才女，毕业于香港大学中文系，长得美貌，还是一位具有革新精神的新女性，她随金庸一起进入《明报》，成了香港第一位女记者。在《明报》最艰难的日子里，朱玫这位贤内助，陪伴在金庸左右，形影不离。晚上同金庸在报社赶稿累了，他们两人分喝一杯咖啡，一起加班至深夜回家。当时，正是创业困难时期，他们不舍得包船过海（当时金庸家住尖沙咀，从中环的报社回家必须过海），两人一起立在风中，十指紧扣、相依相偎，等待渡船，一起抗击着人间的风风雨雨。

## 四、契机

连载《神雕侠侣》保证了《明报》每天的销量，能稳定在八千份左右，应该说，对于一份初创的势单力薄的报纸，能达到这个日销量已是十分可喜了。但金庸心里明白，这八千份的销量，很大一部分是由于自己的武侠小说，而一份报纸要办下去，绝不能只有武侠小说

古天乐版《神雕侠侣》宣传海报

这一个卖点，他考虑着怎样使《明报》崭露头角，怎样从各方面增加《明报》的竞争力。

正巧这时，《明报》位于中环的办公楼要拆楼，《明报》便搬迁到上环，最后又搬到了湾仔谢斐道。仿佛应了民间的一句俗语"树移死、人移活"，这次搬迁给《明报》带来了活力，实际上成了《明报》一个新的开端，这犹如史学家唐德刚所说："物有本末，事有终始，知所先后，则近道矣。"《明报》的兴旺，就始于谢斐道，这难道是事物发展的必然之道？

在未迁至谢斐道之前，为了增强《明报》的竞争力，金庸便开始招兵买马，大力引进人才。他首先花重金从大报《晶报》挖来了记者雷炜坡，又从《红绿日报》挖来了龙国云和在香港新闻界有"才子"之称的韩中旋，还任命雷炜坡为采访主任。事实证明，金庸重金招募来的这些人才，确实使《明报》得益不少。可以设想，一个由私人股份出资办的报纸，没出色的人才怎么行呢？

接着，金庸还不断开辟特色栏目，使《明报》亮点频生，不仅仅依靠连载武侠小说拉动销量。在娱乐新闻版开辟了"伶星专栏"，报道影视界明星的工作、生活、恋爱等情况，主要由雷炜坡执笔。雷炜坡以"柳鸣莺"为笔名写了很多这方面极具可读性的文章，很受初高中女学生及家庭妇女的欢迎。

另外还开辟了介绍美食的"食经"专栏，龙国云以"陈非"为笔名执掌这个栏目，同样引起热烈反响。龙国云当时在《红绿日报》跑社会新闻表现突出，被暗中请来相助。他从一九六〇年夏天起，用笔名为《明报》写港闻特写、大案内幕、软性花边。其他特色专栏，还有简而清以"简老八"为笔名写马经，汪昆以"识途老狗"为笔名写狗经，也受到很多忠实读者的追捧。

虽然金庸这一系列举措，在社会上引起了一些反响，为《明报》带来了一些销量，日销量远远超过一些三流的小报，一年下来，《明报》发行量增加了百分之一百二十四，但它仍只是一张副刊性的报纸。金庸在《创刊周年感言》中说，读者有英、美、德、加拿大的留学生，有教授、律师、工商界巨子、社会名流，也有职工、青年读者，原因有二，政治上力求中立，内容上力求雅俗共赏。

当然，这与金庸心中的目标还相差很远。他对《明报》的希望，绝不是只超过三流小报，成为一张二流报纸，他的希望是将《明报》办成一流的报纸，甚至超过那些大规模的报业集团。正当他为怎样使《明报》再上一个台阶而绞尽脑汁时，一场突如其来的难民逃亡潮，改变了《明报》今后的命运。

从一九六二年二月开始，大量的广东居民涌入香港，原因是：一九五九年至一九六一年，内地工业比较萧条，经济状况不是太好，有些地方发生了饥荒，因此，居住在广东的很多老百姓，便想方设法来到香港，以求一个温饱安居之所。那段时间，每天都有上千人涌入香港，不仅有宝安的，还有东莞、惠阳、广州乃至外省的。

然而，香港只是一个弹丸之地，当时香港的人口密度已很高，如一九六一年五月三十日的人口统计，已超过三百一十三万人，交通、住房、医疗、饮水等方面压力都相当大。突如其来的涌入潮席卷香港，港督柏立基束手无策。"即捕即解"只是仓促应对之策，堵截不能解决根本问题，人流依然潮水般涌来，警察只能将他们堵在深圳河边的梧桐山一带。港英当局对这些非法进港的难民采取拦截、阻止的方式。每天都有一车一车的难民被香港警察遣送回深圳，但警察少难民多，仍有大批难民不断涌入，并且有越来越多的难民、滞留在深—港交界处。

可对于这次汹涌的"逃亡潮"，香港的各大媒体报纸却显得十分冷静，报道大都轻描淡写、不痛不痒，没有任何深入的评析和呼吁。因为这虽是一件极具新闻价值的大事，但又是一件涉及政治态度的敏感事件，轻易表明立场势必不是得罪港府便是得罪内地政府，所以各大报纸都作壁上观，静待事态的发展。金庸对这场"逃亡潮"最初也做低调处理，不深入报道，《明报》作为一份中立的报纸，当然也不想得罪任何一方，不想惹祸上身。

然而从二月到五月，短短的三个月时间，这股"逃亡潮"已发展得不可收拾，越来越多的饥民被困，境况悲惨，港府对这样的局势也是一筹莫展，找不到有效的解决方法。

《明报》里有很多人开始质疑对这个事件的低调态度，越来越多的记者从现场回来，他们群情激动，有时甚至为那里的悲惨情景而泪流满面，他们追问道："为什么这么大的新闻消息不让登报呢？"金庸面对这种情况内心极度矛盾，如果全面报道，肯定会得罪很多人，《明报》接下去的路可能会很难走，但是他作为一个新闻工作者和报业人，心底的良知和办报的信条呼唤着他。他办《明报》的宗旨不就是"公正和善良"吗？如果现在为了不得罪人而退缩，那还谈什么正义呢？岂不成了武侠小说里的阴险小人了吗？于是，金庸决定对其进行全面、深入的报道，派大量记者到一线实地采访。

这一年的五月八日，《明报》首次在头版头条用醒目的大标题刊出了"逃亡潮"的新闻，正式拉开对"逃亡潮"进行深入报道分析的序幕。从五月十一日起，他几乎派出所有记者到第一线采访，沙头角、粉岭、元朗、罗湖等移民聚集的地方，到处都有《明报》记者的身影。他们与难民面对面交谈，听取他们的心声，了解他们的需要，并拍摄了大量纪实性的照片。

这是《明报》创刊三年来，首次大规模的采访。五月十三日，金庸发表了《巨大的痛苦和不幸》社评。

金庸的社评引起了读者的广泛关注。五月十四日，金庸又安排龙国云等记者前往梧桐山一带采访。由于香港当局出动大批警察拦截，大量偷渡者被堵在山上，许多老弱妇幼在山上跌伤、患病，他们水尽粮绝，吃树皮、木菌，坐以待毙，至亲的人也无法相救，于是夫弃其妻，兄舍其弟。生平不会哭的龙国云，每天都睁着双眼流泪。

在首篇关于"逃亡潮"的社评《火速！救命！——请立刻组织抢救队上梧桐山》中，金庸发出了人道主义的呼吁。

他的社评往往能随事态的发展，一针见血地指出事件的本质，提出中肯的呼吁。如针对社会上一部分老百姓不满港府遣返内地难民，认为这是一种不人道的做法，金庸在他的社评《巨大的定时炸弹》中说道："香港目前所采取的对策，我们可以想象得到，在决策人自己，也是相当痛苦的……事实上，这件事好比一个巨大的定时炸弹，警方人员正在小心翼翼全神贯注地设法移开……我们如果单凭一时感情冲动，反而去和搬移定时炸弹的人为难，岂非危险至极？"

同时，他的社评往往是对事不对人的，即只对事件本身评价，而并不带有任何主观的偏向，充分保证了《明报》的中立性质，例如他在《协助警方，共渡难关》的社评中，严厉地反驳了中国台湾地区和联合国的某些人批评港府的做法，认为香港应对难民来者不拒，他指出，这种说法只是局外人的风凉话，根本没有考虑到香港的实际情况。对难民"逃亡潮"问题，《明报》不仅作为一个新闻媒体对事态进行报道，并在社会上进行呼吁，更重要的是，以《明报》为中心，金庸发起了很多人道主义的救助活动。他在《明报》上刊出启示，呼吁社会各界捐助救济那些难民，并且每天由记者负责给难民运送食物。此举激起千层浪，激发了当时香港社会各阶层的同情心，不论是普通老百姓，还是知识阶层、富商政要，都纷纷解囊相助，有钱捐钱、有物捐物。《明报》除了每天清点捐款捐物，送往难民聚集处，还每天公布捐助人的姓名和捐助的数量。

难民"逃亡潮"直到五月底才渐渐平息，《明报》也停止了对此事件的报道，但此事件为《明报》带来的社会影响，却没有就此消失。几乎一夜之间，香港市民对《明报》刮目相看，它的销量突破了两万多份，五月份平均日发行量达三万多份，当年下半年，突破四万份。后来《明报》日销量，平均在四万份。

当然我们说，促使这一销量飞跃的原因，除了《明报》对"逃亡潮"真实、详尽的报道，使原来订买一些大报的读者，渐渐发现《明报》不只有武侠，还有兼具新闻价值和可读性的报道。当然金庸所写的社评独树一帜、深刻到位，从而使一些知识阶层的人士，也开始阅读《明报》了。

但更重要的一点是：《明报》在这次事件中，表现出的人道主义精神，使这份报刊脱颖而出，赢得了很高的社会声誉。从此，金庸的这份《明报》，开始逐渐摆脱只靠武侠小说撑局面的状况，踏上了以时事性和新闻性为宗旨的一流大报之前程。

# 第七章　审慎而灵活的报业生涯

## 一、健笔写社评

从《明报》创立开始，金庸就开始撰写社评，从一开始的每隔两三天一篇，到每天一篇，几十年如一日，一直坚持不断，因而在香港人称金庸是两支笔闯天下，一支是写武侠小说的"侠笔"，另一支就是写社评的"健笔"。《明报》初创时期，金庸的撰述，观点还较平平，笔法也不够尖锐，所以未带来什么社会影响。但经过报道"逃亡潮"之后，金庸写的十多篇社评，篇篇立场鲜明，措辞中肯尖锐，令他闻名香港文坛，名震香港新闻界。

社评或社论这种文学表现形式，在报纸新闻上十分常见，它以报社或个人的名义出现，多是对国内国际重要问题、热点问题的评述分析。一些大报纸的社评，常常具有权威性，像金庸这样以个人名义发表社评，且能受到社会各阶层人士的喜爱，却不多见。金庸所写社评，不仅言辞精辟、观点独到，而且常常带有一点对国内国际热点问题的预测，这些预测事后还都被事实所证实。

如一九六二年十月十日，蒋介石接连发表两篇"双十"文告，"想借此鼓动内地军民反共"。外界纷纷传言蒋介石这一不同寻常的举动，是不是蓄机反攻的表现。金庸立刻在《明报》针对此事发表了社评，他在社评中指出蒋根本没有反攻大陆的实力，如此鼓吹只不过是外强中干的表现。之后的事态发展，果如金庸在社评上所说，蒋介石并没有做出任何反攻大陆的实际行动。

金庸的社评，一个重要特点是，完全出于一个旁观者、观察者的身份来评析问题，因而不偏向任何一方，能做到完全客观、中立、公正地评析。一九六二年，中国与印度发生边境武装冲突，面对美国国务院对中国的谴责，金庸立即在《明报》上发表了一篇言辞激烈的社评《美国声明是非颠倒》，从国际法的角度驳斥了美国所谓"中国对印度进行侵略性行动"的声明，认为美国完全是颠倒黑白、歪曲是非。他在社评中狠狠嘲弄了美国的双重标准，"是不是肯尼迪准备挥军进入古巴，古巴如果奋起应战，那就是侵略美国了……美国的国策可以不顾是非，不讲利害。然而堂堂一个大国，正式声明中居然歪曲是非，那就为天下有识之士所不取了"。

金庸的社评认为，发展经济才是一个国家的重要方面，巩固政权、赢得民心是上策，这与后来邓小平提出的"发展是硬道理"的思想，似乎不谋而合，说明金庸那时对中国整个经济的发展形势，已经有高瞻远瞩的眼光和见解了。

当时，排字房为了便于区分，别人执笔的社评，一般标题都用二号楷体，如果是金庸亲撰的社评，则用大号宋体加黑，很好辨认，所以有"查记出品，宋体为号"（或"查记出品，黑体为号"）的说法。其他人执笔的社评，如果金庸觉得好，偶尔也会特意交代排字房，标题用大号宋体加黑，这对作者而言是一种难得的荣誉。

金庸撰写社评也非一日之功，而是长期积累的结果。当年他还在重庆中央政治大学，读外交系的时候，就对政治有很强的敏锐洞察力，常常喜欢留意时政的变化。而后，他又在上海修习国际法，这使他后来在评析一些国际争端和冲突时，能从法律的角度分析其实质，一针见血地指出孰是孰非。金庸进入《大公报》后，在国际电讯翻译的职位上，一干就是好几年，这也使他有机会接触大量的新闻、电讯，并在这段时期养成了能从大量新闻信息中，迅速抓住焦点和关键点的能力，这些对他后来写社评，也起到了一定的帮助作用。如一九八三年十二月十五日，他在当日的社评中说："香港人一向以态度现实著称，但'九七问题'关涉每个人的切身利益，在念及和论及时显得颇为情绪化，由于前途茫茫，不免怨天尤人，对北京、伦敦、香港、香港的知名人士等谩骂者有之，讥嘲者有之，又或是自伤自怜，不知所措，有些像杨过失落小龙女后自创十七招黯然销魂掌，'心惊肉跳''呆若木鸡''拖泥带水''无中生有'……那本是人之常情，以杨过之贤，尚且难免，何况吾辈？"

这样的文字是其他人写不出来的。董桥认为"他当年写的社评不闷，主要正是因为文中穿插不少'我'个人的经历和随意的己见"。"跟随查先生十几年，我从他的原稿中注意到字斟句酌而不露斧痕的功力。""再往深里看，查先生是小说家，写政论往往穿插一些说部的笔触：添一些对白，描几幅景象，说两句自己，行文里顿时多了三分情趣。"

有人也许会问，为什么金庸写的社评，许多的预测，后来都被证实了呢？我们说，这不仅由于他具备了敏锐的洞察力，还得益于他长期喜爱历史，熟读历史书籍，尤其受《资治通鉴》影响较大。他曾说"我读《资治通鉴》几十年，一面看，一面研究"。"《资治通鉴》令我了解中国的历史规律，差不多所有中国人也按这个规律的。"金庸常能以史为鉴，反观和对照目前发生的形势，而给出相应预测。金庸写社评，判断政治人物的心理，也许正得益于此。因为，历史一直在歪歪斜斜地前进着，但只要其体不变，中国历史的文献总有借鉴。

金庸从小就阅读了大量的中国古典书籍和外国小说，中文底子深厚，在他的社评中常常引经据典，很受知识阶层的欢迎。只读过金庸的武侠小说，没有读过他的社评，看到的只是一个不完整的金庸。金庸的社评不同于一些高喊政治口号、卖弄学问的评论，他撰写的社评，笔法平实亲切，娓娓道来，像一位智者老友与你闲聊家常；他的社评令读者读来全无压力，读完却受到有益的启发。久而久之，金庸的社评成了《明报》和香港报界的一块金字招牌，很多读者拿到《明报》的第一件事，便是翻开阅读金庸的社评，读者给予的这种期望，也让他更是笔耕不息。

金庸喜欢每天晚上定时到他报馆的办公室内写社评。这样的时刻，一杯清茶，在莹莹的灯下，室内一片恬静，心中也更清静，金庸会慢慢翻阅当天的每一份电讯和新闻，然后开始动笔撰写即要发稿的社评，一篇几千字的文章成文后，他还要反复修改，复查资料验证，力求写出优质的社评。他曾说，自己的每篇社评，可谓"字字皆辛苦"！

从《明报》创刊到一九九二年二月控股权转移，三十三年间，金庸亲笔撰写的社评有七千多篇，二十世纪六七十年代，他几乎每天坚持写一篇，很少由其他人执笔。即使外出旅行，也不忘写旅行见闻发回来。金庸一手写武侠，一手写社评。陈平原先生曾论述："即便小说家无意影射，政论家的思路也不可能严守边界，不越雷池半步……同时写作政论与小说，使得金庸的武侠小说往往感慨遥深。撰写政论时，自是充满入世精神；即便写作'娱乐性读物'，金庸也并非一味'消闲'。理解查君的这一立场，不难明白其何以能够'超越雅俗'。儒道之互补、出入之调和、自由与责任、个人与国家，在金庸这里，既落实在大侠精神之阐发，也体现为小说与政论之间的巨大张力。

"金庸小说的背景，大都是易代之际（如宋辽之际、元明之际、明清之际）。此种关注国家兴亡的思路，既有政论家的人生感慨，也有'乱世天教重侠游'（柳亚子诗）的现实考虑，还包含章太炎、周作人所说的纲常松弛时思考的自由度。"

《明报》初创之时，只是一份针对小市民读者、靠武侠小说和"马经"等来维持销量的二流报纸，而后，逐渐发展成为一份以新闻性和时事性来吸引读者的报纸，其中无不凝聚着金庸与报社上下共同的心血。但金庸办《明报》的最终理想是开辟一片自由的空间，让社会上的有识之士自由论政、发表不同观点。所以虽然度过了草创时期的艰难岁月，经济条件也开始好转，但金庸还在寻思着怎样令《明报》成为一份凸显自由风格的报纸。

为此，他在一九六二年六月八日的《明报》上，开辟"自由谈"征稿的启事，告诉读者"自国家大事、本港兴革、赛马电影，以至饮食男女、吸烟跳舞，无所不谈……"

同时，他公开宣布"自由谈"这个栏目的性质是："为纯粹的民间报纸……稿件由本报总编辑亲自处理来稿，保证不偏不倚，公正无私，对任何读者均极端尊重。"可贵的是，这个"自由谈"与纯粹娱乐性的副刊不同，"自由谈"可谈王实味、陈寅恪、《红楼梦》等，透着一股强烈的文化味和自由气息。当时的"自由谈"以浓厚的书生色彩，深受知识分子尤其是那些离乡背井、从内地出来的知识青年的喜欢。本来每周只出一期，因大受读者欢迎，从七月十四日起，变成一周两期，每周逢三、六刊出。

这个栏目的开辟，是金庸与潘粤生、董千里一起商议后决定的。董千里与金庸是生活中的好友，也是工作上的伙伴。董千里，原籍浙江，比金庸年长三岁，与金庸结识很早。董千里一九六〇年开始为《明报》写专栏，一九六九年至一九七四年间常为《明报》撰写社评。他一直钟爱古典文学和传统戏曲，笔耕数十年不停，文章也写得非常出色。他写的许多杂文、散文，文笔简洁，内容生动，在香港文坛小有声名。董千里十分喜爱金庸的小说，也写过不少评论，著有《金庸小说评弹》一书。他自己的著作有：《成吉思汗》《马可波罗》《董小宛》等历史小说。

"自由谈"栏目的开辟，旨在引起香港读书人及知识分子们关注，使他们踊跃来稿，以提高整个《明报》的品位。同时，"自由谈"园地的开辟，也标志着《明报》提升至一份以读书人、知识分子为定位的高品位报纸。这也使《明报》最终成为香港知识界受欢迎的报纸。

## 二、参悟佛经写《天龙》

《明报》艰辛创业，度过了最初的三年，发行量日增，规模也逐渐扩大，金庸所面临事务，也日益繁多。工作之余，他除了撰写社评，武侠小说的创作也从未停止。如今，他已无须为维持《明报》之销量而创作。故创作的心态发生了变化。从某种程度上来说，在这一阶段创作的武侠小说，精神境界和思想追求都上升了。金庸在这一时期创作了《天龙八部》《白马啸西风》《连城诀》等多部作品，但最具影响力，最值得人们研究的，当数《天龙八部》。

《天龙八部》自一九六三年九月三日开始，在《明报》《南洋商报》上连载了四年，历时较长。其人物众多，情节曲折，线索复杂，是前几部武侠小说不可比拟的。整部《天龙八部》有三个主要人物：丐帮帮主乔峰、大理王子段誉和小和尚虚竹，通过他们三人的命运，联结了众多人物。金庸以前写的小说，最多只有两个主角，这次写三个主角。这更显示了金庸在人物塑造上的功力，日渐炉火纯青。作品贯穿了两条主线，一是对权力的贪婪，二是对爱情的痴迷。对权力畸形的追求，导致了武林的腥风血雨。为了早已失去的王权，慕容家族不惜挑起江湖杀戮，"四大恶人"之首段延庆，也为争夺失去的大理国王权，对人世充满仇视，丁春秋、天山童姥、鸠摩智等，为建立武林霸权而厮杀。对权力和爱情的追逐，推动整部小说情节和冲突向深处发展。古往今来，人世间权力与爱情，引无数英雄畸形追求，导致了多少腥风血雨、群体生命的牺牲。在这里，我们看到了人性的复杂，也看到了人类无以逃脱的生存困境，总存着宿命论的味道。

《天龙八部》小说中的三个主角，性格迥异，各有各的故事，但他们绝不是三条平行线，他们的命运，错综复杂地交织在一起，最后三人还结为兄弟，并肩作战。金庸写这三个主角的故事，既前后相连，又相互映衬，这一手法，是新派武侠小说的一种创新，也是《天龙八部》引人入胜的原因之一。

黄日华版《天龙八部》

金庸曾对我讲起这部小说的人物，他直言不讳地说，他最偏爱的人物之一便是《天龙八部》中的乔峰，另一个是《神雕侠侣》中的杨过。乔峰此人，无论从个性、武功到能力，都是一个英雄，但他的血统，决定了他是个悲剧英雄；而一个人的血统，是他出生前就注定了的，是他无法选择和改变的。乔峰，"比郭靖复杂丰富得多，他有陈家洛等书生剑士型的细腻情感，以及敏捷思维，而没有他们的优柔寡断及幼稚天真"。

为何金庸偏爱乔峰式人物，乃因他遭遇过与乔峰相似的困境。我们若读此书第十九章"虽万千人吾往矣"，其中乔峰独闯聚贤庄的英雄宴，与旧日丐帮兄弟干杯断义，随后生死搏杀一幕："乔峰端起一碗酒来，说道：'这里众家英雄，多有乔峰往日旧交，今日既有见疑之意，咱们干杯绝交。哪一位朋友要杀乔某的，先来对饮一碗，从此而后，往日交情一笔勾销。我杀你不是忘恩，你杀我不算负义。天下英雄，俱为证见。'……丐帮的旧人饮酒绝交已毕，其余帮会门派中的英豪，一一过来和他对饮。"

读此，了解金庸的梁羽生曾说："读者甚至会有这样的疑问：'作者是否要借聚贤庄中的酒杯，以浇自己胸中的块垒？'"当然，金庸对他老友之说不置可否，我们亦只能自己品味，这也恰是金庸小说的魅力所在。

读金庸以前创作的小说，可以感受到深厚的儒家思想，书中的英雄大都是忠心报国、维护民族大义的人物，如郭靖、张无忌。然而，在《天龙八部》中，还可发现他深受佛学的影响。

《天龙八部》之名，根据金庸自己的解释，来源于佛经："八部者，一天，二龙，三夜叉，四乾达婆，五阿修罗，六迦楼罗，七紧那罗，八摩睺罗伽。"

书中用佛教中的"大悲大悯"来解释人性中的贪念、欲念、孽缘、痴恋，流露了他在研读佛经后，人生观、价值观发生的变化。

读《天龙八部》可读出一连串因缘巧合的情节：比如，段誉一直对权力、武功毫无兴趣，一心追求爱情，最终却因机缘修得"六脉神剑""凌波微步"上乘武功，得到无上权力，继承了大理国王位。小和尚虚竹，一心向往四大皆空，却偏偏搅入江湖是非，无缘空门，误打误撞，阴错阳差，不仅成为西夏驸马，而且还得到逍遥派神功，成了江湖上谈之色变的灵鹫宫主人。乔峰一心追寻神秘的幕后主脑，结果却得知他实为契丹血脉，生父便是幕后主脑。处心积虑欲想恢复大燕王朝的慕容复，最终却落得个疯疯癫癫，只会说"众爱卿平身，朕既复兴大燕，身登大宝，人人皆有封赏"的白日梦话，那一幕情景，着实好笑。为此，他还放弃了表妹王语嫣纯洁无瑕的真挚爱情，践踏了包不同、风波恶等人对他忠心耿耿、出生入死的兄弟情义，而他的心中只有王朝的美梦。由于对权力的痴迷，终于导致众叛亲离，从名满江湖的翩翩公子，变成一个疯子，端坐土坟，纸冠高耸。

王霸雄图、血海深仇，终归尘土；荣华富贵，也终将如浮云般飘逝。萧远山和慕容博两人，原有深仇、势如水火，后来，却经无名老僧指点开解，放下屠刀、立地成佛，双双归入佛门。

此时，在金庸心目中的爱情、友情等人性中美好的东西，无疑要比帝王的权杖重要千百倍。

金庸写这些情节，似乎想向读者传达佛教因果报应的教义，让人们读后觉得人间世事，仿佛命运中早有注定，如果强求只是徒劳；人生的大悲大喜、恩怨情仇，也不过只是云烟一片、春梦一场，最终都将归于沉寂和宽恕。

《天龙八部》问世之后，不仅被万千武侠迷奉为新派武侠小说的登峰造极之作，还受到诸多文学评论家和知名学者的喜爱。

著名的文学评论家，美籍华裔学者陈世骧先生，便酷爱此书，对它推崇备至，他说：

> 书中的人物情节，可谓无人不冤，有情皆孽，要写到尽致，非把常人常情都写成离奇不可；书中的世界是朗朗世界到处藏着魑魅和鬼蜮……这样的人物情节和世界，背后笼罩着佛法的无边超脱，时而透露出来……一言以蔽之，有意境而已。

的确，一如金庸笔下的乔峰，"是英雄中的英雄，在他身上，几乎可以找到所有英雄的美德。他的爱深沉、专一，没有山盟海誓，但永远信守如初；他的恨刻骨铭心，一刻也不敢忘记。他是契丹人，却是汉族人抚养成人的。因为他的血统，他无法见容于汉家武林，但他又逼辽帝不能在有生之年侵犯宋界，背弃了自己的民族。这样一个豪气冲天、视金钱权势如粪土的英雄，却受命运的捉弄而走投无路，最终免不了折箭自杀的结局。

"乔峰的死，作者和读者一样万念俱灰。现实多么严酷，怎么样惊天动地的英雄也免不了一死。"

陈世骧的评说，将《天龙八部》从一般的通俗文学，提升至一部带有寓言性质的警世小说，也由此开启了文学界对武侠小说进行深层探究的风潮。而后，越来越多的人开始认识到，武侠小说并不一定是娱乐性的消闲作品，它同样可以与一些严肃文学一样，抒写世间悲欢，表达深层次的人生境界。

兴许，这便是金庸所创造的另一个世界！一个类似斯巴达克斯式的英雄乔峰的悲剧世界。

倪匡认为《天龙八部》在金庸所有小说中，排名第二，是新派武侠小说的巅峰之作。他说：《天龙八部》是千百个掀天巨浪，而读者就如浮在汪洋大海上的一叶扁舟上。一个巨浪打过来可以令读者沉下数十百丈，再一个巨浪掀起，又可以将读者抬高数十百丈。在看《天龙八部》的时候，全然身不由己，随着书中的人物、情节而起伏。"

说到《天龙八部》，也必谈谈与金庸一样，在香港文坛声名显赫的倪匡。倪匡原名倪聪，字亦明，原籍浙江镇海，生于一九三五年，比金庸小十多岁。与金庸、黄霑、蔡澜并称"香港四大才子"。倪匡年轻时，也历经坎坷，曾在内地当过兵、坐过牢，从内蒙古至上海，又经广州、澳门，一九五七年到达香港；最初在染厂做杂工。也许是青年时代的文学梦想，促使他在艰苦的条件下，坚持写小说，给《真报》投稿，最终改变了他一生的命运。后来，他在金庸的鼓励下，以"卫斯理"为笔名，写科幻小说，在《明报》连载，开始在香港文坛崭露头角。倪匡作品涉及范围极广，涉猎科幻、武侠、剧本、杂文、散文、文学评论等多个领域，他的代表作"卫斯理系列"在中国香港、中国内地、东南亚等地引起巨大反响。在香港，纯以写稿而致"富"的作家甚少，倪匡却是其中之一，他是个多产的作家，而且他可以写三十年，灵感不断，题材不尽，且都是畅销书。一九八七年，倪匡与哈公、胡菊人、张文达等，发起成立香港作家协会，并由他出任会长。晚年，倪匡移居美国旧金山，二〇〇六年回到香港，二〇二二年七月三日去世，终年八十八岁。

倪匡与金庸是好友兼文友，关系极为亲厚。一九六五年金庸计划到欧洲进行为期一个月的漫游，而此时《天龙八部》正在《明报》连载，总不能因为自己旅游，中止连载，从而让报纸"开天窗"。于是，金庸找到了倪匡，请他在这段时间代写《天龙八部》。金庸找倪匡，是因为欣赏他的文采，倪匡听到这个要求欣然应允，答应为《天龙八部》续写一段独立的故事。

谁知当金庸从欧洲回来，倪匡却满脸歉意地对金庸说："金庸兄，很不好意思，我把阿紫的眼睛弄瞎了！"金庸一听，也只好无可奈何地苦笑一下，后来他也对阿紫的瞎眼，进行了别出心裁的处理，没有任何埋怨。

在我和金庸的接触中，我最大的感受是他对人谦和，从不臧否人物，有英国绅士风度，容易和谐地与别人合作，说说笑笑。在这里举个小小例子：我在陪金庸参观时，有时一边走一边谈，有时停在一个什么地方休息，有时谈得我们双方为之激动时，我总时不时地会贴近他，甚至没有礼貌地拉着他的衣袖。其实，我看得出，他是很不喜欢这个动作的，我也发觉了这不太礼貌，可有时还是改不了，但他还是很温和地谈话。我从金庸身上，真体会到了孔子说的"文质彬彬，然后君子"的感受。

当然，对于代写《天龙八部》的这段经历，倪匡很是自豪，曾写下一副对联"屡替张彻编剧本，曾代金庸写小说"，聊以自赏。倪匡为人生性狂疏，带有一点反叛性格，但他重友情，慷慨乐施。倪匡常与金庸、名导演张彻、董千里，四人一起喝酒玩乐。倪匡与另一位武侠小说大家——古龙，也交情深厚，常常把酒畅谈、无醉不归。倪匡称金庸为第一流的朋友，他说金庸在公开场合，一脸严肃，不苟言笑；但私底下与朋友一起，其实极为活泼，他与金庸交往的趣事，在香港文化界，一度被传为佳话。

在撰写《天龙八部》时，金庸恰好正研读佛经，并收集了许多佛学典籍。金庸与我叙晤的那些时日里，也谈起过一些佛经，且谈得很开心，这缘于我平时对佛学一些书，也常翻阅，平时与一些寺院住持，结为文友者大都在二十多年以上。在我接近的寺院住持中，有爱好古诗词的、有原在正规大学当书画教授的、有在佛教发源地留过学的。而我还作为佛协学术顾问，为他们作过讲座，与他们讨论过一部最早的有关佛教的《奥义书》中的一些历史。至于《天龙八部》中金庸谈到的这些小说人物，这些人生万象，正体现在他的武侠小说中。

如佛教上说的贪、嗔、痴、恨、爱、欲。金庸笔下的鸠摩智，这个小说人物，是贪者的一个形象，天下武功最好都归他所有。嗔者，如王夫人，一朝不能与段郎相守，便内心凄然。痴者，如游坦之。恨者，如段延庆。恨者，如萧远山，妻离子散，孑然一身，怀着对"带头大哥"的恶，栖身少林寺数十载。欲者，如康敏，艳媚入骨，心里认定天下的男人没有一个不会为她动心，凡是自己瞧上的，都非得归自己所有不可。爱者，如李秋水，从小爱慕师兄无崖子，为了这样一个缥缈的爱情，与师姐一辈子相争相斗……

而一部《天龙八部》中的三大主角——乔峰、段誉、虚竹，即一公子，一和尚，一豪杰。更表现了"贪""嗔""痴"这三个字的深刻人性。陈世骧先生用这八个字来概括这部书，"无人不冤，有情皆孽"，这都是人性中阴暗而又无法剥离的一部分，也正是这些人性，造成了他们人生的苦痛和悲剧。这也从一个侧面反映了人类已进化几百万年了，但在这些原始的"动物性"基因上，进化到真正的完整的人类文明社会，总显缓慢。虽然人类发明了那么多先进为人类生命存在的科技产物，但同时也创造了那么多一如金庸笔下"各式武功"似的杀伤性武器。

金庸一生极爱读书，且尤爱读三个方面的书：一为文学，二为历史，三为佛经。他在晚年，对潜心研究佛学极为热衷，甚至为了能够直接读佛经，还开始学习世界上现已少用的文字——梵文。他还曾花费将近五年时间，将自己多年研究佛经的心得及佛经中的教义、故事，编写成诗歌，共计数百篇之多，可见金庸对佛经倾注了极大的热情。对佛学的研究和参悟，在一定程度上影响着金庸的人生境界和他对世对人的心态，他曾说过这么一段话，佛学"使我名利心没有那么强，没有那么怕死，同时也让我相信因果轮回，多做点善事"。世事便是如此，金庸表现对佛学之爱好，总离不开因他自身的经历和体悟了人生的坎坷。

一九六五年，当《天龙八部》还在《明报》连载时，《侠客行》也开始在《明报》每周赠送的《东南亚周刊》上连载。一九七七年七月，金庸将该书修订完稿，并写了后记。

## 三、世界，你好

一九六四年是《明报》创立五周年的日子，此时的《明报》已初具规模，在香港新闻界占有一席之地；也正是在这一年作为《明报》社长的金庸，开始活跃于世界传媒舞台上。此时的《明报》已经走上了一条良性发展的轨道，日发行量已在七万份以上，每年的利润达数十万元，金庸已无须劳心《明报》社的日常运作，可以抽出时间，接受海外邀请，出去走走、看看，吸取其他国家和地区的办报经验、拓宽视野。

一九六四年一月，金庸应邀参加日本《世界周刊》在东京举办的一次报人座谈会。在座谈会上，金庸还以《明报》社长的身份发表了演讲，赢得了满堂喝彩。不久，一九六四年四月，金庸又一次以《明报》社长的身份赶赴东京，这次他是去参加国际新闻协会（IPI）在东京举办的"亚洲报人座谈会"。会议期间，日本新闻协会在赤坂王子饭店举行招待会，招待出席座谈会的各地代表。招待会上，《每日新闻》的社长本田先生及当时的日本外务省大平正芳都出席，且发表了演讲。

金庸这时发现，大平正芳先生态度十分谦逊，对本田先生更是毕恭毕敬。这一细节让金庸感到很奇怪，因为当时在中国香港情况正好相反，像出席这样场合的政府官员必是主角，新闻报业界的人士大都对他恭敬有加。日本的朋友帮他解释了这个疑问，因为在日本，作为报人本田的地位比大平正芳重要得多，因为外交部部长是内阁职务，政府一改组，内阁成员就要更换，到时候大平正芳便无任何职权了；但本田却不同，无论政府怎样改组，只要《每日新闻》存在，他始终是报业大亨。而且，在日本报人享有充分的新闻自由，政府完全受到报纸舆论的监督。

金庸听完这一席话后，感触良多，他认识到任何报业的生命力，就在于它言论的自由性与报道的真实性，这更坚定了他办《明报》的宗旨，也坚定了他对任何国际国内事件都真实报道的信心。

在日本出席座谈会期间，金庸还参观了日本最大的报纸《朝日新闻》，在那里他看到了《朝日新闻》现代化的运作方式。《朝日新闻》报社，拥有自己的飞机，记者出去采访为求快速、高效，常常坐着飞机外出采访。在参观中，他还看到《朝日新闻》的几十架印报机同时运作，报纸一印出，立刻由几十条传送带，同时送往打包车间，随后在打包车间打包发行到订户手中。如此高效、现代化的规模和运作方式，令金庸惊叹不已。如与《朝日新闻》相比，《明报》的设备简直是"小巫见大巫"了，这让金庸觉得《明报》的运作方式与世界先进水平还相差很远，需要大大吸取国外成功报业的先进经验。

一九六四年，可以说是金庸出访最频繁的一年，他刚从日本回来不到一个月，就接到了国际新闻协会邀请他去参加第十三届年会的邀请函，于是他又马不停蹄地赶赴土耳其的伊斯坦布尔。伊斯坦布尔是一个同时拥抱着欧、亚两大洲的名城，位于黑海和马尔马拉海之间的博斯普鲁斯海峡。金庸在参加国际新闻协会年会的同时，还游览了风光迷人、如童话般令人陶醉的伊斯坦布尔。作为古代三大帝国——罗马帝国、拜占庭帝国及奥斯曼帝国首都的伊斯坦布尔，保留了辉煌的历史遗产，同时它也是国际艺术、文化的中心。它的博物馆、教堂、宫殿、清真寺、市场以及美妙的大自然风光，都让金庸流连忘返。在国际新闻协会的年会上，他结识了许多来自不同国家的报人，并与他们成了好朋友，与他们交流让金庸由衷地感到快乐和舒心，同时他也得到了很多办报经验和启发。

这是金庸第一次以报人的身份参加新闻界的国际盛会，他的眼界大大开阔了，而令他印象最深的还是一些国外大报的办报理念。从中，他看到了中国香港报业与那些报业的差距，这些更加坚定他要将《明报》办成世界一流报纸的决心。一九六四年，金庸迈出了他踏上国际舞台的第一步，一年多之后他又一次受到国际新闻协会的邀请，到英国伦敦参加会议，并在欧洲做了一次长时间的漫游。可以说，从此金庸开始以国际报人的姿态，活跃于世界舞台上。

## 四、笑傲江湖

《笑傲江湖》自一九七六年四月二十日起，开始在《明报》连载，在这部小说中，金庸塑造了一个极具个性特点的武林侠客——令狐冲。

令狐冲，不同于金庸以前武侠小说中的男主角，他性格中带一点自负、一点反叛，但又不同于杨过的孤傲孑然。他为人光明磊落、顶天立地，但又不同于郭靖的憨厚热肠，他有一点心机和计谋，但都是为了救人，从不耍诡计害人；他无视礼教规范、随意行事，不像陈家洛永远为自己的出身、社会规范所累。令狐冲救人就是为了救人，绝不是为了行什么大义。

他是天生的"情种"，但又不同于段誉的风流，他对小师妹岳灵珊用情极深，他也懂得感情不可强求，最终与深爱着他的任盈盈结为眷侣。然而，令狐冲这个人物，最可爱之处，是他不稀罕功名利禄，视金钱、权力为无用之物，他只想做一个真实的普通人，而不戴任何社会面具。

正是因为这一点，他在历经磨难、屡受挫折、身陷险境时，依然能乐观豁达、百折不挠；也正是因为这一点，最终，令狐冲能修得上乘武功，得到极大的权力和财富。但他始终想退出江湖，与任盈盈归隐于绿竹巷，过上夫唱妇随、逍遥快活的生活。

此小说开篇"灭门"，写出川西青城派余沧海为夺取《辟邪剑法》，以残忍手段将福州福威镖局林家"灭门"；早就处心积虑的华山派"君子剑"岳不群坐收渔利，将侥幸漏网的林平之收为徒弟，醉翁之意也在《辟邪剑法》；嵩山派左冷禅千方百计企图得到《辟邪剑法》，合并五岳剑派，实现称霸武林的野心；日月神教教主东方不败练成《葵花宝典》而成为"天下第一"；岳不群、林平之虽然都得逞一时，却最终免不了众叛亲离……

《笑傲江湖》中的八个字"千秋万载、一统江湖"，简简单单，令无数

《笑傲江湖》连载

英雄、争权者，沉迷其中。刚愎自用、自我膨胀的任我行和东方不败，热衷权势、心狠手辣的左冷禅，虚伪狡诈、为达目的不择手段的伪君子岳不群，不甘屈服又不愿抗争、藏头露尾、在强权夹缝中苟且偷生的莫大先生等，无不显现着权力对人性的异化和扭曲。

金庸曾一针见血地指出："大多数时期是坏人当权。"的确如此，将获得无限的权力视为人生的最高目标，这是数千年来被封建专制政治毒化的畸形现象。

日月神教教主任我行，被东方不败困于西湖底，东方不败担任教主后，执掌大权。尔后，东方不败专心修习任我行传给他的《葵花宝典》，不再问事，将教中所有事务交给总管杨莲亭处理。东方不败让手下无论年长老幼，都熟读教主宝训。《葵花宝典》就是权力的隐喻，争夺《葵花宝典》，如同几千年来对权力的角逐、厮杀，结果无不以丧失人性为代价。

林平之原是个天真的热血少年，却为了复仇追逐权力，伤害了爱他的岳灵珊，也令自己痛苦不已……可见这权力是多么可怕而危险的东西啊！金庸在《笑傲江湖》的后记中也写道："那些热衷于政治和权力的人，受到自己心中权力欲的策驱，身不由己去做许许多多违背自己良心的事，其实却是很可怜的。"

当任我行在黑木崖上安然接受旧部的跪拜时，"令狐冲退到殿口，与教主的座位相距已遥，灯光又暗，远远望去，任我行的容貌已颇为朦胧，心下忽想：'坐在这位子上的，是任我行还是东方不败，却有什么分别？'只听得各堂堂主和香主赞颂之辞越说越响……令狐冲站在殿口，太阳光从背后射来，殿外一片明朗，阴暗的长殿之中却是近百人伏在地下，口吐颂辞。他心下说不出厌恶……"

然而在这个充斥着疯狂、混乱的尘世中，金庸还是给我们留下了一线生机的希望，那就是令狐冲这个人物。也许，金庸的心中也呼唤着这样一个人物的出现，期望用令狐冲唤起人们心底对真、善、美的追求，以使这因权力之争而暗无天日的浑浊世间，能涤荡澄清起来。

冲虚道长在《笑傲江湖》这部书里，出场不多，但关于权势，冲虚道长和令狐冲，却有一番对话：

"权势这一关，古来多少英雄豪杰，都是难过。别说做皇帝了，今日武林中所以风波迭起，纷争不已，还不是为了那'权势'二字。"

"原来左冷禅是要天下武林之士，个个遵他号令。"

"正是！那时候只怕他想做皇帝了，做了皇帝之后，又想长生不老，万寿无疆！这叫作'人心不足蛇吞象'，自古以来，皆是如此。英雄豪杰之士，绝少有人能逃得过这'权位'的关口。"

正因冲虚道长和令狐冲，对权势都有较清醒的认识，因此，他们能置身于斗争的旋涡之外，安然无恙。

对于"绝少有人能逃得过这'权位'的关口"这一问题，我也曾面对面问过金庸，"当你得权后是否也会如此呢？"，他的回答是："我不会，我对上下一如平常一样，就是对不认真的办事员，也最多讲几句应该如何做好自己分内事，我是从自身做起。你看我每天有那么多文章要去完成，哪有时间去弄权，再说一个常在读书、写作，日夜不停，虽然读了许多产生弄权在历史上存在的普遍性。但我自己更不喜这种行为的产生。我与中学时代的同学沈宝新，和谐合作这么长时间，也是一个很好的证明了。"也许我们从金庸小说中便可看到他塑造的众多人物形象，大致相信他的话是出于肺腑之言。

在《笑傲江湖》中，金庸第一次也是唯一一次放弃他所擅长和钟爱的——用历史与武侠相结合的创作方式，从而使这部小说，通

《笑傲江湖》连载

篇看不出任何历史背景。

《笑傲江湖》至一九六九年十月十二日，共连载了八百五十七天。其在《明报》连载时，西贡的中文报、越文报、法文报，计有二十一家报纸，同时连载，影响范围波及海外。从文学角度来讲，《笑傲江湖》超出了武侠小说范畴，足以与世界上一流的文学作品相媲美，它的主题深刻，内容浩瀚壮阔，情节跌宕曲折，语言生动细腻，结构严谨，令人一读再读、回味良久……

另，由武侠小说《笑傲江湖》改编的影视作品很多，不同作品在东方不败的性别定位和人物审美倾向上体现出不同特征。在这里也多说几句如下：

在一九八七年由邵氏公司出品的电影《笑傲江湖》中，"东方不败"这一角色由男性扮演，保留了其原本性别，电影并没有展示东方不败自宫之后在生理和心理上的裂变。一九九二年、一九九三年出品了电影《笑傲江湖2东方不败》和《东方不败之风云再起》，两部影片中，东方不败这个人物角色，都由女演员林青霞扮演。到了一九九六年吕颂贤版本的电视剧《笑傲江湖》中，东方不败一角由一位男性扮演，在服饰造型上都十分夸张。而到了二〇〇一年李亚鹏版本的《笑傲江湖》，东方不败这一角色，由一位女性越剧表演艺术家茅威涛扮演，增加了整体的审美性，这受到徐克东方不败系列电影的很大影响。

到了二〇二三年在由霍建华、陈乔恩主演的电视剧《笑傲江湖》中，编剧直接将东方不败设计成一个女扮男装的女性（由陈乔恩饰演），而不是一个自宫之后逐渐向女性转变的男性，这颠覆了金庸原作中的人物设定，去除了她身上的性别谜团。这样的改编比徐克电影中对东方不败的重新塑造更加彻底，如果说林青霞扮演的东方不败带有女性的英气，那么陈乔恩扮演的东方不败则突出了女性的妩媚。江湖世界为男女性别的流动，构建了一种合理的文化氛围，性别的重塑是对定义东方不败复杂的性别特征的尝试。但究竟是否合适，还是让影迷去评论吧。

总之，《笑傲江湖》是金庸武侠小说中一部独特的作品，后来它更是成为"金学"研究者们探讨得最多的一部作品。

# 第八章 《明报》集团的崛起

## 一、海上升"明月"

《明报》的发展应归功于金庸的经营理念。《明报》度过草创期，规模日渐扩大后，金庸便决心发展成以《明报》为核心的大型报业集团（以下用"《明报》集团"称其报业集团）。这是他从国外交流得来的经验，这种经营模式，在国外十分流行，有利于报纸迅速扩大规模，同时也可规避风险。为此，他在经营《明报》之余，办过多种杂志和其他报纸，如一开始的《武侠与历史》杂志，后来与新加坡《南洋商报》合办的《东南亚周刊》《华人夜报》等。这使"明报"规模扩大，横向拓展了空间，触角波及海外。而在"明报"旗下，办得最成功也最具影响力的，当数以学术人文定位的《明报月刊》，以娱乐定位的《明报周刊》。

《明报月刊》筹办于一九六五年下半年，金庸决意创办《明报月刊》时，他之根柢《明报》，已出版六年，业务蒸蒸日上，已初具经济实力。当时，金庸刚从国外参加一系列交流座谈会回国，便开始卷入了与一些报纸联盟间的笔战。在笔战中，不少海外华人时刻关注着《明报》与这些报纸的笔战情况，他们对金庸在笔战中的勇气和才智赞佩不已。这一时期金庸不断收到来自海外的书信，支持他在笔战中坚守立场。笔战结束后，金庸与这些身在海外却心系故国的知识分子还常常书信往来，他们中既有年轻的也有年长的，有学文的也有学理的，但不约而同表达了一个共同的愿望，那就是他们希望能有一份独立的、没有任何政治背景的中文刊物，作为海外华人了解祖国情况的视窗，同时也作为各地华人交流思想感情和意见的平台。这一想法与金庸当时的想法不谋而合，办一份客观、独立、不带政治色彩的中文刊物也正是他的夙愿。

当年，他还在《大公报》做一个小小的副刊编辑时，就曾想与周榆瑞等朋友办这样一份刊物，后来由于现实情况变化而胎死腹中。如今海外华人的热情让他当年的梦想重燃，而且这时以《明报》的经济情况和人力条件，办这样一份刊物也适时可行。于是，金庸欣然担当起了这一使命，在国内外牵线组织，准备办刊前的一切工作。

一九六五年年底，一份寄托着金庸和海外华人殷切希望的中文刊物——《明报月刊》问世了。《明报月刊》定位为一本文化学术刊物，坚持"独立、自由、宽容"的办刊宗旨，主要刊登大量海外学人寄来的学术水平较高的稿件，还刊登有关中国政坛、政要的文章。

应该说《明报月刊》的成功问世，的确凝聚了海外有识之士的心血，他们虽身处欧洲、亚洲、美洲各地，但通过一封封鸿雁传书，多方商量创办《明报月刊》的具体事宜，这种办刊方式在新闻界并不多见，时传为佳话。

金庸作为海外华人盛情推举的人选，出任《明报月刊》的主编。他认为《明报月刊》的目标绝不是盈利，而是成为

《明报月刊》

世界华人精神的寄托。金庸坚持倡导兼容并蓄、思想自由，以"严肃负责的态度，对中国文化与民族前途，能够做出积极的贡献"，他的理想是将《明报月刊》办成犹如"抗战前后的《大公报》"式的杂志。

金庸在"兴奋中带着惶惑不安"，写下《发刊词》："这是一本以文化、学术、思想为主的刊物，编辑方针严格遵守'独立、自由、宽容'的信条，只要是言之有物、言之成理的好文章，我们都乐于刊登。对于任何学派、任何信仰的意见，我们都绝不偏袒或歧视。本刊可以探讨政治理论、研究政治制度、评论各种政策，但我们绝不做任何国家、政党、团体或个人的传声筒。我们坚信一个原则：只有独立的意见，才有它的尊严和价值。任何人如对本刊所发表的文字感到不同意，我们都乐于刊载他的反对意见。"

为了能实现这个理想，金庸将自己的精力从《明报报刊》上分了出来，全力扑在《明报月刊》上。《明报月刊》初创时，只有金庸和王世瑜两人，因此从选稿、改稿到版式、图片选择，全由金庸一手包办。金庸决心将这份许多人认为绝不可能生存的刊物办成，他仿佛又回到了《明报》的初创期，日日夜夜地在编辑部查资料、翻图片、编稿件。尽管劳心劳力，但他还是忙得不亦乐乎。为了《明报月刊》，他也甚少顾及家事，有时顾不上回家吃饭，常常只能由他的太太朱玫做完饭菜给他送至报社，他吃完后立即又开始工作。

创刊号只印了两千份，没想到销路出乎意料的好，各处报摊五天内就销售一空，读者纷纷到报社求购。创刊号一再加印，一直印到第五版，有上万册。

《明报月刊》办了将近一年多，在海内外引起极大反响，深受知识分子的喜爱。当然，他是在"拼了命出版《明月》"，同时他说，"我决定把性命送在这刊物上的"，于当时那样的环境下，不无夸张。当时他家还在九龙，特地在港岛跑马地租了一层楼作为编辑部。那段时间他常去日本，独自在东京神田町的旧书店，翻找旧书，寻找可以用作插图的旧图片，那时的心情也是寂寥的。此时金庸考虑自己既要写《明报》的社评，又要继续创作武侠小说，工作量实在太大，因此他总想物色一个合适的人选替他坐镇《明报月刊》。但寻觅这个人选却也并非易事，毕竟《明报月刊》对于他来说仿佛是新生的孩子，充满生命力和希望，他需要找一个可靠的人来交付，这个人既要有丰富的办刊经验，又要有深厚的文化底蕴和文人气质。

在当时香港的文化界，金庸也想到一些文人可来帮他接这个差，但想了许久未妥，胡菊人慢慢进入了他的视野。

胡菊人，原名胡秉文，生于一九三三年，广东顺德人，毕业于珠海书院英语系，后在美国新闻处工作，曾任《大学生活》《中国学生周报》社长等职，办刊经验丰富；胡菊人在当时的香港文坛也小有名声，他本身是文人型的学者，人文气质无与伦比，而且他还是位中国古代文人式的雅士，曾师从香港著名古琴大师，写作之余品茗弄弦、吟诗词调音律，好不优雅。胡菊人当时正在一家美国文化刊物《今日世界》编辑部任职，月薪一千二百港币，可谓优差，薪水高，假期多，职业稳定，人事简单，做满十年可以移民美国，还有退休金。于是金庸开出月薪两千港币，任总编辑全权负责编务，不受过问等优厚条件。胡菊人犹豫再三，对他说，他想走教授、学者之路。但金庸一再要他加盟，并说，就算你将来到大学里，当一个学院的院长，也未必及得上一个像《明报月刊》这样杂志的总编辑！这样的劝告最后还是打动了胡菊人。

一九六六年十二月，胡菊人还未离开《今日世界》，就开始利用晚上和周末时间编《明报月刊》第十三期，一九六七年春天正式到《明报月刊》工作，接替金庸出任总编辑之职。胡菊人在《明报月刊》一干就是十三年，他对《明报月刊》倾注了极大的心血，他清瘦挺拔的身影，每当深夜时分，还常出现在《明报月刊》的总编室。

在胡菊人的经营下，《明报月刊》成为一份高水平的文化学术刊物，在海内外产生了更广泛的影响，如一轮光彩夺目的明月冉冉升起。胡菊人还邀请一批有名的政论家如徐复观、牟宗三、司马长风等为长期撰稿人，他们有关中国及国际政治的分析文章，精辟深刻，有力地提升了《明报月刊》在国际上的地位。

一九七一年钓鱼岛主权起争端，保钓运动风起云涌，《明报月刊》不惜版面，连续发表报道、评论和考证文章，还有详图、参考资料，从历史、地质归属等方面详细论证钓鱼岛是中国的领土。这样的好文，与《明报》社评相呼应，使《明报月刊》成为这一保钓运动的先锋刊物。

胡菊人在《明报月刊》工作了十三年，他曾不无感慨地说："这得感谢查先生。而查先生的那句话，也确实使我以后一直当编辑，至今未改，学者之梦不成，但是文化人的职分倒是尽成了。"

胡菊人后来回忆说，一个编辑"收到好稿最快乐"，最难忘就是收到精彩的稿子。

余英时曾经说："我一生投过稿的报刊不计其数，但我始终觉得《明报月刊》最令我有亲切之感。自由、独立、中国情味大概是我对《明报月刊》最欣赏的几点特色。"

唐德刚的《李宗仁回忆录》、周策纵的《五四运动史》、汤因比的《人类文明的反省与展望》等，都在《明报月刊》上连载。

《明报月刊》的成功，使金庸梦想成真，也使世界各地华人知识分子，把《明报月刊》当作自己的杂志，支持着、帮助着、关注着它的成长。

一九七六年一月，金庸在《〈明月〉十年共此时》中曾回忆说：

现在阿讷十二岁了，已会翻阅月刊中的图片和一些最浅近的文字。原来，我们的孩子（我们夫妻二人的）和我们的刊物

（我们工作人员与作者、读者们的）都已长大了。朋友们都说我们的阿讷很美很乖，也说我们的月刊办得不错。我只希望，当我自己的生命结束而离开这世界时，阿讷（还有她的哥哥姐姐）也仍是这样乖，过得很幸福。我们的月刊也仍像过去十年那样，从不脱期出版，得到许许多多人的喜爱。

金庸一直把《明报月刊》放在不以之赚钱的定位上，放在弘扬人文气质上、人类精神升华的层面上。所以《明报月刊》绝非大众化的，只是少数文化人阅读的一种高品位精神性读物，它最后做到不亏也不赢已属不易。这份刊物，无疑寄托了金庸心灵中的儒家传统思想文化的理想色彩，如我们追溯的话，也无不反映了金庸作为查家书香门第出身的一颗种子，当它有了一定适宜的土壤后，哪怕有巨石压着，它也能曲曲折折地生长起来，它必定会开花结果。

## 二、"明报"的多元发展

《明报月刊》的发展步上了"轨道"后，令金庸在国际报界声名远播，许多东南亚的企业家和商人都纷纷表示想与金庸合作，一起搞活当地的报业。金庸几年前就有了与海外机构合作办刊的经验，早在一九六三年他就与新加坡的《南洋商报》一起合办了《东南亚周刊》，金庸的武侠小说《连城诀》就曾在这份周刊上连载，吸引了不少读者，双方合作也很愉快。

一九六七年三月十八日，《明报》与新加坡的梁介福药行创办人梁润之，合股创办《新明日报》，在三个月以后，又在另外一个地方吉隆坡发行。

一九六八年十二月后，为了扩大发行和方便读者，就分头在两地同时排版发行，名称分别为《新加坡新明日报》与《马来西亚新

《东南亚周刊》

明日报》，但是为了共享文化资源，其副刊、小说的稿子，则在香港、新加坡与马来西亚三地同时刊用。从《明报》编辑部、经理部派出去的工作人员，在当地获得良好声誉。作为金庸谋求在海外发展的宗旨，《新明日报》在创刊时，就阐明其大政方针为："……本报既无任何政治背景，亦无党派关系。立场保持超然，立论公允不偏，扬善伐恶，守正不阿……"总之，此报虽为商业性报纸，但尽量实现金庸心中长期存在的、把它办成一份有儒家文化色彩的报纸，以文人办报的方式，促进国家社会繁荣及团结。当然，这也确实符合东南亚一带传统文化的共同特色。

因为东南亚一带，毕竟有着共同的儒家文化，所以在《新明日报》创刊之初，还是充分发挥了金庸的看家本领，以连载他的武侠小说来吸引读者，当然同时刊出有特色的娱乐——如马经、娱乐圈内幕，还有可读性很强的副刊。每天六大版，售价一角，能让人接受。于是这份报纸很快得到发展，没有几年就跻身于当地的大报行列。到了一九七九年，新加坡版《新明日报》发行销售量已达到每日十万份，这在当年的新加坡，也是非常了不起的事。

《明报》集团除了在海外的两份日报外，还办了《华人夜报》、《明报晚报》以及《财经日报》、《明报电视周刊》，同时还有一份属

《明报》集团下面的小说杂志《野马》。当然，多元的经营，好的一面是发展壮大了金庸报业集团的实力，但负面是由于人员的不稳定，有的刊物办不了多时就停刊了。

一九六七年九月《华人夜报》创刊，金庸夫人朱玫任社长，总编由香港的"报坛鬼才"王世瑜担任。由于该报定位是一份娱乐性的晚报，走大众化路子，所以刊出的是吃喝玩乐、香艳和艳情小说。

《华人夜报》创刊后不久，发行量就有三万多份。但是金庸夫人朱玫与总编王世瑜的办报方针不同，朱玫认为格调低，而王世瑜不买金庸夫人的账，不予理睬，双方就此发生了矛盾，甚或争执不休。王世瑜为此愤而辞职，还带走了一些得力记者，而后自己办了《今夜报》。由于他有办报经验，此报发行量不断上升，在香港小报行列成为佼佼者，使他赚了不少钱。而《华人夜报》少了人才，终难以维持，于一九六九年停刊。

过了几年，金庸不计前嫌，还是想办法请王世瑜回《明报》集团工作。日后，还请王世瑜坐上了《明报》总编辑的位置。又让他兼了《明报晚报》《财经日报》社长、总编、总经理等多项重要职务。

从这些方面，我们也可以看出，金庸之所以能把他的报业做到辉煌而长时不衰，最重要的原因，还是他在用人上有爱才、用才之道，同时还有大度宽容之心。

林行止学成归国后，重进"明报"，很快被金庸任命为《明报晚报》的副总编辑，并主持经济版。

说起林山木，也就是林行止先生，我们今日已差不多无人不晓他之大名，他的一些谈经济类的文章很有特色，特别是上海《文汇读书周报》刊出了对他的访谈后，一提到张五常教授的《卖橘者言》，很自然便想到了林行止先生。当年他中学毕业后，就先踏入社会工作，二十世纪六十年代进金庸的《明报》做一般性工作，因有才干、好学，很受金庸赏识。一九六五年金庸资助他到英国剑桥攻读经济学。一九六六年年初，他在英国收到《明报月刊》创刊号，里面还夹着金庸夫妇署名的大红卡片。从此，他经常为《明报月刊》写"英伦通讯"。一九六八年，他替《明报月刊》采访傅雷之子、钢琴家傅聪，这是他第一次以记者身份所做的采访，当时受到广泛关注。

林行止为人非常聪明，他独辟蹊径把报纸的重点，放在当年香港市民非常关注的股市行情上，当时香港可以说人人关心、千家万户做股票，股民们抢着要看这张报。这与他是学经济的且分析准确实是分不开的。他的股评预测，往往像《易经》推卦一样，有一套理论，而且还非常准确，大受香港股民喜欢。《明报晚报》风行不已，发行量不断攀升，每天就销数万份。从而也使林行止赚了很多钱，这时他与做电视新闻的在香港也算有名的女记者——骆友梅结婚了。而后，他告别了金庸的《明报》集团，开始自己创业。

到了一九七三年下半年，林行止和妻子共同创办了一份名叫《信报》的报纸。这份由林行止夫妇一手创办的报纸，竟然成了金庸的《明报晚报》的强大对手，《信报》销量直线上升，而金庸的《明报晚报》订数不断减少，使得金庸最后不得不把《明报晚报》停刊。

然而，这并不影响他们之间的关系，不影响他们共同的追求，对于林行止本人，金庸一直把他作为一个好朋友，并不因为林离开了他，同时使他利益上受了损失而反目，他们依然是报业界或其他场合中的好朋友。

### 三、《明报周刊》的亮相

《明报月刊》为金庸在海内外文化学术界赢得了不小的声名，而他创办的《明报周刊》也为他带来了滚滚的财源，成为《明报》集团的一棵"摇钱树"。如果将《明报》喻为一轮初升的明月，那《明报月刊》和《明报周刊》便如两颗最闪亮的卫星，簇拥在《明报》周围，令它的发展气势如虹、蒸蒸日上。

金庸认为周刊是大有可为的，于是正式创办《明报周刊》，初创时的重点是刊载娱乐圈新闻。不同于《明报月刊》的文化学术定位，《明报周刊》定位于娱乐时尚界，主要针对的读者群，是女性读者和年轻人，走的是软性路线。但《明报周刊》不再像以前那样是附大报《明报》赠送，而是单独出售，每份订价五角。这个售价，大多数业内人士认为读者难以接受。因为当时香港的中文报纸每份只售一角，而《明报周刊》定价五角，这可是个高价钱，所以当时有不少人对金庸的做法，不尽赞同。他们认为，《明报周刊》一直免费附送，如今要花钱买，加上价格又那么高，肯定难以打开销路。况且《明报周刊》也并不是香港的第一本周刊，在它之前早已有了《星岛虎报》和《星岛周刊》，可是金庸力排众议，坚持己见，他认为："我们可以加多一些彩页，多刊载一些适合家庭妇女看的软性文章，销路是完全可以打开的。"

由于金庸的坚持，别人再无话可说了。一九六八年五月二十日，在《明报》九周年社评中，金庸就宣布创办《明报周刊》，拖了半年，到十一月十七日才正式问世。之所以拖了这么久，是因为"《明报》和《明报月刊》的读者，会对周刊抱有相当的期望，不能辜负了这番期待"。

金庸创办此刊时，兴许想效仿当年的《国闻周报》，他曾说过如此的话："取法乎上未必就一定能得乎中，但想到一个光辉的榜样，似乎总有一些轨迹可循。"在金庸的坚持下，定价五角，大小八开，页面二十的《明报周刊》，内容有港闻，国际新闻，经济、娱乐、新闻有戴天、陆离、亦舒等人的专栏，娱乐是重要特色，创刊号的新闻，有美国前总统艾森豪威尔的大孙女结婚、香港影星洪波在中国台北自杀等。此周刊开了香港娱乐周刊的先河。

《明报周刊》最初由潘粤生主持，但不久潘粤生被金庸安排到新加坡负责《新明日报》编务，空缺便由雷炜坡顶上。

雷炜坡是香港报界采写娱乐新闻的资深记者，可以说是这方面的宗师级人物。他曾以柳鸣莺为笔名写"伶星专栏"，写尽娱乐圈众星，为《明报》添色不少；后来一直主编《明报》娱乐版，他负责采写的娱乐专栏以"偎红楼主"为笔名，也曾名噪一时。

《明报周刊》到了雷炜坡手中，经他一雕琢，更是大放光芒。尤其是刊登"香港小姐何秀汶情书"的那期周刊，一经出版，轰动一时。这是一个女子写给前男友的私人信件，这些情书，缠绵悱恻、恩恩怨怨，当然很符合香港市民对私生活的好奇心，销量一下子增加了好几万份，《明报周刊》因此也进入第一个辉煌期。

一九七三年四月十五日，香港的功夫巨星李小龙暴毙，雷炜坡作为一个资深记者，很清楚这又是个新闻瀑波，一泻千里的好时期，他立即动用所有人力采访、收集资料，炮制了一个"李小龙专辑"。这期周刊一经出版，半天就全部售空。几次再版，都卖到断市。从八月到九月，《明报周刊》好多期，都有李小龙的内容，不乏独家报道，如《两个软化李小龙的女人》《林燕妮为李小龙申冤》《李小龙事件牵连第三个女人》，有的封面标题是《从医学观点看李小龙死因》。李小龙的死，使《明报周刊》攀上一个高峰。这一年，十九岁的台湾地区美女林青霞也首次出现在《明报周刊》封面上。

在雷炜坡的苦心经营下，当年被认为很贵要五角钱一份的《明报周刊》，发行量不断攀升，这样的成功，让原先就看好《明报周刊》的金庸，也始料不及，更不用说那些原先"让它走着瞧吧"的人。

当时，《明报周刊》的采编人员只有几个，但他们创造的效益却极高。二十世纪七十年代，《明报周刊》一年赢利有好几十万港币，到了二十世纪八十年代，跃升到一两千万。而到了二十世纪八十年代末，它的广告收入达到了七千五百万港币的高峰，让香港其他同类型刊物望尘莫及。这时的《明报周刊》到达了第二个辉煌时期。

《明报周刊》的成功，不少人加以仿效，各种各样的娱乐周刊纷纷面世，令香港出版界显得更加热闹非凡。这股周刊热潮，很长时间仍然热度不减，而《明报周刊》也算得上开山鼻祖，不甘示弱，销量依然遥遥领先。

《明报周刊》的成功，最初有赖于金庸的商业眼光、生意头脑，到后来则主要是雷炜坡一手缔造。雷炜坡也因此被誉为香港编娱乐周刊的第一高手。

由于全情投入《明报周刊》，雷炜坡后来积劳成疾，到台湾地区疗病一年多。其间，金庸每月照样给雷炜坡支付薪金。雷炜坡回港后，金庸恳请他再主理《明报周刊》，所出条件比以前更优惠：一是大幅加薪；二是不限制雷炜坡的上班时间。从此，雷炜坡通常一周去报馆两次，更多时候都是在家里用电话、传真遥控编务。

雷炜坡是金庸一眼相中的奇才之一，金庸对他这个人才亦如此厚爱。雷炜坡主政《明报周刊》之际，也和金庸一样，识才用才，如后来离开了该周刊自己去创办《香港周刊》和《城市周刊》的李文庸与董梦妮，他们俩办的这两份刊物，当年在香港都很有特色。还培养出了擅长写散文的钟玲玲等一些作家……他们或她们，日后在香港文化新闻界，都非常有影响。

金庸能够把一张《明报》之网，逐一延伸开去，一如众星拱月似的办了多种报刊，这实与他的胆识分不开，最重要的是他能识才用才。而《明报月刊》和《明报周刊》始终是围绕《明报》的两颗最为灿烂的星辰，其中《明报月刊》给金庸带来了以人文学术为上的品牌，而《明报周刊》给他带来了高额利润。金庸一生报业生涯之交相辉映、星汉灿烂，正因有了这两份刊物的成功，所谓"两星拱月"，成就了他一生的事业。

## 四、《鹿鼎记》问世

金庸的《笑傲江湖》连载结束后，天下的千万武侠迷的读者，期盼着查大侠的下一部武侠小说，等着等着，终于迎来金庸最后一部武侠小说——《鹿鼎记》在《明报》上的连载。

然而，当武侠迷们怀着极大的期望读着《鹿鼎记》时，小说中的情节和人物却一反金庸所有小说的模式，呈现在读者面前完全是一个非武林的世界，书中的第一主角，既不是大侠也不是英雄，只是一个出身于妓院、混迹市井的小人物，这不禁让所有的金庸武侠小说迷发出了疑问，《鹿鼎记》究竟是否真正金庸所写？

北京大学的严家炎教授回答了人们的疑问曾说："……《鹿鼎记》与以往金庸小说的不同，是在创作风格有所改变，以及主人公从侠士换成了皇帝，而不是'为民造福'的精神或者对传统文化的态度有什么变化。《鹿鼎记》的出现，标志着金庸的视野，由武侠小说向历史小说转变……"

这部小说在《明报》的连载时间是：一九六九年的十月二十四日到一九七二年九月二十三日，当看了这部武侠小说后，我们的心中，对书中两个人物非常注意，也正是这两个人物构成了历史小说的建构。一个是政治人物——清代的康熙皇帝。中国的读者、观众，无不对反映宫廷的政治生活感兴趣，康熙正是中国历史人物谱上，很了不起的人物，他开创了中国历史上的康乾盛世。另一个是只会花拳绣腿、花言巧语的小人物——韦小宝。这个人物有点儿像小丑，又有点儿像鲁迅笔下的阿Q式的人物。他生于妓院，长于妓院，连名字都写不了，签名时只写一个"小"字，"拿起笔来，左边一个圆团，右边一个圆团，然后中间一条杠子笔直地竖将下来"。他不是英雄，而是"反英雄"，在其身上，差不多能找到人性中所有的缺点：

阿谀奉承、溜须拍马、见风使舵、厚颜无耻、营私舞弊……但正是这样的人，却成了生活中的强者。在朝廷得到皇帝的宠信，身居高位；在江湖上也能得到天地会等帮会的信任，甚至连顾炎武、黄宗羲、吕留良等一代大儒，都要推举他做皇帝，吓得他手里的茶碗掉在了地上。最后，带着七个如花似玉的老婆飘然而去。

金庸所塑造的韦小宝，"使顾炎武的满腹经纶、陈近南的盖世武功变得一钱不值"。他从小就看戏、听书，对历史上为争夺权力不惜血流成河、尸骨如山的故事，并不陌生。韦小宝教罗刹国的索菲亚公主，先挑起天下大乱，然后乱中夺权，立竿见影。索菲亚问他："你怎知道叫兵士杀人、抢钱、抢女人，就可以杀沙里扎，杀彼得？"韦小宝微笑道："人，向来这样。"

而金庸是怎么解释的呢，他说："中国立国数千年，争夺皇帝权位、造反、斫杀经验之丰，举世无与伦比，韦小宝所知道的，只是民间流传的一些皮毛，却已足以扬威异域，居然助人谋朝篡位，安邦定国。"

韦小宝，没有像武林世界中的人物那样有混迹江湖的武功，但他在现实生活中，却有他的绝技——高明的玩弄手段和权术之法。他，正是凭着这近似无赖的手段，可以在任何地方都很吃得开。这一套手段比一把有形的剑更厉害，甚或比武林中任何一把锐利的剑更高妙。

金庸借韦小宝的经历，叙述了清康熙年间，宫廷及民间的一幕幕历史故事，如智擒鳌拜、三藩之乱、天地会起义等。从妓院到宫廷，从江山到江湖，韦小宝无往不胜的法宝到底是什么？有人总结，一是察言观色，随机应变，拍马常常拍得恰到好处；二是吹牛撒谎，随时随地可以漫天撒谎，糊弄人。

小说《鹿鼎记》的情节确实扣人心弦，是金庸众多作品中，最为作者喜爱的一部。金庸塑造出韦小宝这个典型人物，无疑比乔峰、令狐冲、胡斐、郭靖等，更接近生活的真实，也更能让人去思考。

英译本之译者闵福德（John Minford）是香港理工大学翻译系教授，他曾指出，金庸乃是全球有名的中文小说家之一，他的名字，无论在中国、新加坡等各地华人社会，早已深入民间，无人不晓，但对于西方读者而言，还是有点陌生。其实，西方读者甚为渴望通过翻译作品，以了解何谓武侠、何谓中国武术、何谓中国文化等有趣的课题，而金庸能把这些元素糅合起来，让人读得兴味盎然。

事实上，透过故事的细腻叙述，撇开文字中的诙谐一面，中国的传统文化得以再次呈现。一位中国评论家曾经提到，金庸在书中描述的智慧与诙谐，都以中国传统佛、道思想为中心，看来笨拙愚钝的背后，却是精灵巧妙的表现。金庸也对这部小说，进行了这样的解说：

> 在动笔写《鹿鼎记》之初，我本来想写一部以扬州为开始的，比较不怎么传统的武侠小说。但主角韦小宝逐渐在自己心中成型，他顽皮狡猾之性格，作者竟控制不住他自己表现中国传统文化中腐败堕落的一面，从而使《鹿鼎记》变成了一部连作者也意想不到的奇怪小说。

《鹿鼎记》可以看作金庸写武侠小说的一种新尝试，英雄的时代已经过去，他走向了韦小宝。一部《鹿鼎记》不再是英雄的慷慨悲歌，说是武侠小说，已没有了"侠"。"'大侠'走至穷途末路，那么金庸又有什么出路可以提供呢？他提供了三条路线：令狐冲的出世、韦小宝的玩世，以及康熙的以天下为己任。"

有评论家说，他的十五部武侠小说，"始于书剑飘零、指点江山，终于逐鹿问鼎、一争天下。始于乾隆的少不更事，终于康熙的老谋深算。金庸从一九五五年起，十七年间，一共写了十一部长篇

《明报》连载《鹿鼎记》

武侠小说，四部中短篇。写于一九七〇年的短篇《越女剑》没有包括在内。始于红花会，终于天地会……始于天山，终于鹿鼎山。始于残缺的英雄，终于完美的流氓。始于查良镛自撰联语为回目，终于取查慎行的诗联为回目。始于'为赋新词强说愁'的青春忧郁，终于'却道天凉好个秋'的强自宽解。始于'齐人有一妻一妾'的茫然，终于唐伯虎坐拥七美的坦然。始于书、剑，终于鹿、鼎；始以江山，终以天下……"。

　　推出英译本时，金庸也说了这样的话："我当时写韦小宝这个人物的时候，受过鲁迅先生的启发。他写阿Q，是当时中国人的典型，一方面写他的精神胜利，另一方面描写大多数中国人的愚昧、盲目，浑浑噩噩、糊里糊涂地过了一生，他受到欺压，最后杀了头，好像很可怜。阿Q是早一个时代的人，现在的人当然与阿Q不同了，现在，阿Q精神更少了。你现在到中国农村去，也看不到阿Q了。你和他们谈世界大事、谈克林顿，他们都知道，讲英国也知道，和阿Q时代不同了………"

《明报》此时成了香港举足轻重的大报，有了国际性影响力，不再依赖武侠小说吸引读者，《明报》集团也已初具雏形，金庸的武侠小说创作生涯终于走到了尽头。

一次，杨澜采访金庸时，又说到他的《鹿鼎记》，他说："我写的韦小宝，就是在海外见过的人多了。我想，阿Q是以前典型的中国人，现在典型的中国人不是阿Q……而是韦小宝了，不是说中国大陆，而是说海外的。有一批中国人，因为华侨众多，为求生存，有一些中国传统中很不好的道德品性和个性。还有一部分典型中国人像韦小宝这样子，自己为了升官发财，可以不择手段，讲谎话、贪污、腐败，什么事都干。这种事情在康熙的时候很普遍，现在可能也没有被完全消除掉……"

金庸的《鹿鼎记》给我们的启示是很明显的，那就是通过韦小宝的仕途之路，以及作为一国之君的康熙皇帝和韦小宝这样的官僚关系，能存在于中国历史上的所谓康乾的盛世时代，这正说明了中国国民性的悲剧时代，但这样的文化悲剧时代，像鲁迅说的，又正是许多人"做奴隶而不得的时代"……

金庸突破了自己乃或传统的武侠小说的模式，却引来了许多读者的质问，一时众说纷纭，因为对于中国的武侠小说，读者大都已有了心中的模式和框子、有了长期的阅读定式。所以，对于金庸另一种描述方式的《鹿鼎记》这样的武侠小说，有的读者说好，也有许多读者提出了疑问。我们不妨看一看金庸与杨澜的一次对话：

　　杨澜：你在《鹿鼎记》这部书中，所透视出的问题，这恐怕是整个人类存在的问题。但是这样的人却生活过得很好，您在最后让他（韦小宝）又有了美满的家庭，又有……

　　金庸：我始终认为，在一个合理的社会中间，这种人将来要受到惩罚的，如果是很讲法制、法律的地方。像韦小宝这样完全不遵守法制、法律的人，杀人放火、坑蒙拐骗什么事情都干，在不合理的社会，这种人很能过得好，不止一个太太，有七个太太。有人问为什么写七个太太？我说那时候七个不够，还要多。

杨澜：妻妾成群啊！也许在那个时代，在一个可悲的、没有法制的时代，是这样的。

金庸：那时候做大官的人，不知道有多少太太，历史上就是这样子，不是讲现在，而是讲康熙的时候，虽然从表面上看，它还属于中国历史上一个盛世时代。

杨澜：所以跟你过去的武侠小说所不同的，是用一个反英雄的角色，也是表达自己的一种社会理想，从反面来写它的。

金庸：不是理想，而是当时社会的现实。在一个很不民主、不讲法律的、专制的时代中间，韦小宝这样的人就会飞黄腾达，好人会受到欺负、迫害，所以写韦小宝这个人，也是为整个否定那个封建腐败的社会。


金庸塑造的韦小宝形象，让侠义精神从江湖照进了市井，让侠的概念从虚幻落到了现实，让充满弱点的普通人获得了实践"侠义"的可能性。韦小宝也因此跳出了传统大侠的光环，成为金庸小说中最为生动鲜活的人物形象。

我读金庸的《鹿鼎记》，可以说是在一个极偶然的机会，但是一上手就放不下了，因为它是在讲历史，而且是在讲述一个中国历史上所谓盛世的悲剧性故事。表面上看，金庸是带着平静的叙述性口吻来描述这段历史的，其实他是在调侃与抨击不合理的所谓盛世时代。也许，金庸面对的，就是中国封建社会长期性延续，一个又一个封建王朝周期性崩溃和重建，以及悲剧性故事，一次次重现，他也只能在这样的历史长河前，叹喟不已。而作为小说家的任务，他写出了继鲁迅后的另一个阿Q典型。韦小宝生活在妓院，是最市井的地方，迎来送往、世态炎凉，充满了赤裸裸的交易和充斥着阿谀、逢迎、谄媚和谎言。他见惯了人情冷暖、尔虞我诈、阿谀奉承和不择手段，并将这些作为自己的行为准则。他离开妓院后，他对世界上所具有的人和事，无论是朝廷官场、江湖中的帮派，抑或是罗刹国，韦小宝均遵循着妓院的模式在运作着。韦小宝的七个夫人可以说来自社会的不同阶层，各自代表着不同的政治势力与社会文化背景，有世家的丫鬟，有强盗的师妹，有前朝的郡主，有"反贼"的女儿，有江湖女侠，有当朝皇帝的妹妹，有卖国者的妻子。而韦小宝居然能够兼收并蓄，这与其独特的女性观有着紧密的联系。韦小宝对于一切女性是一视同仁的，他认为妓女与其他女性没什么了不得的差别，有的只是高级与不高级、漂亮与不漂亮、走红与不走红的区别。他与宫里面的妃子、管事的太监，以及皇宫里上下人等，都建立了良好的关系。即便是当他协助皇上擒拿了鳌拜后，与皇帝一起去拜见太后时，太后夸他立下了好大的功劳，而他却说自己只是忠心护主，奉旨办事。韦小宝，并无什么武功，却依赖着"市井三招"和"韦氏三宝"打败了很多高手。他从妓院混出来，却官运亨通，还当上了青木堂香主，成为最大的人生赢家。

《鹿鼎记》第三十七回，写康熙坦白已知晓他的双重身份，此时的韦小宝不免使人想到另一个悲剧英雄乔峰，二人同样陷入了忠孝难以抉择的两难困境，可惜他并无乔峰的胆魄与见识，只有眼前利益的衡量：韦小宝大声道："皇帝逼我去打天地会，天地会逼我去打皇帝。老子脚踏两头船，两面不讨好。一边要砍我脑袋，一边要挖我眼珠子。一个人有几颗脑袋，几只眼睛？你来砍，我来挖，老子自己还有得剩么？不干了，老子说什么也不干了！"

金庸将侠义精神概括为"奋不顾身，拔刀相助"，但《鹿鼎记》里这种理想主义已没有了用武之地，韦小宝既没有家国情怀，又因天性懒惰放弃学武，自绝侠客之路；已成名的侠客也忘记了侠义精神的真正内涵，天地会与沐王府，可以说都是《鹿鼎记》这部小说中的人物自以为在到达某种巅峰之后，面临的迷茫和价值的虚无，也隐隐昭示着充满理想主义的江湖最终衰落的结局。它是金庸在经历十余年的武侠创作生涯之后自我探索的成果。表面上看，它是一部反传统武侠套路的喜剧小说，韦小宝也因此跳出了传统大侠的光环，成为金庸小说中最为生动鲜活的人物。金庸借以此封笔，为自己的武侠小说的创作，画上了一个完满句号。

《鹿鼎记》这样的作品，是金庸精心构思出来，以警世和醒世的方式，体现了人性中的阴暗面，但却又超越了一般意义上他的其他武侠小说。金庸最后写完这部小说，便搁笔了。对于他来说，正有许多更大意义的事业，等着他去完成。

## 五、儒侠的经营风格

《明报月刊》《明报周刊》及其他报纸杂志的创办，使"明报"逐渐形成了以《明报》为核心的报业集团。金庸是《明报》的创始人，也是《明报》集团这个大报业王国的缔造者。我们可以说，作为小说家的金庸，才情横溢、极富想象力；作为社评家的金庸，又指点江山、挥斥方遒；同时作为一位报业经营者的金庸，却又有别人意想不到的经营家的另一面。

金庸在香港历史上，开创了文人办报的成功典范，开始仅几个人，租了几间房，不多年就发展成香港屈指可数的多元的报业集团，自然有其独特的经营理念和风格，有自己一套特有的管理方法。从《明报》到他的多元化经营的《明报》集团，这么一个庞大的新闻群体，无论从管理到经营，从不靠布置任务或开会讲话来完成。若从美国的《有效的管理》一书来看，作者认为开会或布置任务，是最无效的管理方式。说也奇怪，《明报》的一步步成长，却都是在金庸那一张张"字条"下，来实现他的经营与文化理念的。

金庸曾说："我管《明报》其实是很独裁的，我拿起稿就改，由头改到尾。"可以说《明报》是他的"一言堂"，他说一不二，对此，就连几十年的亲密合伙人、老同学沈宝新，也全都听他的。有一次，他在杭州发言，就无忌讳地说："……在香港办《明报》我是主要投资人，拥有报纸百分之八十的股权，另外一位拥有百分之二十的股东的沈先生，是我在浙江读中学时的老同学，我们是好朋友，他从来不反对我的意见。我做董事长、社长、总编辑、社评执笔人，什么事都是我说了算，不用讨论。"

但金庸懂得人尽其才，才尽其用，识才、赏才、惜才。他从不以什么头衔自居，他本人打电话到报社，自称"查先生"，对别人称呼他什么，也从不计较。在《明报》工作过的人很少看到他发脾气，也很少有笑脸，他平时说话不多，那张四四方方的国字脸总给人一种严肃木讷的感觉。真的，说起金庸的面部表情，我有亲身体会。

那次，我陪金庸在一个江南小镇，走走看看，我总以看他的面部表情来行事，如果他对这件事的态度反映在面部表情上，是一脸严肃时，我往往就不再去和他谈什么，也不再要求他或麻烦他什么事了。我陪金庸每到一处，总有许多读者拿了他的书要他在书上签名，金庸有时一脸笑容，就请他多签几本，但当他那张四方脸瞬间严肃了起来，我们就阻止别人来签名了，包括照相也是如此。但他很有耐心，比如有一次在一条小街上，他夫人要吃小摊上煎的臭豆腐，他站着等了一个多小时，没一点儿脾气。

在欧阳碧眼里，金庸则是典型的江南人面孔，一说起话来便带着微笑。不论他讲什么，都是一副笑眯眯的脸孔。不过，笑尽管笑，他想要做到的事，他会全力以赴排除万难去实现。不喜欢他的人，背后称他为"笑面虎"。

在四百多人的《明报》集团，他平时却不太喜欢说话，不擅辞令，讲话很慢，似乎每一个字都经过深思熟虑后才说出来。金庸不是那种讲话滔滔不绝的人，与他善于写作形成了明显的反差。与他多次对话的池田大作，曾说他"质朴寡言"。倪匡说他讲话一向不多，广东话、国语都不行。"他讲话很慢，有时，给问得急了，他便会涨红脸，讷讷地半晌说不出话来，真教旁人替他着急。"我与金庸在一起吃饭，只见他夫人讲话，他只是偶尔插上一句。比如当时有一个诗人在座，诗作中有"女人是一口井……"金庸慢慢笑起来，只是开玩笑地说："男人也是口井！"

香港的女作家林燕妮，有过对他很有意思的评说，她说："金庸谈吐温文，但性格可说刚多于柔，强多于弱。《明报》系列是他的王国，他的作风有点像帝王，永远礼教周到，但休想影响他的决定一分一毫。"她还说，"他是天生便有权术的人。在他的王国内，没有什么人能逃得出他的五指山。他创下了文人办报不但不倒，而且极度成功的先河……"

董桥曾说："我追随查先生做杂志、做报纸那么多年……我在查先生处学到的最实际的东西，是他对新闻写作与评论的技巧，以及他对编采人员的专业的尊重与宽容。他常说，那也是他从实践中学习到的修养。"

关于《明报》的成功，金庸曾告诉过亲手创办日本创价大学的池田大作，"我想，我成功的地方是喜欢思考，不墨守成规，遇到有困难时，通常很快就找到解决的办法。不过，我却不是个能搞大生意的人，搞大生意的人对金钱很重视，对赚钱很有兴趣，但我对此却常是糊里糊涂的"。

其实，金庸并非对什么事都"糊里糊涂"的，他处事非常精明。我想，他办报有大效果，可能有两个原因：一是他做事比较认真，一般来说做事比较认真，总能收到效果。二是可能他小事比较糊涂，而大事不糊涂。所以有人评说他对金钱不但不是没有兴趣，而且非常在意，甚至可以说锱铢必较。金庸在《明报》内部，一直被称为"精明"的老板，当然他之精明，有他的利己主义的合理性。也就是车尔尼雪夫斯基《怎么办》里边所描写的"合理的利己主义者"。

金庸说过："我办报办了几十年，对于一磅白报纸的价格、一方英寸广告的收费、一位职工的薪金和退休金、一篇文章的字数和稿费等，长期以来小心计算，绝不随便放松，为了使企业成功，非这样不可。"林燕妮说："很多人认为文人办企业，易流于情绪化，不会精打细算。金庸却不，说了不能加薪便不加薪……"

其实，有些事金庸管得很细，连排字房的工作都要亲自过问，或许"五月风暴"时被换版的往事，让他记忆犹新。《明报》副刊请专栏作者也要通过他，不仅副刊编辑，就是总编辑都无权决定，都得他来批准。约稿、组稿，甚至修改稿件他都要管，有时甚至把稿子通篇都改掉，引起作者的抗议。倪匡曾说："查良镛当他那张《明报》是性命，是宝贝，尤其是那个副刊，一直以来，都死抱着

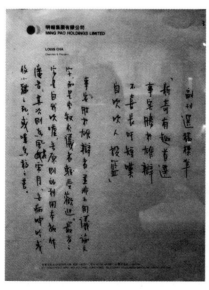

金庸对选篇非常严格，上图是他给副刊订定的选择标准（杨艳丽拍摄于海宁金庸故居）

不放。"

金庸管理一个报业集团，并非用空话套话，而是另用他法，写字条给一个人，就是他的独创模式。比如，要交代员工办什么事，有什么指示或意见，或与作者交流意见，他喜欢以笔代口，写字条。他的字条通常写在《明报》的便笺上，还要固定格式，上款某某先生或兄，然后列出要办或要解释的事，若事情超过了一项，就会标明号码，逐项详细开列，下款常常只署一个"查"字，还有日期。有时上面还有"社长意见请传阅"的刻印字样，然后发给各版编辑。他的字笔画分明，工工整整，如同他的性格一样一丝不苟。如他给董桥的一张字条：

董桥先生、编委、编辑、校对各位：

本报不要用"若果"，这是广东方言，不是正统的普通中文。本月十七日我写的社评中，两个"如果"都给改作了"若果"，相信因为我草书的"如"字，校对先生以为是"若"字之故。以后一般文章中都不要用"若果"……

请编委各位研究一下。查，九〇、十二、廿七。

在这方面金庸似乎很专断。

即便是向专栏作者约稿，金庸也喜欢写字条，李文庸就收到过金庸邀请他为《明报》副刊写一篇小说的条子。因为，在他看来，"新闻自由，是报社员工向外争取的，而不是向报社内争取的。报社内只有雇主与雇员的关系，并没有谁向谁争取自由的关系"。金庸还直言不讳地说："我在主持《明报》时，关于香港回归后行政长官直接选举还是间接选举的问题，和主持编务的编辑主任看法不同，他消极抵制，我并没有即刻将他解雇，仍保留他的职位，但不让他处理实际工作了，换一个听话的人来做。"曾给《明报》写专栏的李文庸说:"金庸表面上不苟言笑,冷漠肃穆,再加上他有一副不怒自威的尊容,使属下见到他的时候,噤若寒蝉,《明报》机构上下百余个职员,在背后都以'主上'称呼他。"在人、财、物等管理上,他有自己的决断。如《明报》员工,对报社有任何意见,都可直接给金庸写信,记者稿件被版面编辑删改,会写信给他,编辑想要加工资会写信给他,辞职也会找他。还会有人给他打小报告,说某某人背后在报馆内骂他。他不无感叹地说:《明报》内部所有的人只听我一人的话,可以说是成功,也是失败。"

对上述看法,我认为都在情理之中,因为金庸从一九四九年重回香港,白手起家不容易,他当然要精打细算,而对他手下之人,当然宽容最好,有更大的自由权更好。如果双方换一下位置,你担纲了这个偌大的报业集团,也都会这么想、这么做。老板与伙计、抑或伙计与老板,世上之事无不如此。我一直赞同车尔尼雪夫斯基的观点,即看一个人"要使人成为真正有教养的人,必须具备三个品质:渊博的知识、思维的习惯和高尚的情操。知识不多容易愚昧;不习惯于思维,就是粗鲁或蠢笨;没有高尚的情操,就是卑俗"。金庸精明与否,主要是看他于管理者身份以外的场合,是怎样一个完整的人。

金庸一直强调《明报》从不"炒人"是事实,但员工忍受不了低工资会自动离职者有之,不需要他主动"炒人"。他公开说:《明报》有四百员工,每人加一百,一年就是几十万。"自二十世纪六十年代中期,《明报》在香港报界享有盛誉以来,凡有过《明报》工作经历的人,的确会身价大增,成为新闻界一种重要资历。许多在《明报》工作过的职员离开之后,开创自己的事业,多能独当一面。

都说金庸吝啬,但要看场合,对朋友,有时他也很慷慨。这一点倪匡的体会很深。他有什么困难,金庸都会帮忙。有时倪匡等钱用,金庸就会预支版税给他。这是倪匡跟《明报》出版部的人亲口说的。倪匡预支版税，并不是小数目，通常都是十多万港币。金庸从来没有皱过眉头，顶多带点劝告的口吻对倪匡说不要乱花钱。文人一般天生浪漫狂放，常常花钱较为随性，如倪匡、古龙，因而文化人办企业大多较为浪费，不会精打细算，然而金庸虽为文人却有经济观念，他曾说："办报纸、不能过分浪漫。"一语点出了他厉行节俭、精明理财的性格。

　　我认为在香港这个市场经济比较成熟的地方，文人办报赚钱是不简单的。《明报》是二十世纪后半叶香港"文人办报成功的典范"，但金庸自己说："文人办报，文人在组织编辑采访当然是好的，但是办报主要是企业家的工作，比较困难，对文人来讲，就不会做……管理一份报纸是相当困难的，需要各方面的人才。单单是中国文学，就很难办报了……香港是一个很商业的社会，学中国文学、西洋文学的，他自然而然受到工商业的熏陶，这些文人到了香港社会中就不是一个简单的文人了，工商业跟企业管理知识他也有，所以在香港文人办报的可能性比较大。"这一席话，也是一个告诫，即道出了一个文人如在香港办报，若不融入商业社会之竞争并适应，就注定要失败。

　　我想，这便是金庸作为一介儒商或儒侠的经营风格，也许，这是其他人，即单纯的一介书生，或没有经营头脑的人，是不太能学得好的。

# 第九章　从"侠"到"儒"

## 一、挂印封笔

　　自一九五五年金庸应《新晚报》总编辑罗孚的要求，撰写第一部武侠小说《书剑恩仇录》开始，到一九七二年他的最后一部小说《鹿鼎记》在《明报》连载结束，整整十七个年头，金庸共创作完成了十一部长篇武侠小说和四部中短篇武侠小说，为读者创造了一个个令人难忘的武侠社会的新世界。可以说，在这十七年中，金庸经历了人生的高潮低谷、起伏波折，他心里也尝遍了人世的甜酸苦辣，幸好他每天可以在一个他自己构思的武侠世界中遨游不息，这也许就是他当时借此出世的一种生活方式。

　　在这十七年中，喜爱金庸的武侠迷们，已经习惯了每天能看一段他的武侠小说，习惯了期待他一部又一部的新作品让世人欣赏，也可以说这十七年里，新派武侠小说从萌芽期走向了高潮期。一九七二年，对喜爱金庸的众多武侠迷来说，是伤心的一年。因为，这一年金庸在写完《鹿鼎记》后，便宣布封笔，从此不再写武侠小说了。这一宣布对众多武侠迷来说，无疑是残酷的打击，金庸的封笔，象征着一个武侠世界的终结。这样说如果过分的话，我们至少可以说，金庸式的新武侠小说在这个世界上就此中断了，留给广大金庸迷一大遗憾！

　　至于金庸为何一如他小说中的大侠那样，不再涉足武侠小说界，最终退隐江湖，挂印封刀，其原因到底是什么？从他正式宣布开始，就引起了外界许多人士的揣测。

但金庸去意已决，绝不回头。

正式封笔后，人们不断追问为何不写、会不会再写时，金庸的解释是："有两种情况，一方面是自己感觉困难，另一方面是写小说的欲望现在很淡了。写小说本身是相当辛苦的事。"

的确，对于每一个写小说的作者，都会有辛苦的感觉，特别是写了多部作品后，作者更有这种感觉。所以金庸说："我第一部写《书剑恩仇录》，还算成功，就一直写下去了，写到最后一部《鹿鼎记》，那是在一九七一、一九七二年间就写完了，觉得没多大兴趣，就不写了。"

一个作者有一个作者之风格，如要创新另一种风格，并不是一件很容易的事，金庸随着年纪的增长，写作的心境当然大不相同了，他说："目前情况下，如果我的生活没有太大的改变，可能就不再写了。一来我不希望自己写过之风格、人物再重复；过去我已写了相当多，要突破这境界比较困难。二来武侠小说出自浪漫想象，年纪大了，心境自然不同。"

当然，人们仍然觉得这样的理由不够充分，觉得他"挂印封刀"可能还有更深层的原因。但金庸还是很平和地与读者谈了自己真诚的看法："任何事物，皆有一个尽头，从理上来说，甚至宇宙也有尽头。小说创作也不能例外，到了尽头，再想前进，实在非不为也，是不能也。再写出来，还是在尽头边缘徘徊，何如不写？"

有人这样评述金庸的小说："书剑江山"时期的陈家洛，潇洒出众、才气挥放，是涵盖乾坤之作；到了郭靖、杨过那一类型之独立，是"截断众流"；而到了韦小宝，武功什么都不会，乌七八糟，偷、抢、摸都来，但他能从心所欲，不会武功却最后一刀把人杀掉，自己也搞不清喜欢哪个女人，但最后最漂亮的七个一把就抓过来了，所谓随波逐浪，令人羡慕不已。而写了韦小宝以后，就很难写了，到佛家所谓无相的随波逐浪，人已到至境，无可无不可了，那以后怎么再写呢？

我认为答案似乎可从金庸的封笔之作《鹿鼎记》中，去寻找一点线索。金庸先生特地要去南浔为《鹿鼎记》寻根，不辞辛苦，了解当时文字狱的一个个现场细节，这是我陪他所亲历所见，故此小说他是用尽心力而为的。

《鹿鼎记》创作于一九六九年，不仅是金庸的亲笔，而且是他的巅峰之作。某种意义上，它已非单纯的武侠小说，而是借了武侠小说形式的社会小说，是一部揭露封建帝国之荒唐，寓喜剧于悲剧之中的作品。正如有些人的评论，认为这种颠覆，恰恰正是金庸在创作思想上的升华，是在亦庄亦谐中对现实现象的批判。《鹿鼎记》里具有"美好人性"的人物，都被韦小宝不同程度地玩弄与操纵。而这正是金庸对人性进行深层次反思的结果。试想陈近南若不是因为想利用韦小宝的身份刺死康熙，在与沐王府争夺明朝正统之时占尽先机，又怎么能被韦小宝欺骗糊弄？而康熙若不是想利用韦小宝剿灭天地会，又怎会让他在朝廷之中胡作非为？而风流倜傥的郑克爽，若不是因为胆小怯懦，又怎会在韦小宝面前赔了夫人又折兵……本该代表"美好人性"的人物，却因为人性中的贪婪和怯懦的弱点，被韦小宝这样的小人利用，并玩弄于股掌之中。我读此小说，也发现了《红楼梦》《金瓶梅》的影子。小说通过对韦小宝的小人得势，反映出当时中国社会的一些现实。这是无可置疑的。只要是封建帝国未消亡，我们的小说，包括武侠小说，都脱离不了如此的梦魇般的场景。因为韦小宝倚仗的是康熙，贾府倚仗的是皇妃，西门庆倚仗的是官衙……真可谓"一部炎凉景况，尽此数语中"。

《鹿鼎记》的创作思想高度，可能正在于这一点。

《鹿鼎记》被很多人认为是金庸最好的小说，又是金庸最为用心投入的一部作品。此小说在人物、结构和思想深度等方面，都见出其超群之处。有了这样一部巅峰之作，以金庸的明智，以此封笔为最佳选择。

作为武侠小说家扬名于世，实非金庸的本意。《鹿鼎记》的问世，其实隐含着金庸为自己"正名"的意思——金庸多多少少在暗暗希望，将来能将"武侠小说家"的名头去掉，因为那"武侠"二字，只是当时为生存、赚钱之所需而用，而如今那时期已随风而过，他心中需要的是一个儒家式的符合中国文人的头衔。他受儒家思想的影响，其志向可以说"不为良相，亦为良医"。于是，停止小说创作，便有更多精力、时间去投入社会创造，应是当年已近五十岁金庸考虑的核心问题。金庸在二十世纪八十年代社会活动方面的活跃，恰恰也证明了这一点。

## 二、十年修订

宣布封笔之后，金庸并没有闲下来，他仍坚持写社评，他在《明报》的社评一天不断。与此同时，他还开始着手进行一项艰巨的文字工程：对他所有的十五部小说进行修改。这项修订工作自一九七二年开始，到一九八二年结束，共花了将近十年的时间。

一方面，金庸所有的武侠小说都是每天写完一节，然后在报纸上连载的，因此一部小说创作的时间较长，往往要持续两三年，长的甚至要四年以上，如《天龙八部》就是以这么长的时间跨度来完成的。所以难免出现情节前后不连贯、脱节，甚至有自相矛盾的地方。另一方面，有些小说连载时为了能吸引读者，往往写了一些与小说整体性关系不大的情节和人物。修订后的小说结构严谨，句子也几乎无懈可击。有人却对金庸的修改，大为不满，他们觉得在感情投入方面，修订过的小说，已不如原来的小说。新版注重精雕细琢，斧凿痕迹太深，不像旧版那样感情自然流露。这也许是读者对金庸这位小说家的苛求，抑或是已习惯了的一种阅读方式，再要换口味，总感觉不是滋味了，这就像四川人吃惯了麻辣，再尝苏州帮的带甜味的菜，总觉得没有自己家乡菜好。

金庸的小说不仅产生了无数的武侠迷，还产生了许多对金庸小说进行评论、探究的学者。他们从文学性、艺术性、思想性等多个视角，对金庸的小说进行分析评价，这些学者逐渐形成了一个声势浩大的群体，"金学研究"应运而生、蔚然成风。比如，金庸修订自己的武侠小说后，随着金庸小说在大陆版的发行，对他的研究也逐渐多了起来，而且走向深入。北大的钱理群教授曾在一篇文章中谈了他对金庸小说引起关注的缘由，他说："……那时我正在给一九八一届北京大学中文系的学生讲'中国现代文学史'。有一天，一个经常和我往来的学生跑来问我：'老师，有一个作家叫金庸，你知道吗？'我确实是第一次听说这个名字。于是这位学生半开玩笑、半挑战地对我说：'你不读金庸的作品，你就不能说完全了解了现代文学。'他还告诉我，几乎全班同学（特别是男同学）都迷上了金庸的小说……并且还认为，金庸的作品比我在课堂上介绍的许多现代作品有意思得多……这是第一次有人（而且是我的学生）向我提出金庸这样一个像我这样的专业研究者都不知道的作家的文学史地位问题，我确实大吃了一惊。"北京大学严家炎教授于一九九四年起，先后在香港《明报月刊》、岭南学院的《现代中文文学评论》以及中国社会科学院的《文学评论》等多种杂志上发表金庸武侠小说的研究论文，更加推动了人们对金庸小说之研究。甚至有人认为这是一场"静悄悄的文学革命"……

金庸曾说："至于小说，我并不认为我写得很成功，很多时候拖拖拉拉的，拖得太长了。不必要的东西，太多了。从来没有修饰过。本来，即使最粗糙的艺术品，完成之后，也要修饰的，我这样每天写一段，从不修饰，这其实很不应该。就是一个工匠，造出一件工艺品，出卖的时候，也要好好修改一番。"这就是金庸对自己平时写的小说要进行修订的原因。他还对读者说："我写小说都是一天写一段，有些一写两三年，有时候写到后面忘了前面是否交代过，有时没有伏笔，事后补救，反正读者看到时都被补齐了。"因此，他要花整整十年时间修订全部武侠小说。

当然，即使经过十年修订，"在报纸上连载的痕迹"依然很明显，情节安排中有不少缺陷和不足，主要是巧合太多，偶然性太多，不合情理。所以阎大卫先生在分析金庸小说的主要弱点时，道出了两方面的问题：

> 第一个问题是在写小说时，太着重商业利益。金庸在一九五九年创办了《明报》，在开始时，有过一段相当艰苦的时期。为了增加所办报纸的销路，金庸的武侠小说在报上连载，以吸引读者。在这种情况下，不得不处处考虑读者是否会喜欢读，所讲故事是否能吸引读者，使读者再接着买明天的报纸，这样作者在写作时，就不得不服从商业的利益。

> 第二个问题是写得粗糙。金庸在写这些小说时，多是每天写一两千字，有时是报馆的工作人员在一边等着，金庸写完后就立即拿到报社去排印。

> 当然能以这种方式，写长达百万字以上的长篇小说，是需要相当的功力的，这功力也一定是会得到人们所敬佩的，但是，也容易流于粗糙。这种粗糙明显地表现在金庸的小说中。如历史事实引用不够准确，地理背景的描写马虎，情节前后的矛盾，以至于人物性格无缘无故突然变化等，这些都和真正的文学精品有相当的差距。

> 如果在报纸上连载不得不这样写，在出单行本时，做些大动筋骨的修改，将原书做较大的压缩，把商业利益的影响删到

最低限度，也许会有大的改进，可惜金庸没有更多的精力放在这样的修改上。

一九八一年四月，在接受新加坡《商报》记者杜南发采访时，金庸直言："说老实话，我以为我的武侠小说是第一流的，但说是伟大的文学作品，那就不够资格了，这是真心话。"一九六九年，他对林以亮说："其实，武侠小说虽然也有一些文学的意味，基本上还是娱乐性读物，最好不要跟正式的文学作品相提并论，这样看就比较好些。"这和他心中自认为不过是个"讲故事人"是一致的。

我长期注意金庸对自己作品的看法（包括见之于各报刊他发表的讲话），以及各类人对金庸小说的评述，总有一个感觉，有时把他作品评得过高了，而有时却评低了。我想，对他的作品，最终并非媒体可左右，也并非某个权威的专家、学者可决定的，我想时间将是最好的评论人，也是最好的滤器，是最恰当的评论员。

三、宝岛之行

一九七二年，基辛格访华，标志着中美两国打破了长期的僵局，开始进行正常外交活动，大陆和台湾当局之间关系也发生了微妙的变化。金庸每天关心中国大陆的政局，当然也看到国民党与共产党当时的关系，也发生了一些微妙变化。

当时，《明报》在金庸十余年的努力之下，已成为香港举足轻重的大报之一；金庸本人除武侠小说大师之尊外，更是香港著名报人和著名社评家。恰在此时，两岸关系发生微妙变化，于是金庸便成了两岸都希望争取的对象。

一九七三年，金庸接到台湾当局的邀请，他明白他们的用意是什么。金庸是明白人，无论台湾当局高层出于何种动机，都不妨碍他以一个小说家、报人，以及名流这样的身份，去台湾地区走走看看。但是金庸究竟以何种身份去接触台湾地区的高层呢？

他当时想，既不以武侠小说家的身份，也不以《明报》社长的身份，如以《明报》记者的身份出现，比较有理而又妥当。当然，当时以什么身份去，在外界的说法就不一了。但如果我们从当时的形势看，说金庸是以《明报》记者身份到台湾地区，客观上说，是比较有利的。

金庸虽生活在香港，但他一直以来很关注台湾问题。一九六三年十二月二十七日，针对蒋介石说，"'宪法'是台湾的犀利武器"，他即在社评《台湾的"犀利武器"》中，尖锐地指出："雷震目前尚在狱中，日前且有遭受虐待之说，单是这件事，便足以说明宪法的本质。"

一九六四年十月二十二日，他在社评《总统向小民致训词》中，批评蒋一副居高临下的模样："在今日世界中，每个人都是堂堂大丈夫，你做总统、主席、总理、将军，不过是担任一种公共职务，我做文员、卖货员、工人、农民，也各尽自己的责任。你有什么资格来向我训话？"他还公开表示，"我们绝不赞成蒋介石再参加竞选……本报专栏中有人主张他继续当下去，这并不代表本报的意见"。金庸始终站在一个观察者的中立立场，就事论事。但他不是无原则的，有自己的观点、看法，那就是办报人的独立、客观、公正的立场。一九七一年五月十六日，金庸在社评中曾说，台湾地区是否能维持现状，主要决定了二个因素，首先，"台湾是否政治清明、经济安定，是否能得到大多数人民的拥护"。

作为社评家的他，确实密切地关注着台湾地区的走向、变化。不言而喻，促成此行的内情，无论在金庸还是在台湾方面"都是秘不可宣的"。当时的台湾地区，经济保持了多年的高增长，自一九六五年美国对台的经济援助计划终止以来，一直维持每年百分之十以上的平均实际增长率，是世界上最高的增长率之一。一九七二年的增长率是百分之十一，国民平均收入超过三百七十美元，在亚洲仅次于日本、新加坡、中国香港地区。当时，台湾地区"行政院"正致力于发展经济。台湾地区对蒋经国的口碑相当不错，都说他当"行政院长"后，有许多革新，对他寄予重大期望。

蒋经国是在"行政院"的会客室里与金庸会面的。会客室正中挂着一幅大油画，画中是蒋经国伴着父亲在山溪边观赏风景；旁边是一幅书法，写着几句格言，意思是说成大事者，必当艰苦卓绝，能忍人之所不能忍，也就是我们儒家所说的"天将降大任于是人也……"之类的话。既然看到了蒋的父亲的画，金庸先问"老先生"（蒋介石）的健康情况如何，蒋经国谢后答道：因为感冒正在家休养，不过近来已康复了些。接着双方切入了正题。

金庸道："目前人们关心的，是台北当局对北京的和谈呼吁是什么反应？……"

蒋经国不假思索地答道："绝不和谈。"停了一下，又说："傅作义在北京'二二八座谈会'上的发言看到了。傅作义是国民党政府的'叛徒'，由他来发出和谈呼吁，那显然是对我们的一种侮辱……绝无和谈的真正诚意。"

蒋经国反问："如果林彪、黄永胜之类人物投向了台湾，由他们向中共发出和谈呼吁，中共会怎么想？……"

金庸紧紧追问道："但如果是毛泽东或周恩来向台北呼吁和谈呢？"

"在目前情势下，北京强而台北弱，我们在许多方面都遭到过困难，双方根本不可能进行任何平等的谈判。对台北而言，和谈就是'投降'。要'投降'，那也不用谈判，'投降'就是了。但我们绝不'投降'。对于共产党打打谈谈的策略，我们是了解得很深刻的，过去也有过不少惨痛的经验。我们在大陆上失败了，但至少是失败中得到了经验教训……"

金庸静静地倾听着。他记忆力极好，从不用笔记或录音，只是问和听，但过后他可以准确地复述出谈话的全部内容。蒋经国承认，当中共进入联合国、尼克松到北京、日本与北京建交的消息不断传来时，确实给台湾地区带来巨大的震动；然而时间渐渐过去，大家对于新形势也能适应了。

蒋经国在和金庸的谈话中，坚决否认了"台湾独立"的可能性，并坚持一个中国的立场。

他们在谈话中，提到了周恩来。蒋经国说："抗战时在重庆常和周恩来见面，他的确是很能干的。"

最后，蒋经国客气地请金庸对台湾当局提些批评。因为已谈得很久了，金庸顾及时间，便只提了一点："听说台湾的军事、政治、经济、社会各方面，事无巨细，都要由蒋先生亲自决定。我以为你应当掌握政策，一般实际事务交由部属分层负责。在一个民主政体中，应当职权分明，同时你也可以节省些精力。"

蒋经国微笑着沉思片刻，然后解释道："你的意见很对。只不过我求好的心太切，总想把一切事情推进得快些。看到工作不理想，心里就很焦急，我亲自去督促推动，总希望大家多加一把劲。"

金庸点头表示理解这种心情，但心里又想：这显然还是家长式的领导，还是继承"老先生"的传统来办事。这仍旧是"人治"而不是"法治"。他也观察到，台湾地区的政治气氛比以前开明，但只是出于当政者主动的开明，不是源于人民大众，也不是舆论的推动，本质上还是中国数千年来的政治形式。

金庸还与严家淦会了面。严家淦的平易近人，是金庸早就听说了的，所以也并不感到意外。

与蒋经国、严家淦等台湾地区政要的谈话，给金庸留下了深刻印象。后来，金庸在《明报》上说："这次我到台北，印象最深刻的事，不是经济繁荣，也不是治安良好，而是台北领导层正视现实的心理状态，大多数设计和措施，显然都着眼于当前的具体环境。"

现在，让我们再来看看金庸在台湾地区的足迹，以及其他方面的一些观感。

结束了与台湾地区高层的对话，金庸来到了高雄、桃园、新竹各地，在那里他特地来到一些普通农户的家里，走走看看。因为他来到台湾地区后就受到上宾的待遇，接触的大都是政要或新闻报界的知名人士，这些人生活大都十分优越，但他明白要了解台湾地区的真正状况，不能只看这些上层阶级的生活，他想了解那些生活在底层的人民的生活状态。

金庸离开高雄时的大清早，他看见成千人骑电单车在马路上迎面而来，颇为壮观。一问，原来是一家大工厂的工人去上工。

在桃园和新竹，金庸随意去看了几户农民家庭。只在门口张望，没有采访。看上去，房屋很简陋，家具也有些破烂。一家有电视机和电单车，另一家客厅有一个小电冰箱。他感到台湾居民的生活水平虽然比不上香港富裕，却也安居乐业。

金庸此行也去了金门。金门岛，事实上是个大要塞，地底的坑道纵横全岛，大卡车和坦克车通行无阻，地面上和地底下，到处是炮位和机枪阵地。金门的防守副司令接待了金庸一行，并带他们到各处参观。

金门的清洁，让金庸十分难忘，他相信这里是全世界最清洁的地方之一。当然，金庸在金门也同时看到了一派紧张的备战状态。

短短几天，金庸一直细心观察。他感到，台湾人很有礼貌，待人亲切和蔼。商店的店员、餐厅的侍者、的士司机、开电梯的工人，几乎个个笑脸迎人。台湾人对客人的热情，令金庸自然地联想到香港人，香港人往往做了几十年邻居，却从来不含笑招呼，似有那种"老死不相往来"的感觉。

在酒店，金庸偶遇几位香港来的熟人，于是约了一起到一个朋友家玩"沙蟹"。这是金庸十分喜欢的一种游戏。几个人一直玩到深夜，到了凌晨三点多钟出来在街上走，没有丝毫害怕的感觉。

台湾地区人情味浓，大家做事不免要讲情面。只要有熟人，什么事情都方便些。金庸注意到：甚至买一张对号火车票、订一家酒店房间，往往也要讲交情和面子。这一点不如香港一切直率爽快、公事公办好。

金庸觉得台湾人工作效率，有大大提高的必要。他认为台湾人做事不太紧张，这颇有东方社会中那一份闲散，没有了香港社会快节奏的工作状态。还见到一些人很爱摆架子、打官腔，那通常是较低级的公务员，似有小官僚气的作风，事情办不好，先把一切责任推到别人头上再说。对金庸来说，这种作风已有二十多年没见到了，新加坡和中国香港地区社会是极少有这种作风的，而中国台湾地区却相当普遍。不管怎样，这第一次的宝岛之行，终于使金庸了却了多年来的一桩心愿——到宝岛走走看看。短短十天的行程，他的脚步是匆忙的，但至少让他尖锐的眼光，看到了一个真实的台湾地区，感慨良多，不虚此行。

回到香港后不足两个月，金庸便于一九七三年六月七

日起在《明报》上连载了长达三万字的宝岛纪行。这便是《在台所见所闻所思》。在此文中，金庸说："不论是三民主义、民主自由、中华文化的传统等，其中可能有合理的部分，也可能有不合时宜的部分。对台湾地区而言，应当采用最能为台湾人民谋幸福的办法，最受台湾人民欢迎的办法，使得最大多数台湾人民生活得最快乐。"他还说了这样的话："我希望大陆和台湾地区将来终于能和平统一，组成一个独立、民主、中立，人民权利获得充分保障的民主和睦政府。我这一生如能亲眼见到这样的一个统一的中国政府之出现，实在是毕生最大的愿望。"

《在台所见所闻所思》一文，更多记录了金庸对台湾地区的"所思""所闻"，其中既有对台湾地区的建言，更有他多年积累的对中华民族、中国社会发展的深入思考。这篇文章，受到香港市民的青睐，《明报》连载十天，引起一时之轰动。连载后，文章受到广泛注意，接着又出版了单行本，在报摊上广为发行。后来，又应海外读者要求，在《明报月刊》分期刊出。

宝岛之行几年后的一九七九年的九月，台湾地区远景出版社终于出版了金庸正式授权的《金庸作品集》。这在台湾地区也引起热烈反响，报纸不断连载，评论界闻风而至，影视界争相要把金庸作品搬上银幕、荧屏。但《射雕英雄传》却没有解禁，因在台湾当局"警备总部"眼里，《射雕英雄传》的书名，有"政治色彩"。出版时，只能改名《大漠英雄传》。电视公司准备开拍电视连续剧，交由陈明华导演。由于陈导演的《倚天屠龙记》赢得极高的收视率，《射雕英雄传》开拍消息一传出，立刻震惊其他两家电视台。但是，送审之后即被"警总"封杀。原因是毛泽东《沁园春·雪》里有一句"成吉思汗，只识弯弓射大雕"，有人认为，这是嘲讽蒋介石不过一介武夫。金庸撰文辩护说："射雕是中国北方民族一种由来已久的武勇行为。《史记·李将军列传》中，李广曾说：'是必射雕者也！'王维有诗：'回看射雕处，千里暮云平。'又有诗：'暮云空碛时驱马，秋日平原好射雕。'杨巨源诗：'射雕天更碧，吹角塞仍黄。'温庭筠诗：'塞尘牧马去，烽火射雕归。'黄庭坚诗：'安得万里沙，霜晴看射雕。'中国描写塞外生活的文学作品，往往提到射雕。'一箭双雕'的成语更是普通得很……毛泽东的词中其实没有'射雕'两字连用，只有一句'只识弯弓射大雕'。中国文字人人都有权用，不能因为毛泽东写过用过，就此独占，别人就不能再用。"

不过，金庸武侠小说能在台湾地区解禁，对金庸来说，无疑是非常高兴的一件事。他认为他的作品能让台湾地区的读者欣赏，让读者知道，他的武侠小说是中国特有的一种文化传播，并不是打打杀杀，也希望更多的知音能对他的小说有一个正确的了解。

我们可以看到，在台湾地区版《金庸作品集》的"序言"中，他曾说："自己创作武侠小说的企求，并非要'文以载道'，而是想创造一些人物，使他们在读者心中变成活生生的、有血有肉的人。"其实，金庸与台湾地区的许多武侠作家，都有交情往来，如古龙、诸葛青云、卧龙生等。他说："我个人最喜欢的武侠作家，第一就是古龙，第二是上官鼎（刘兆玄），然后是司马翎、卧龙生、慕容美。"每当金庸去台湾地区或台湾地区的武侠小说家来香港，他们经常聚会吃饭、打牌聊天。

有十多年，我读了金庸的各类谈话，从他的社会活动，以及我与他近距离的接触和交谈中，不难感受到，金庸身上有很深的儒家思想。无论是年轻时、中年时，抑或是他已进入了耄耋之年，其实都在做着"以文载道"的事业，而且可以说，他之后半世，一直在祖国大地飘洒着他的"以身载道"之情——"道可道，非常道……"我想，金庸所载之道，是爱民族、爱祖国之道。

## 四、婚姻冷暖

金庸在武侠小说中所描写的男女之情爱，大都几经波折、荡气回肠，而在现实生活中金大侠的感情和婚姻，也同样是一波三折，历经三次婚姻的他，曾坦言自己的婚姻是不成功的。金庸与第一任妻子杜冶芬，从杭州、上海到香港生活，没几年就分手了，因双方没有子女，不太有麻烦的事和后遗症。但第二次婚姻的失败，有许多麻烦发生。一九七六年，他与第二位夫人朱玫离异，总使他心存内疚，觉得对不起她，心里很是懊悔。因为他与朱玫闹离婚，间接导致当时十九岁的长子查传侠在美国自杀身亡。

朱玫，英文名露茜，新闻记者出身，是位聪明、能干、美丽的女子，懂英语，小金庸十一岁。当金庸还在长城电影公司做编剧时，二人就相识了。也许，她身上散发出的现代女性独立、自信、坚强的气质，吸引了金庸，于是关系日亲，一九五六年五月一日，在香港美丽华酒店举行婚礼。当时金庸还在《大公报》工作，并以"林欢"等笔名写影评、电影剧本。很多新闻界、电影界的人到场祝贺，包括《大公报》社长费彝民，电影演员陈思思、张铮、乔庄等。《长城画报》刊登了他们结婚的消息。才子配佳人，当时众人都觉得这应是一段美满姻缘。之后，金庸离开长城电影公司，自己创办了《明报》。

《明报》初创时，可谓步履维艰、筚路蓝缕，在这段艰难的岁月中，朱玫没有任何怨言，坚定地与丈夫站在一起，共渡难关。她一方面悉心操持家务，照顾刚出生不久的查传侠，让金庸没有后顾之忧地全心扑在《明报》上；另一方面，在工作上她更是巾帼不让须眉，成为当时香港唯一的女记者，还常常与金庸一起在报社加班到深夜。那时，这一对夫妻真把这初创之报社，当成了自己的家，如戏说的话，《明报》也就是他们的"夫妻店"了。

后来，《明报》渐渐有了起色，走上了良性发展的轨道，但金庸又开始准备扩大《明报》的规模，希望将它发展成大规模的报业集团，他的精力和时间，大多投放在事业上，家里的一切几乎全由朱玫负担。金庸刚创办《明报月刊》时，与朱玫已生有两男两女。朱玫这位秀外慧中的女子不仅将家里照顾得妥妥帖帖，还处处为金庸的生活起居着想。由于担心金庸忙起来连午饭也顾不得吃，她还天天从九龙的家里把亲手做的、可口的饭菜送至他位于港岛的办公室。应该说，金庸有今天的成功和荣耀，背后也有朱玫这位女子的默默奉献和无私关怀。一九六九年五月二十日，《明报》十周年报庆，在文华酒店举行宴会，朱玫身着玫瑰红的礼服，烫头发，精神饱满地与丈夫一起出席，迎接嘉宾。在合影时，他们夫妇和沈宝新夫妇坐在一起，一对儿女传侠和传诗蹲在他们前面，那时，确实是一个幸福的家庭。

金庸在事业上的耕耘获得了收获，《明报》终于稳居香港大报的地位，还成了颇具规模的报业集团。谁也没有想到，这时金庸和朱玫这对共过患难、经历艰辛的爱侣却在感情上出现了裂痕，甚至演变成了婚变。当然，从现在来看，引起他们婚变的导火线，真犹如一出肥皂剧中俗套的情节：一个中年男子经常流连于一家餐厅，喝一杯咖啡，偷一点闲。一位年轻美丽的女侍应，偶然发现这个经常在下午时分出现的中年男子，就是那位有名的武侠小说家。喜爱看武侠小说的女子，也常常上前询问，并与那中年男子攀谈。那中年男子也觉得与这位年轻女了谈得颇为投机……

有一次，也不知为什么，男子竟在结账时额外给了那女侍十元小费，谁知那女子却断然不肯接受，她说她知道他是个文人，文人靠写稿赚钱，还不容易，所以这十元钱她不能接受。这一举动让中年男子不仅对她刮目相看，还和她交上了朋友，之后，他也经常来餐厅与这位女子交谈。就这样一来二去，红颜知己变为亲密恋人，两人还共筑起了爱巢。然而这段婚外恋，时间久了，还是被这位中年男子的妻子发现了，导致他与妻子关系慢慢破裂，最终到了无法挽回的地步。

表面上来看，金庸与朱玫婚姻的破裂，似乎是因为金庸在外的感情出轨，但实质上当时两人的感情已经出现了危机。如果两人的感情十分好的话，即使金庸在外遇到那位年轻的女子，也不可能真会擦出火花，正是因为与朱玫的感情，已渐产生隔阂，才使他在那个年轻女子身上找到了感情的寄托，并一发不可收。朱玫为人很能干，对工作很认真，甚至有点固执，两人时常因为工作大吵，或许伤了金庸的自尊心，于是出现了婚外情。这才是金庸与朱玫婚姻破裂的根本原因。

这真如车尔尼雪夫斯基在《怎么办》一书中所描绘的那个主人公，她只在某一个时刻，做了一个离异之梦，后来就双双分手了。香港作家林燕妮在《香港第一才子金庸》一文中，就提到朱玫的性格，说她"也属刚性之人"，而金庸的个性也是外柔内刚，不轻易改变主见。两人刚结婚时，由于《明报》初创的压力，他们之间有一种积极的力量且有很多事忙着去应付，虽有些许矛盾，但也较少，且大多潜伏着、不易生长；一旦渡过创业期之难关后，两人的矛盾便越来越明显，常常因对事业发展方向的不同看法而争吵不休，这种"刚"对"刚"的性格，使金庸与朱玫的婚姻裂痕越来越大。

人的生命中的一些事，也往往是忙中添乱地纠缠在一起。就在朱玫与金庸闹婚变期间，金庸的长子查传侠却在美国自杀身亡。这一噩耗传来，金庸陷入了巨大的悲痛之中。当时的查传侠在美国哥伦比亚大学读书，年仅十九岁，本应是志得意满、风华正茂的年纪，可出生在富裕家庭的他，却有一颗比其他青年更为脆弱的心，据说查传侠在十一二岁时，就写过一篇文章，说人生很苦，没什么意思……虽然我们无从得知，十九岁的查传侠在美国自缢前，心里想的究竟是什么，但父母的不和，在儿子心里涂上了忧郁的阴影，肯定对他的思想产生了很大的影响。他曾多次尝试劝说父亲，希望能挽救父母的婚姻，但都改变不了这个事实。据说，他只因为和女友在电话里吵了几句，便产生了轻生的念头。长子的死，带给金庸的伤痕是永恒的，成为他心中永远无法愈合的伤口。

金庸曾回忆："一九七六年十月，我十九岁的长子传侠，突然在美国哥伦比亚大学自杀丧命。这对我真是晴天霹雳，我伤心得几乎自己也想跟着自杀。当时有一个强烈的疑问：'为什么要自杀？为什么忽然厌弃了生命？'我想到阴世去和传侠会面，要他向我解释这个疑问。"二〇一八年十月三十日，金庸真的去与大儿子见面了，不知他的疑问是否得到解答。

金庸在儿子死后，亲自将骨灰捧回香港安葬，还在《倚天屠龙记》后记中说："张三丰见到张翠山自刎时的悲痛，谢逊听到张无忌死讯时的伤心，书中写得太肤浅了，真实的人生不是这样的，因为我那时还不明白。"一句"我那时还不明白"，饱含着白发人送黑发人的无限悲凉，令人不忍卒读。

这个突然的噩耗让金庸极为痛苦自责，他意识到是自己决定离婚，给儿子带来了巨大创伤，朱玫愤怒地责备金庸，儿子的死亡他有不可推卸的责任，金庸内心充满了悔恨，他知道一切都太晚了，他让自己最重要的家人经历了难以承受的痛苦，这将成为他余生的负罪感。尽管有了新欢林乐怡，但查传侠的死给金庸的人生覆上了一层阴影，他时常会想起儿子的笑脸，和他们一起度过的时光，他试图用写作，来寻找一点慰藉，但内心的创伤却无法痊愈。这件事成为金庸记忆中最痛苦的一段，儿子的死，给了金庸说不尽、道不完的从未有过的心碎；这也从另一面说明，事业成功，拥有了财富，并非就有了一切。一个家庭发生一种改变，都可能会给你的生命之树，带来无法预料的后果，必须谨慎对待生活中发生的人和事，一如人体的任何小恙，一旦失去了医治的良机，就再也无法弥补，因为人是整体的、千丝万缕的。人类世界的运转也是同样的道理。

当然，金庸和林乐怡的感情生活还是在继续，尽管有着巨大的年龄差距，但两人的感情一直持续到金庸去世。林乐怡勤勤恳恳地照顾金庸四十二年，直到金庸九十四岁高龄离世，可以说，她陪伴金庸度过了他后半生最长久的时光。

然而对金庸这样的读书写作人来说，中年丧子，确给他的心灵带来了沉重的打击，他也由此开始转向从佛经中寻求人生的答案，从中找到些许的心灵安慰。这犹如当年张静江晚年与蒋介石有矛盾，从而政治上的失意，即转向佛教。印空法师在上海向张耳语几句，他即转香港至美国，在美虽然仍对日本侵略者口诛笔伐，但佛学始终伴着他到生命最后离去。

金庸长子的去世，使他非常内疚，他和朱玫的婚姻彻底走到了尽头，他向朱玫提出离婚。

朱玫也是个强女子，明白她与丈夫的婚姻维持不下去了，但她提出了两个要求。第一个是给一笔钱，作为她以后生活所需补偿；第二个是金庸今后无论与谁结婚都不能再有子女。金庸答应了这两个要求，与朱玫正式离婚。如此，金庸现在共有一男两女，均为朱玫所生。

相比金庸晚年的声名显赫，朱玫的晚景却颇为凄凉，她在孤独与贫困中度过了下半生。她为人有义气也有刚气，《明报周刊》总编辑雷炜坡在郊外举行婚礼，她到场祝贺。金庸问："要不要我送你回家？"朱玫只淡淡回一句："不用了。"

朱玫有时会到英国去住，据说那里有她的亲戚。一九九五年前后，有人看见她在港岛铜锣湾的街边卖手袋。有人告诉金庸，他表示不至于。他说："我一直想接近她，想帮助她，她拒绝，她不愿意见我，我叫儿子去照顾她，她也不愿意见，她情愿独立。"

一九九八年十一月八日，朱玫病死于香港湾仔律敦治医院，终年六十三岁，替她领死亡证的不是她的前夫，也不是她的子女，而是医院的工作人员，不禁让人感叹。

写到此，不禁联想起中国古代历朝历代的兴衰，也无不如此。一批志同道合的人共同在苦难中打天下，往往能共患难而不能共富贵，在功成名就后，关系走向决裂。而作为一个家庭，有时候也会重演其能共患难而不能共富贵的悲剧。

金庸的第三任妻子叫林乐怡（外文名叫阿 May）。我于一九九九年陪金庸到江南为《鹿鼎记》寻根时，有机会与她初识。一个文雅、天真和直率的女子，当时，她看来四十多岁的模样。我们大家在一起时，她任何时候都有说有笑，一点没有世俗的顾忌。可能金庸吸取前两次婚姻的教训，在我直接与金庸每天在一起时，在对待林乐怡生活的细节上也表现出了温情与耐心有加。林乐怡说了什么，金庸哪怕没有附和的话，也总是用轻微的笑声表示赞同，或在旁看着她，笑眯眯地不作声响。

对于林乐怡来说，最初认识金庸时，她十六岁，比金庸小二十多岁。他们俩爱的火花是在扎角丽池一间酒店里萌芽的。那时她是那家酒店的侍应。

有一天，金庸刚与朱玫吵过架，正失意苦恼，就到那家酒店闷坐，那是他工作累了常去喝咖啡的地方。这次金庸一脸愁意，引起了林乐怡的注意。她想请他吃碗面，正在失意的金庸，也因此注意上了林姑娘。小知为何，人生姻缘，这次却一见钟情。女作家林燕妮曾说：

> 他一共有过三位妻子，第一位结缡于微时，未有子女便分手。第二位朱梅（玫），是与他共同打江山的女强人，美丽能干，他们生下两儿两女。也许英雄见惯亦寻常，婚姻中少了互

相欣赏，再加上其他原因，终于分手了……现任查太比查先生年轻二十七岁，查先生最爱美人，现任查太焉能不好看。她芳名林乐怡，长得很清秀高雅，但亦相当害羞，很怕见报，跟孩子们相处倒是很融洽的。

大家见到林乐怡，总礼貌地称呼："查太……"金庸就马上笑眯眯地说："不用叫她查太，叫她阿May就可以了。"有一次，金庸与王光英夫妇吃饭，他们之间聊天用国语，林乐怡国语不是太好，于是在旁边静静地听，一般不会插话，听不懂时会问身边的丈夫，金庸会停止谈话，用广东话小声讲给她听。

在《明报》女编辑欧阳碧印象中，阿May很直爽，没有老板太太那种颐指气使的骄横。有一次，她到七楼的老板办公室，阿May也在，两人正在谈论去英国旅行的事，金庸交代了一句，有事先出去了，这时阿May竟跟她说："我说去伦敦应该去看看朱玫，他不愿意。人家其实人挺好的，都不知道他怎么想的。"口气中带着一些埋怨。现任妻子不满丈夫不去看前妻，这样的事欧阳碧还是第一次见识。她认为这只能说明阿May性格爽朗，毫无心机。

当记者问及金庸和现任太太林乐怡"怎样维系良好的夫妻关系"时，他坦言："也没什么。平时她什么都很迁就我，到她发脾气时，我便忍住不回嘴。跟她的关系不算特别成功，又不算很失败，和普通夫妻一样啦。"他说林乐怡最喜欢他的作品是《白

金庸夫妇（左一为林乐怡）

马啸西风》，"因为她觉得很伤感。女人感情都比较丰富"。

金庸对陶杰（曹捷）也说过："夫妻之间是生活沟通，而不是思想研讨。想避免冲突，就少说为妙。夫妻之间不一定要兴趣相投，而是双方留点儿空白，彼此都有自己的空间。我太太喜欢澳大利亚，但我不喜欢……我看的英国书多，受那边大学的影响也深。我也喜欢法国、意大利，每次去这些国家就去瞻仰古迹。这种心情又跟我回内地一样。但中国文化是我生命的一部分，犹如血管中流着的血，永远分不开的。"

当问他如何经营"忘年之交"的婚姻，他笑着说："虽然例子不多，但还是可以的，最重要的是互相尊重。"太太很会照顾他的生活起居，非常注意他的饮食，不准他吃这吃那，而他也能欣然接受。除了饮食之外，他的居家都是由他太太来装饰，美轮美奂，用心及智慧都反映在那里。

一九八六年圣诞节，《明报》在香港中环一家茶餐厅举行联欢会，有两百多人参加，人来人往的，他们夫妇和《明报》高层人员被安排在"主席台"，台上的人有点拘谨，而阿May手拿一个"卷蛇"玩具，正放在嘴上吹，不吹的时候卷起来，吹起来里面充满空气，像个圆纸棍。她不断地吹，而且当众将"卷蛇"尾巴对准老公的脸，一下一下地吹，如入无人之境，而金庸像个宽厚的长者，微笑着轻轻推开她的手。后来他干脆也拿了一个"卷蛇"，一下一下地吹起来。这一幕给欧阳碧留下了非常深刻的印象。阿May那种活泼爽朗的性格，就像天真的小女孩跟父亲玩耍一样，完全不顾及她的老板娘身份，也不在乎周围那么多人的注视。

有一次，金庸请温里安等人吃饭，饭后他们夫妇要走过街口去坐另一部车，也许是因为骑楼太暗，水泥地太滑，他们夫妇一度想牵手，但又没有牵成。"或许是因为我们在后头，两人不知怎的，忽然都有些不好意思，那欲牵未牵的手，始终没有牵成。"

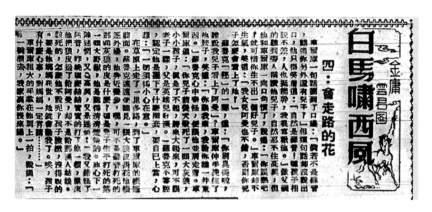

《白马啸西风》连载片段

看到这一幕，温里安在车上哈哈大笑起来。那天下午，金庸带温里安上了他的游艇，温问他："这游艇有没有名字？"他笑答："本来没有，要叫就叫'金庸号'吧。"温里安看这游艇装潢气派，少说也价值一百万港币。时近下午，他们到甲板上晒太阳，他太太阿May和女儿下海游泳，金庸说："我现在这个太太不是他们的母亲，但大家相处得很好。"

在欧阳碧眼中，阿May跟两个女儿年龄接近，虽是继母，却不像是母女，倒像是姐妹。她们有说有笑，有时声音太大，反要丈夫喝止。我在与金庸和林乐怡接触之中发觉，金庸看到林乐怡的自说自话，抑或林要去小摊上吃小吃、买东西，他就算是不太赞同，但总听之任之，很有耐心。可能金庸年纪大了，这已是第三次婚姻了，也便显得格外珍惜。

## 五、董桥接手《明报月刊》

我读过董桥的两本作品，第一本是《乡愁的理念》，第二本是《这一代的事》。当读完这两本书，只感到董桥的作品文笔清美且有韵味，当时在心中就想：董桥何许人也？董桥是香港的一位才子。他原在英国的BBC电台中文部工作，一九七九年回到香港，任职于美国国际文化交流总署。胡菊人在《明报月刊》干了十三年，奠定了这个刊物富有人文气质的个性，使这个刊物备受尊崇和青睐。由于胡菊人本身也是位学者，且办报兢兢业业，所以胡菊人走后，金庸极为痛惜，而董桥就是这个时候被金庸请过来接胡菊人的班的。

董桥从一九八〇年一月接手金庸的《明报月刊》，到一九八六年十月离开《明报月刊》，做了近七年总编辑，共编了八十期。董桥曾自述说："我接菊人兄之后主编《明报月刊》快七年了。我于一九八〇年一月十六日接手为十七期组稿，到了今年十月号的二五〇期，我整整编了八十期。十月一日之后，我调去替查先生做别的工作，《明月》总编辑一职自二五一期改由张健波先生出任。"

董桥在《"八十"自述》一文中，回忆了当时由他接手办刊的方针："当年，查先生给我的聘书上，提醒我必须遵照《明月》一贯中立、客观、尊重事实、公正评论之方针执行编辑工作。在政治上不偏不倚，在文化上爱护中华民族之传统，在学术上维持容纳各家学说之宽容精神。西方的忧时之士认定'这是一个不思不想的时代'；我的观察经验虽然不容许我肯定我熟悉的东方世界已经堕落到这个境地，可是，就在这短短的八十个月期间，我确实深深体会到中华民族的传统价值系统已然出现裂痕……文化庸俗的现象触目皆是，学术思想又迟迟不能迈进'由圣入凡'的入世过程，我实在不得不认真反省知识分子失职不失职的问题了……我虽然无权判断自己是不是做到了查先生给我的提示，却一直没有轻心、淡忘那几句话的重要和真谛。"

的确，胡菊人离开后，董桥继续将《明报月刊》发扬光大。一九九九年八月十二日，董桥这样回忆："一九八〇年我接编《明月》的时候，'文化大革命'过去了，重伤的中国踉踉跄跄走回国际舞台，月刊的政治文化取向面临新的考验，我不断参考英美各类杂志的编辑方针，不断修葺自己的视野。"在当时这么一个国内外复杂而又多变的形势下，在商品经济充满急功近利、人文精神日渐衰落的环境下，如何来办好这份刊物，确实是摆在董桥面前的两难选择。董桥说："政治要有用世的寄托；文化要有高洁的灵机；学术思想蕴蓄的应该是人情所系的关爱。一本综合性的思想、文化、生活杂志有这样一股毫不凝滞的气质，也许足以在时代思维的大道上留下一星半点的脚印了。'君自故乡来，应知故乡事。来日绮窗前，寒梅著花未？'刘大杰论王维这首诗，竟说他'除了他个人以外，对于现实的社会，是完全闭着眼了'！但我很同意梁实秋先生的观点，不但十分欣赏王右丞的情思品位，他那篇《请回前任司职田粟施贫人粥状》的仁者用心，也的确叫我感动：他毕竟是睁着眼睛尊重现实社会的事实，愿意把所得的两份职田捐出一份作施粥之用，'于国家不减数粒，在穷窘或得再生'！杂志和人一样，气韵之间既要有窗前寒梅的体贴，也要有雪中送粥的涵濡，不必轻加类别。"董桥终于用他自己特有的一腔文人品性，编完了八十个月的《明报月刊》……

他非常感谢金庸："现在，我终于做完我认为应该做的事情。陆象山所说的'不识一字也要堂堂做一个人'，在我这样浅薄的人听来别有一番启迪。离任在即，我当然不忘谢谢这八十个月里那么多读者、作者朋友跟我一起自反自省，一起关怀社会秩序与文化秩序中的和谐境界。查先生自始至终容忍我的学术癖性和编辑品位，我尤其衷心感激。"

从董桥的这番话，我们可以看出金庸是非常信任董桥的编辑方针和信念的，同时也可以看到他是非常愿意放手让编辑去发挥自己的心智和才气的，从不横加干涉，这也便是金庸办报办刊的成功之道。

从窗前寒梅到雪中送粥，"关怀社会秩序与文化秩序中的和谐境界"，实际上就是《明报月刊》的风格。对此，一九八五年十二月，董桥写过一篇题为《静观的固执》之短文，他是这样说的：

接编《明报月刊》的这六年里，我看到中国大陆痛定思痛，埋头修补人类尊严的一块块青花碎片；我看到台湾地区经济拖拉机机件失灵，大家忙着清理大观园内物质文明的污水；我看到香港的维多利亚陈年披巾给拿掉，政治着凉的一个喷嚏喷醒了多少高帽燕尾的春梦。就在这个时候，我也看到朝秦暮楚的个人信仰随随便便篡改价值观念；各种政治宣传向商业广告看齐。利用现代传媒科技的视听器和印刷品，日夜不停骚扰中西文化中静观冥想的传统。于是，我和我主编的《明月》也都生活在两个世界里，一个是热性的政治世界，一个是冷性的文化世界；我和我主编的《明月》也有两个声音，一个是对文化之真诚与承诺，一个是站在政治边缘上的关怀和呼吁。

从胡菊人到董桥，《明报月刊》的编辑风格，有不少的变化，但关怀的基本方向没有变化。当然，《明报月刊》也没有放弃对香港时事的关注，一九八一年英国公布新国籍法白皮书，二百六十万具有英国国籍的香港居民只有国民身份而无公民资格，香港舆论哗然，《明报月刊》组织了不少稿子讨论这个问题。

《明报月刊》是少数人阅读的一份高格调的刊物，并不是大众化的，从商业利益来看，它无疑是奢侈品，但其中寄托了金庸、胡菊人、董桥他们的精神理想，有一种文化使命感。张健波接手《明报月刊》后，从一九八八年到一九九五年，董桥又做了七年多《明报》总编辑。

对《明报月刊》的总编辑，有人进行了比较分析：胡菊人的使命感强，张健波的社会触角广，但文化与学术的联系则是董桥的优势。我们可以看到《明报月刊》的每一个阶段，无不带上这几任总编浓厚的个人特色。但是，我在读了董桥的许多文章后，还久久不能忘怀的，是他对文化理念的那段话，他说"当然，文化的功能不太容易用统计资料去分析和总结；在'行动'表面上战胜'静观'的这个时代里，一本以文化、学术、思想为主的刊物能够给'行动的人生'调剂出多少静观的智慧，则更是无法计较了。"

此话说得多好，正如董桥在自己的一本书的自序中所说："多年来追求此等造化，明知困难，竟不甘休，遂成《这一代的事》"——啊，也许这人间的一代代的事，无论是往事或现事，总那么曲曲折折地相生、相传，生生不息。这大约便是《易经》里说的两句话："生生之为易，勉勉为之道矣！"

# 第十章  二十八年后的故园还乡

## 一、北望神州

从台湾地区回到香港地区后，金庸更加深切地想回故园看看，想再次踏上令他魂牵梦萦的故园神州。自一九五三年离开故园之后，他只零星地回过上海、杭州，短暂地与同学和胞妹查良璇相会，也去过深圳、广州、佛山、从化、新会等地。身在香港的他，只能在武侠小说中描绘神州大地：那千里冰封万里雪飘的关山内外，那长河落日的塞北草原，那草长莺飞的江南水乡……虽远隔千里，但隔不断他对故园的思念之情。

"文化大革命"期间，远在香港的金庸，忧心忡忡，他在心中北望故园，思乡情切，但无法踏足。他曾深情地说："二十四年过去了，故乡山水风物依然，人事却已全非。或许是变得更加好了，或许我们不喜欢这样的改变，但午夜梦回，总是会有乡愁吧。这种心情，我们从大陆来到香港的人也是一样。飘零海外的，自不免有故乡之思。"

当时，正值"文化大革命"时期，金庸经常在《明报》的社评中称赞邓小平，为邓小平的际遇打抱不平，而对正处于权力巅峰、不可一世的江青，极力痛斥，不留情面。一九七六年九月九日毛泽东去世，金庸预料内地局势将变。一九七七年七月六日，《明报》报道邓小平将复出的消息。

《明报》作为一份以长期报道、评述中国问题而著称于世的报纸，自然对大陆的这一变化非常关注。《明报》开始以很大篇幅报道中国的改革开放政策、成果，支持中国重点发展经济。

这一次对改革开放的报道，引起了中共高层的注意和兴趣，他们对金庸的看法和认识也开始有所改变。

中共方面觉得：金庸这样有地位、有名望、有才干的报人，应该要好好团结；像《明报》这样有相当影响力的报纸，应该把它争取过来为中国的改革开放服务。这时有人提出：应该邀请金庸在适当的时候到内地访问。

于是，中共有关部门正式向金庸发出信息，邀请他回内地参观访问。

金庸接到邀请，并不感到突然，这是他意料之中的事。他随即向中共提出一些要求，其中一条就是：想见邓小平。

金庸说，几十年来，在中共的高层领导之中，他最想见的就是邓小平——"我一直很钦佩他的风骨。这样刚强不屈的性格，就像是我武侠小说中描写的英雄人物。"

在国务院港澳办公室、新华社香港分社和中旅社等机构的安排下，一九八一年七月十六日，金庸携妻子和一对子女起程回内地。

当坐在从香港飞往北京的客机上时，金庸真不知道自己是一种什么样的心情。看着舷窗外重重飘浮而过的白云，他心潮起伏、浮想联翩，往事历历如在眼前……

一九四八年，第一次南下香港谋业的时候，自己才二十四岁。那时，身无半文，只有满腔热血，连乘出租车过海的十元港币，也是向邻座的香港《国民日报》潘社长临时借的。

想到这儿，金庸不禁暗暗一笑。那位人人称为"小查"的小青年，如今已是大名鼎鼎的新派武侠小说的一代宗师、有影响的报人、社评家。抚今追昔，金庸静静地梳理着往事，喃喃自语："嗨，记得最后一次离开上海、杭州是什么时候了，哦，算起来已有二十八年了！"

二十八年间，内地风云变幻，但不管怎样，内地毕竟是他的家园，如今在阔别多年之后，终于回来了，而且是风风光光地回来了。当飞机飞到华北上空，可以看得见华北大地的时候，金庸按捺不住亢奋和激动的心情，频频俯视那片他既熟悉又觉得陌生的故土……

虽然，对于金庸来说，算不上是"少小离家老大回，乡音未改鬓毛衰"，但离别了二十八年之后，终于又重踏上了这片魂牵梦萦的土地，确实也是他难以用任何言语来表达的。

## 二、见到小平同志

一九八一年七月十八日，对金庸来说应是一个意义非凡的日子，这一天他终于见到了他一直由衷敬佩的政治家——邓小平。会面安排在人民大会堂的福建厅，金庸在廖承志的陪同下，与妻子和一双儿女进入人民大会堂，向福建厅走去，不知是因为天气炎热的缘故，还是他心情有点儿紧张和兴奋，他手心微微有点出汗。

当他还没有走到福建厅时，金庸就看到了邓小平的身影，原来邓小平已在大厅门口等候他们了。见到他们一行走来，邓小平热情地走上前来，与金庸握手。邓小平满脸笑容，亲切地说道："欢迎查先生回来走走！你的小说我读过，我们就像是老朋友了……"这番话，一如见到分隔多年的老友，金庸看到邓小平亲切的笑脸，格外惊喜，诚恳地说道："我一直对你很仰慕，今天能见到你，很感荣幸！"这时，邓小平也对他说："我一直对你很仰慕，今天能见你，很感荣幸！"邓小平还笑盈盈地对他说，"对查先生，我也是知名已久了！"

随即，金庸向邓小平介绍了自己的妻子和儿女。邓小平表示："欢迎！欢迎！"大家见面以后，邓小平、廖承志与金庸及其家人站成一排一起合了影。

七月份，北京是大热天，北京人都喜欢穿短袖衫，那天，邓小平、廖承志都穿短袖衫，但金庸为表示尊重，那天穿着一套西装，结着领带，似乎别样的严肃。当大家一坐下来，邓小平就对金庸说："今年北京天气好热，你脱了外衣吧。我是粗人，就穿这样的衣服见客。咱们不用拘礼。"金庸就把外衣脱了，谈话的气氛显得更加轻松、活泼。邓小平身旁的茶几上放着一包香烟。他自己用火柴点了一支熊猫牌香烟后，就和金庸谈起半个月前结束的中共十一届六中全会。

十一届六中全会，是中共历史上一次非常重要的会议。会议通过的《关于建国以来党的若干历史问题的决议》，澄清了混乱的思想，指出"文化大革命"是"建国以来最严重的挫折和损失"，决议还第一次全面地评价了毛泽东的是非功过，并进行了重大的人事变动。

如果说，几年前的十一届三中全会提出改革开放，把全国工作重点转移到经济建设方面来，是邓小平复出后的第一个漂亮战，那六中全会，则显示邓小平这场拨乱反正战役的全面胜利。

所以，邓小平谈起这次会议，兴致盎然。他问金庸："对于六中全会，海外的看法怎么样？"

作为一个著名的报评家，金庸在报纸上评价中共政治生活、论述中共领导，已经有二十余年了，但面对面跟中共最高决策者就中共政治问题进行谈论，却还是头一次。长期以来，热衷于评论的金庸，与他最仰慕的政治家对谈政治，自然也兴致颇高。他毫无顾虑，侃侃而谈："一般人觉得，六中全会的决定很好。对人事变动，大家是十分满意的。关于若干问题的决议，说得相当坦白公正，实事求是。"

一个是伟大的政治家，另一个是知名报纸政评家，两人谈起政治问题，当然不会流于一般的敷衍。在这样融洽和喜悦的气氛中，政见和才智可以充分地表露出来。

邓小平告诉金庸，不久前召开的中共十一届六中全会，写定《决议》差不多花了一年半时间。在写《决议》的过程中，我们反复进行讨论，最大一次的讨论会有四千多人参加，此外有一千多人参加的，有几百人参加的，有几十人参加的。《决议》要经得起历史的考验，所以必须郑重。"文化大革命"与毛泽东思想这两大问题，是不能回避的，必须有明白而正确的交代。毛泽东思想不但对中国，对全世界都有重大影响，尤其是对第三世界，所以如何准确地评价，是十分重大的事情。

提到"毛泽东思想"，金庸表明自己的一贯看法："马列主义和毛泽东思想，是一些原则与理论，在实际应用上，我想应当适合国情，适合各国不同的具体情况。"

对金庸的看法，邓小平点头称是："现在世界上的社会主义有多少种？中国建设社会主义社会，要采用符合中国国情的方法。"邓小平还坦率地对金庸说，写《决议》的目的，是总结经验，统一认识，对历史问题做出实事求是、恰如其分的总结，然后大家不要再多谈了，不要再纠缠在从前的历史问题里，应该一心一意向前看。

怎么向前看？邓小平向金庸解释道："我们还要做三件大事。第一，在国际上继续反对霸权主义，维护世界和平。第二，实现两岸统一，完成祖国统一大业。第三，搞好经济建设。"

对如何统一国家，金庸有自己独特的见解，这见解乃是务实的和温和的，他对邓小平说："我觉得，在国家统一这件事上，中国大陆的经济发展、提高人民的生活水平，是最基本的因素，比之军事行动等更加重要。"

金庸的观点邓小平颇为称赞："你说得很对。三件大事之中，国家的经济建设最重要，我们的经济建设发展得好，其他两件大事就有了基础。经济建设是根本关键，目前的经济需要调整。许多美国的经济学家、外国的一些专家，都认为我们的经济调整工作是必要的。调整要稳，时间不妨长一点。步调不妨慢一点。欲速则不达嘛。调整完成的目标，可以放到本世纪末。"

说完，邓小平问金庸："查先生是做新闻工作的，接触的人很多，大家对我们有什么意见？"

金庸坦诚地说："主要的意见是，希望目前的政策能长期推行，不能改变。大家有些担心，不要目前的政策执行了一段时间，将来又忽然变了，因为过去的变动实在太多了。"

邓小平点头赞同："查先生说得对。国内人民的主要意见也是这样。这次六中全会主要办了两件大事，一是通过了《决议》，二是对人事做了新的安排，这件事的目的，就是要保证我国政策的连续性……我们担任领导的人，也不能太忙，往往越忙越坏事。"

接着，金庸和邓小平就"领导人行事风格"的问题畅所欲言。金庸说："中国传统的政治哲学，是盼望国家领导人'清静无为'。共产党人当然不能'无为'，要'有为'。但领导人心境清静一些、工作清静一些，还是好的。"

邓小平回答说："担任领导的人，不能出太多的主意。如果考虑没有成熟，不断有新的主意出来，往往要全国大乱。政治家主意太多是要坏事的。领导人宁静和平，对国家有好处，对人民有好处。"

后来又谈起了人才问题。金庸说："十年'文革'，使国家少了几百万名人才。"对此，邓小平很有同感地说："粉碎'四人帮'之后，这情形一时还扭转不过来。培养人才是长期性的事，破坏十年，恢复至少要二十年。""每一方面都需要有才能的人作出贡献。不但要起用全国人才，外国的科学技术、外国的专家我们也欢迎。"

当然，这次金庸见到邓小平，他觉得非常难得，同时也非常高兴。一个是饱经忧患的中共领导人，另一个是二十多年来常常执笔论政的报人，两人的交谈是坦诚的，没什么拐弯抹角，他们之间，只是无拘无束地谈话，气氛喜悦而融洽。他们还谈了人民外交、经济建设等问题。不知不觉间很快过去了一小时，会谈也很快要结束了。邓小平站起来并要亲自送金庸离开人民大会堂。他们非常亲切地从福建厅一起走出来，金庸和邓小平一起边走边谈，一直走到人民大会堂福建厅的大门外，他们俩还站着谈了一会儿，最后一刻，邓小平握着金庸的手热诚地说："查先生以后可以时常回来，到处走走、看看，最好每年回来一次。"金庸对邓小平的一番热诚，连声致谢。

金庸在北京受到邓小平会见后，接着又去了新疆、内蒙古等地。

金庸回香港后，他根据记忆将那天的谈话整理成文，以《中共中央副主席邓小平的谈话记录》为题，刊登在八月二十五日的《明报》及九月号的《明报月刊》上。

当时，金庸是邓小平在人民大会堂正式单独会见的第一位香港同胞，中央电视台在当晚的新闻节目中播放了邓小平和金庸两人会面的消息。新华社、中国新闻社都进行了详细的报道，世界的新闻媒体也同时报道了这件事，成为轰动一时的新闻。

一九九七年，金庸与池田大作对话时，他还说："邓小平先生肯定是中国历史上、世界历史上一位伟大的人物，在我的心目中，他是一位极可尊敬的大英雄、政治家，是中国历史上罕有的伟人。"


三、廖公的宴请


促成金庸的故园之行，并与邓小平会见，其关键人物是廖承志。廖承志当时任全国人大常委会副委员长，同时兼任国务院港澳办公室主任，是当时中共主管港澳事务的最高领导。说起廖承志这个人，他与金庸还颇有点缘分。他是国民党元老廖仲恺先生的儿子，早在第二次世界大战时期，廖承志就受命到香港，负责中共在香港的一切活动。当时左派报纸联盟对《明报》和金庸展开两次猛烈的围攻，最终还是廖承志出面进行规劝才化解的。

金庸到达北京后的第二天，廖承志就设宴招待，邀请金庸一家吃饭，同席的还有港澳办、新华社香港分社等部门的同志。廖承志虽然身居高位，毕竟是文化人出身，性格乐观、豪爽，平时总是嘻嘻哈哈的。虽然两人是第一次见面，但对同是文化人的金庸，廖承志视为老朋友一般，放开胸怀，谈笑风生。他向金庸讲自己怎么被张国焘扣留、讲延安的窑洞生活，讲"西安事变"、讲毛泽东等历史话题，讲到有趣的地方，就发出朗朗的笑声。

席间，廖承志自然也谈到了《明报》。廖承志对金庸说："查先生的社评写得不错，时常有一些独特的见解，不过有些观点，我们并不认同。"这时，金庸也谦逊地做了说明："我写社评的时候只是按照我自己的原则和立场写出我对事情的看法，所以在有些问题上，存在分歧是难免的。"金庸的回话，虽礼貌、谦逊，但似乎也不肯让人。接着，廖承志又向金庸尽情表述了自己对《明报》的看法，有议有论，褒贬有之。而金庸也尽量向他解释自己的《明报》办报的方针和宗旨，以求共识。

廖承志见气氛有些凝重，就转换话题，谈他自己所经历的一些往事。金庸当然也知道廖承志是位多才多艺、能写能画的人。廖承志在席间向金庸谈了一些趣事："有一年，我参加中共代表团赴苏联出席联共全国代表大会，赫鲁晓夫在台上口若悬河，大发议论，我听得很乏味，一时兴起，便画起了赫鲁晓夫的速写和漫画，把他的形象画得极度夸张，难看极了，画了一张又一张。当时，坐在我身边的是东德代表，他看到赫鲁晓夫的漫画，霎时目瞪口呆，竟然张开嘴笑了起来……"说完，廖承志又哈哈大笑起来。金庸向来严肃，庄重有余，诙谐不足，话语不多，但也被廖承志无拘无束的豪爽性格所感染，禁不住和廖承志一起笑起来。

廖承志是见过大场面的外交高手，为避免一味地去讨论那些敏感问题，也为使席间气氛趋于轻松，在谈到金庸的社评时，又来了一番自我调侃："其实，写文章不容易。我也喜欢写文章，周总理时常批评我的文章，说气势有余，但太长，如'长江大河、与沙石俱下'，其中大有不必要的句子，应当多删削删削……"廖承志的这一番话，又引来大家一阵笑，宴席上的气氛变得轻松、热烈。

这次金庸访问大陆，正是中英两国政府就香港前途进行谈判的前夕；在这之前，邓小平已经公开向外界表示中共对香港前途问题的立场，即在香港的主权问题上，中共绝不会有任何让步，但中国对香港恢复主权、政权后，仍然会保持香港的繁荣稳定。当时，对于即将举行的中英谈判，国际社会非常关注。因为香港的前途问题，笼罩着五百多万香港人士的心。

在这样特定的时期，金庸和廖承志会面，自然都会谈起这个问题。廖承志详尽、耐心地向金庸解释中共的政策是："继续保持香港的繁荣稳定，绝不是什么权宜之计。大力发展经济，是中国的主要任务，而香港长期的繁荣稳定，对中国经济的发展是非常有利的……"廖承志希望《明报》能多宣传中共对香港前途问题所采取的立场、政策；而金庸也表示，有责任、有义务通过自己的《明报》做一些有利于香港繁荣稳定的工作。

当时，关于香港的前途问题，金庸在他的《明报》社评中也时有评述，但与中共高层官员坐下来面对面谈这个问题，则是第一次。也正是在这样的背景下，一介书生的金庸从此之后，在依然笔论春秋的同时，又介入了另一种政治生活，以前所未见的热情，为香港的前途奔走呼号。

## 四、故园万里游

金庸这次回大陆，除了想见邓小平等中共领导人，听他们谈香港问题外，还想见见阔别多年的亲戚朋友，游览一下祖国的大好河山。距上一次回上海、杭州，已有二十八年，亲人纷纷从全国各地赶到杭州和金庸见面。兄弟姐妹在历尽沧桑之后重聚，这是多少年来查家最大的喜事。

在浙江老家，金庸还有些亲人，令他无限思念。七月十八日晚上，他们从电视上看到邓小平会见金庸的情景，非常高兴，都为查家出了一个有地位、有名望的名人而感到自豪。金庸一到杭州，就给他的小阿弟寄了路费，而小阿弟也已经和他的小阿哥分别三十三年了，这次带着两个儿子一起到杭州，骨肉兄弟相见后，他们悲喜交集，真有说不完的话，但又不知从何说起。一家人聚在一起，在那荷花初放的美丽的西子湖畔，谈起不愉快的往事，无不都是轻描淡写的，何况时间已流逝，梦魇也已结束，真可谓"逝者如斯夫"。在金庸的心头，只有那一腔浓浓的乡愁，总使他魂牵梦萦、终难抹去……如今，金庸的亲人们，物质生活已有了改善，心境都很愉快。抚今忆昔，大家都沉浸在亲人相见的欢乐气氛中。

弟弟查良钰这样回忆他们兄弟相见时的情景："七月底的一天，小阿哥给我发来电报：小毛弟，×日在杭州一聚。接着，我就收到了小阿哥寄来的路费。八月初，我带着两个孩子到了杭州。三十三年了啊！见面时，我们都是扑向对方的，那种骨肉相见的激动，真是无法用言语来表达，我与小阿哥拥在一起，久久没有分开。在杭州那几天，我和小阿哥总有说不完的话……我们的谈话常常持续到深夜。"

著名画家黄永玉，是金庸的老朋友。因为二十世纪五十年代初期，黄永玉还在香港，那时他也在香港《大公报》工作，与同在

《大公报》任职的金庸相识、相交，而且大家相处得非常好。直到一九五三年，黄永玉重返大陆，并在北京中央美术学院教授版画。从此两人就各分南北，难能一见。这次金庸能有这么个好机会还乡，两个老朋友在北京相见，万分高兴，两人追忆起三十年前的往事，不禁兴叹岁月已逝、良宵难共。

金庸得知黄永玉在大陆的三十年间屡遭劫难，其中之一就是在"文化大革命"中，因"猫头鹰风波"，遭到了"大批判"，"四人帮"垮台后才得以平反。听到老朋友的不幸遭遇，金庸无限感慨，同时，他看到黄永玉之画越来越有风骨，在国内外知名度也越来越高，也替老朋友高兴。金庸很敬佩黄永玉这样的知识分子，觉得他有胆识、有气节。二〇二三年六月十三日，黄永玉，这位写了《比我老的老头》的近百岁老人与金庸于地下相见。

在新疆游玩时，金庸接触到一些到新疆垦荒的上海青年，其中有一个上海青年为金庸开旅行车。他对金庸说："以前每隔十年，可以回上海探亲一次，假期四十八天，旅费公家支付，最近缩短为每五年一次，大家就满意多了。如果再缩短为每三年一次，自然大家会更加高兴。"

金庸在武侠小说中，写过不少著名的地方。但写这些地方时，金庸一般都是天马行空式的想象和描绘，因为这些地方他压根儿就不曾去过。这次回内地，在中国旅行社的精心安排下，金庸自然不会放过到那些地方去走走看看的良机。当他戴着草帽，穿着短袖衬衫，脖子上系着一条擦汗的白毛巾，登上他向往已久的万里长城时，他时而在长城上低头徜徉，时而眺望远方连绵起伏的群山。已五十七岁的金庸，似乎像一个青春少年，每到一处，饱览山河，兴奋不已，频频叫人为他拍照留念。

他去了《书剑恩仇录》中写过的兰州、新疆。他参观了兰州历史博物馆，坐在陨石旁拍照；在新疆古城高昌，他兴致勃勃地游览

了那些远古的建筑物，惊叹人世间的沧桑巨变。在天山边，他惊喜地发现几个维吾尔族的小孩子手里捧着天山雪莲，就是《书剑恩仇录》中陈家洛采来送给香香公主的那种雪莲，他用一元钱向小孩子买了两朵，带在身边，带回香港。这不禁又使他想起自己作品中的人物："陈家洛依着她目光望去，只见半山腰里峭壁之上，生着两朵海碗般大的奇花，花瓣碧绿，四周都是积雪，白中映碧，加上夕阳金光映照，娇艳华美，奇丽万状。那少女道：'这是最难遇上的雪中莲啊，你闻闻那香气。'陈家洛果然闻到了幽幽甜香，从峭壁上飘将下来，那花离地有二十余丈，仍然如此芬芳馥郁，足见花香之浓。那少女望着那两朵花，恋恋不舍地不愿离开。"

金庸还去了《射雕英雄传》中写过的内蒙古，茫茫无际的草原、蘑菇形的帐篷、草原上奔跑的羊群……这些反映了当地民俗风韵的景致，让他觉得很亲切。

这次内地之行，除了北京、内蒙古、新疆和甘肃，金庸还去了成都、重庆，坐船经长江三峡到宜昌，并经武汉到上海、杭州，从南到北，又从西到东，足足用了三十三天时间，游览了十三个省市。虽然舟车劳顿，但金庸一点也不觉得辛苦，还觉得能亲眼看到祖国的风光，是人生一大享受。有些遗憾的是，由于时间关系，他没能按计划远赴西藏高原，观赏藏族风光和领略藏族风情。

在内地访问期间，不少朋友都和金庸谈起邓小平，大家都称赞邓小平有风骨、有气节。金庸对邓小平的崇敬是发自内心、由来已久的，但这种崇拜又不是盲目的。其实，从阅读方面讲，邓小平或许是当时内地最早接触金庸作品的读者之一，据他夫人卓琳女士说，邓小平在二十世纪七十年代后期，自江西返回北京，就托人从境外买到一套金庸小说，很喜欢读。

除了饱览了祖国的美好风光，金庸还观看了一些戏剧演出。在乌鲁木齐，他看了写曹操逼宫的晋剧《逍遥津》；在成都，他看了川剧《杨贵妃》；在上海，碰上当地正在举行纪念梅兰芳逝世二十周年的文艺演出，他看了《生死恨》，剧中四位年轻青衣精彩的唱功给他留下了美好的印象。

金庸的内地之行，打开了与内地关系的新局面，最明显的变化是，《明报》社评的批评字眼越来越少。也是从这时起，他对整个中国充满了一种乐观的情绪，他说："对中国内地乐观，对台湾地区乐观，对香港乐观，也就是对整个中国乐观。我觉得中国内地目前发展经济的基本政策是对的，应当逐步让人民有更多自由，更多的机会。"

《明报》进一步加大了对内地的报道，并享有北京官方给予的特权，中新社每天都向《明报》提供消息，《明报》有选择权，不是每篇稿子都用，如果采用，则以"本报专讯"名义报道。这一特权，连《文汇报》《大公报》都没有。因此引来各方面的揣测，《明报》与北京官方，是否有什么不寻常的关系？是否已改变一贯中立的立场？

在这种情况下，金庸重申"有容乃大，无欲则刚"的办报信条：在我们所处的环境里，有条件在报刊内容上兼收并蓄，在意见上尽量欣赏任何一面的好处，尽量"与人为善"，可以独立生存，无求于人……总之是设法做到无愧于心，尽一个报人的责任。

自一九八〇年十月起，广州的《武林》杂志，连载《射雕英雄传》，标志着金庸的武侠小说进入内地，第一天，即卖出四万多册。一九八一年七月二十六日，《明报》报道了《广州首先解禁武侠小说》的消息。

金庸的这次故园之行，使他大开眼界，收获不小，当他回顾自己所走过的人生历程，他激动不已，浮想联翩，如梦如幻，但又粲然如此……

# 第十一章　为香港回归参政议政

## 一、回港后的畅谈

金庸三十三天的内地之行，其实是对中国内地的一次认真把脉，是他重新认识中国共产党和中国内地的过程。从内地回到香港后，金庸有好长一段时间处于激动和亢奋之中，因为邓小平的会见、中共中央的极高礼遇，除了令他强烈地感受到那种前所未有的成功和满足外，还极大地调动了他关注、思考中国共产党及其领导下的政治、经济、文化的激情——这种激情，对金庸来说比过去任何时候都要强烈。

回香港后，金庸兴致勃勃地接受了《明报月刊》记者的独家采访，详尽地回答了记者提出的问题，畅谈了他内地之行的所见、所闻、所想。

当记者问及内地目前是否"经济繁荣、治安良好"时，金庸认为："'经济繁荣'还谈不上，和外界先进地区相比，那差得远，但和前几年相比，可繁荣得多了。治安如何，我没有亲身体验，看情形比香港的治安，当然不知好了多少倍。不过，我觉得内地秩序还不太好，有点乱糟糟的感觉，尤其是马路上的交通，汽车喇叭之响，实在令人感到厌烦。总的感觉是人实在太多。在各大城市中，街上行人的拥挤，与香港简直不相上下。"

当记者问及这次内地之行，印象最深的是什么时，金庸说："我发觉中共从上到下，讲实事求是，多讲自己的缺点，很少讲成绩，这一点给我的印象最深刻。"

当有人问他此行感觉到的最重要的变化是什么时，金庸深有感触地说："首先，最主要的是人们的恐惧感大大减少，在日常谈话中，人们对不满意的事情毫无顾忌地说出口来。其次是各种令人讨厌的提防猜忌和政治措施极少存在。飞机场和火车站里不再见到荷枪的解放军来回巡视。拍照毫无限制，也不必先冲印了才能带出来。在火车上，广播中不再长篇累牍地诵读《人民日报》社论等，而是播放轻音乐，包括台湾的《高山青》《橄榄树》等，甚至有JINGLEBELL 的圣诞音乐。"

金庸又向记者讲起内地人民的生活状况："总的来说，内地居民的生活条件还相当艰苦，尤其是居住条件。我去了七八个老朋友和亲戚的家里，他们都住得很差，令人心中很不安。食品供应是大大改善了，粮票的作用已不大，大多数食物都可以在自由市场上买到。国营菜场中买肉还是要排队。衣着不成问题，交通大家骑自行车，最大的困难似乎是住房。一般人的收入当然还是很低，薪水二十五年来基本上没有调整，只每月加了五元副食津贴，还有一些奖金，不过数字不大。公教人员就没有什么奖金。"

当问及农村生活时，金庸的看法是："农民最高兴，实行生产责任制、包产到户之后，每一家的收入都增加很大，又可以自由建屋。因此，最热烈拥护新政策的是农民和牧民。我在内蒙古见到一户牧民，他们这一家本来只准养八头羊，宰一头羊要得到批准。现在新政策下，国家以公价每年向他们收购八头羊，数字不变，但此外可以天南地北地由牧民自己去养羊，自由宰杀。现在这一家养了八十头羊，还有几匹马。草原上牲口吃草根本不要本钱，政策一变，生产的改变可有多大！"

当问及工人的生活时，他说："工业中问题重重，工人似乎不怎么积极，劲头好像也不怎么足。相信主要是生活还得不到重大改善的缘故。说起来，大家都羡慕农民。我一个弟弟是煤矿工程师，他说到他矿上的一些困难，一到农忙时节，矿工缺勤的特别多，许多人回家去帮助家人在农地上耕作，因为农业上的增产都是自己的，矿上勤工所得的奖金却寥寥无几。"

另外，记者和金庸还谈到香港前途问题。记者问："香港今后能长期维持现状的可能性，你现在的看法，比这次去内地之前，感觉增加了，还是减少了？"

金庸不假思索地回答记者："我更加觉得，香港人如想长期维持现状，大有更加'好自为之'的必要。第一是要经济更加健全，大家拼命地在地产上赚钱的行径，终究是行不通的，因为这无疑是在破坏香港的经济。第二，香港人自己的所作所为，比英国人的所作所为，影响更为重要。第三个问题比较小，就是香港到内地去的游客增多，大家言行要多多检点。有一小部分香港游客的作风，就好像第二次世界大战后初期去世界各地游玩的美国人，自恃有钱、气焰嚣张，令当地人士大为反感。虽是个别情形，但反感的积累，对香港人会相当不利。"

当记者问"对于内地和台湾地区，你短期内有什么希望"时，金庸回答说："希望邓小平健康长寿！希望蒋经国健康长寿！"

说完，金庸又向记者解释，他这样说，并不是"左右逢源"，只是因为邓小平和蒋经国都对他很客气："凡是对我客气的人，我都希望他们健康长寿。在内地、台湾地区、香港地区的许许多多朋友，我都衷心希望他们健康长寿。我没有资格做邓小平或蒋经国的朋友，不过我深信他们所实施的改革，比以前的政策好得多，是进步而不是倒退。就算他们对我不客气，我还是希望他们健康长寿。

"从前中共和台湾当局的政策都有不好的地方，我就两面都不赞成，人家说我'左右不讨好'。现在我觉得双方的政策都在进步，有人就说我是'左右逢源'。其实男子汉大丈夫，既无求于人，又需要讨好什么、逢迎什么呢？"

从大陆访问归来，当然有很多问题令港人疑问不解，因为那时是改革开放初期，人们还只是刚从十年"文化大革命"中苏醒过来，而金庸的回答都是中肯而又实事求是的。

## 二、"哈公怪论"的消失

当时，香港一家杂志甚至发表文章说，金庸办报成功了，他也置办了不少房地产，他不想放弃，所以改变办报立场以讨好中共。金庸看到这样的文章也忍不住要撰文公开反击："……那真是门缝里瞧人，把人看扁了。如果局势真的有变，难道'讨好'一下，就能保住身家吗？如果连这样简单的道理也不明白，我怎么还有资格来评论世事时局？"

一九八四年，金庸在谈到《明报》时明确说："我对中共的态度，是同意的支持，不同意的批评，总的来说是支持邓小平的改革开放政策。

"……有容乃大，无欲则刚。前者是说各种意见可以发表，尽管报纸有本身立场，但应该尊重别人的不同意见，这是民主社会的基本精神。'无欲则刚'当然并不是说完全没有欲望，而是说不可以有不正当的欲望，利用报纸达到自私自利的目的。如果想求别人一些好处，或面对政权想讨好一些生意机会，便算是有不正当欲望，在处理上便不可能刚强。办报当然有欲望，一是希望读者多，二是广告多。坚持上述两个原则，肯定可以达到目标。我们不是无原则地批评……我们只是秉持实事求是、公正客观的原则办事。"

金庸一连串的公开表态，一度平息了舆论对他和《明报》的批评。但是，后来《明报》一专栏"哈公怪论"突然被腰斩，因而再起波澜。

"哈公"者,香港有名的杂文专栏作家的笔名,作者文笔幽默,讽刺时弊,经常发表挖苦大陆官方的怪论,每天都吸引了不少读者的追读,是《明报》读者最多的专栏之一。哈公原名许国、许子宾,福建泉州人,一说是潮汕人。一九三三年生于菲律宾,一九五一年来香港。在香港长城电影公司工作期间,曾与金庸共事。金庸创办《明报》后,他应邀担任明报出版部经理,二十世纪七十年代后期开始在《明报》副刊开设专栏,早期叫作"滚古堂怪论",后期改名为"哈公怪论"。

在怪论中,经常通过哈婆、小哈女等家庭人物,针砭时弊,以冷嘲热讽、嬉笑怒骂的文字,吸引了不少读者。

一九八四年五月,香港电视播出邓小平批评"不在香港驻军是胡说八道"的新闻后,哈公写了一篇《八道胡说》的怪论,被《明报》压下不发,于是,他罢写九天。一九八五年五月,总编辑潘粤生认为哈公《律政司应自律》一文不宜发表,哈公于是再度罢笔抗议。

由于《明报》两次腰斩"哈公怪论"专栏,无疑引起了外界的猜疑,读者"函电交驰"、议论纷纷,普遍认为金庸被"统战"了。

"哈公怪论"真正从《明报》消失,是一九八七年二月以后的事。原因是总编删节了这位"哈公"的文章。后"哈公怪论"由"祈弹怪论"取代,祈弹是《明报》主笔徐东滨的笔名。

二十世纪八十年代,《明报》关于中国的新闻占了三分之二篇幅,而"特约通讯"栏目,经常刊出徐铸成等名家文章。也是从这个时候开始,经中共高层批准,《明报》可以在中国大陆限量发行,虽然只限于党政机关、宣传文化机构订阅,但《明报》悄悄地进入了内地,几年后发行量突破一万份。一九八九年六月,金庸在一篇社评中称:"过去几年中,《明报》能有限度地进入内地,高层和中级干部、大学教授讲师和研究生、报刊的编辑人员,有机会天天看到。我们希望能带进外界的信息，让能影响中国前途的人士，多了解些世界真相，把中国带上富强康乐的道路。尽管我们的作用很小，总觉得是努力在为国家民族尽一己之力。"

一九八五年王震到香港，金庸送他一套《鹿鼎记》。事后王震写信给他。

金庸著名作家尊敬的朋友：

承赠大作《鹿鼎记》一箱，深表谢忱。现已开箱，与同行诸位取出，各自开卷阅读。我曾闻我的老伴告诉，先生大作她读过一本，津津有味，唯恐孙辈正在中学，课程紧，孙辈很喜欢阅读而收藏起来。你的文学生动活泼，描述历史各社会阶层人物形象内心活动逼真，这对于丰富生活、历史知识、古汉语成语今释又极其美好。你赠我大作，我转赠中共中央党校图书馆文学室与多人共赏，这样阅读的人就多了。祝你"业精于勤"，创造和发展文学事业，节节胜利。此致
敬礼

王震

一九八五年四月二十四日

一九九三年三月二十日，金庸在北京重提此事："我不禁想起数年前在香港见到王震将军的情景。当时他问到我的小说，后来我送了他一套，他写信致谢。"

## 三、关注香港的前途

历史一踏进二十世纪八十年代后期，几百万香港市民突然间发现，原来香港前途问题已经迫在眉睫了——因为新界的租约期行将

届满，香港的存在和发展正随着周围环境的变化而变化。

在此之前的一九七九年，港英政府就已经向中方试探这个问题。那一年，港督查理浩到北京进行亲善访问，邓小平会见他时曾说："叫香港的投资者放心。"

当时，双方没有提及新界租约问题，也就是说并没有触及香港前途问题的实质，所以香港仍然风平浪静。

一九八一年，邓小平又对前来北京访问的英国外交大臣卡灵顿表示："在十六年内或十六年后，即使香港的地位有变，投资者的利益也不会受到损害。"

一九八二年四月，英国首相希思到北京，进一步试探这个问题，邓小平明确地对他说："无论将来香港政治地位如何，香港经济现状会保持不变，请投资者放心。"

希思听后也理解邓小平的弦外之音：香港主权必须归回中国。消息传到香港，投资者恐慌，市民焦虑不安，不少人都认为阴影开始笼罩着香港。

香港前途问题，已不再是一些知识分子和政要清谈的专利，而是全港几百万市民都迫切面对的现实政治问题。

金庸也一样，对香港前途问题非常关注。那一两年，每月伦敦来的政要到香港，金庸都要和他们见面会谈，交换对香港前途的看法。

金庸又和普通的香港市民不同，他关注香港前途问题，但他冷静、理智，一开始就以现实的态度，去看待这个问题。

一九八一年二月十九日，在中英双方官员就香港前途问题试探性接触时，金庸就通过《明报》的社评，对香港前途问题进行了理性的分析，也表明了自己的看法。

在当时的一篇社评中，金庸为香港回归献计献策，他诚恳地指出：问题的关键之所在，是中英双方有必要在这一两年内，设想出一种妥善的方式，保障香港的长期安定。这种方式必须具备下列条件：

一、中国政府绝不签署任何丧失领土主权的协定，一切安排不能影响中国作为一个大国、社会主义革命政权的体面，不能稍有损害中国的荣誉和民族尊严。签署这项协议的中国领导人，在将来任何情况下，都不致被政敌、评论家、后世的历史家指责为丧失国家民族的利益。这种安排能使中国政府和群众普遍视为是胜利和光荣，同时实际上的确对中国有利。

二、这项安排不能违反英国重视法治、自由、人权的原则，不致成为英国的负担。英国政府及领导人不会因签署这项协定，而在国会中受到强烈反对，英国公众与报刊的舆论，不会认为不符合英国的民主传统与人道主义精神。在政治、外交、战略、经济的考虑中，这项安排对英国有利。

三、新的安排不改变香港政治、社会与经济现状。香港居民普遍安心，外国的投资人得到保障，工商业的经营可以有较长期的计划。香港经济繁荣，科技发展。香港各界人民的生活有长期性的健康发展。

要满足这三个条件，似乎不大容易，其实各方面既有善意和共同要求，总会有办法的。

这篇社评，是香港报章最早专论香港前途问题的文章之一。在这之前，金庸已有不少社评论及这个问题，但对香港前途问题，提出比较具体和实质性的看法和建议的，应该说，这篇文章是有远见和可操作性的。

金庸在这篇社评中的观点，也可谓真知灼见，因为后来中英两国政府关于香港问题的会谈，基本上是在社评中提出的这三个条件范围内进行的。

紧接着金庸又发表了《关于香港未来的一个建议》之社评，这可以说是对香港前途的预测，他认为中国会在收回香港之前十五年左右正式宣布。此文一开头就触及香港前途问题的实质——同时会宣布香港之现状今后不变。

关于香港的未来，中英双方的想法是相当一致的，维持香港的现状，对各方面都有利益。但采取怎样一种安排方式，使中英港三方面都感到满意，却颇不容易。相信在今后一两年中，北京、伦敦、香港的领导人都会郑重考虑这个问题，也会有各种方案提出来。我们试提一个建议，以供参考。

在这篇社评中，金庸还谈到了以什么样的形式来进行的问题，他说：

方式是由中英两国外交人员经过磋商和研究后，订立一个香港的条约或协议，或由两国外交部部长发表一个联合公报。我们把这个协议暂称为"香港新约"。协定在北京、伦敦或香港签字都可以，那只是形式。内容主要为三点：一、香港是中国的领土。二、香港现状不变。三、中国如决定收回香港，应在十五年之前通知英国。

这三个要点很简单，但相信已能充分满足中英双方以及香港居民三方的要求。

在分析了这三方面内容如何满足中英港三方要求后，金庸最后指出：

协议中当然应有各种详细规定，例如，说明鉴于历史上的原因、为了发展中英两国的友好关系，便于促进和平贸易，因此香港的现状不变；说明中国在收回香港之前，港英政府的职权和过去相同；规定中国正式提出收回的通知后，港英政府在十五年后应做有秩序的移交，保持一切设施的完整等。

这是香港最早详尽论述中英关于如何就香港前途问题谈判、谈判会达成什么协议这个问题的文章之一，它更是香港所有报纸文章中第一篇准确地论述这个问题的社评。甚至可能是全世界论及这个问题最早、最准确的文章之一。我们可以说，金庸在这方面，的确是一个卓有远见的政论社评家。

一年半之后，邓小平会见英国首相撒切尔夫人，中英正式揭开香港问题的谈判之幕。中方正式告知撒切尔夫人，中国决定收回香港主权和政权——这是一九八一年九月，离一九九七年七月一日，恰好是十五年，正与金庸在社评中提出的建议的第三点完全吻合。

更难得的是，而后中英双方会议的主要内容，以及最后达成的协议，也基本上与金庸所建议的要点相符，那就是：香港是中国的领土，香港的现状保持不变。

在香港前途问题还没有拿上中英两国谈判桌之前，大多数的香港人都有恐慌的心理，但有些人也对前途问题抱有幻想。当然，抱有幻想的，也有一些英国的政客。比如，香港有人希望英国人在"九七"之后，仍然管治香港，英国政客希望继续向中国租用新界，等等。

金庸认为所有这些幻想，都是不现实的。

早在一九八一年二月二十一日，金庸在《明报》的社评《世事岂能尽如己意》中，就向中英港三方面提出"忠告"。

> 北京不能期望，香港居民能够眼见租借期只剩下九年、八年、七年……一天天减少，而仍能心平气和、心安理得地和以

前一样做生意，过日子。那时候社会上如有任何变动，都不会是向着好的一方面发展。

北京不能期望，哪一天中国想收回香港了，在一年或半年前提出通知就可接收，如果有这种可能，在此情况出现之前，敏感的香港人早就能够走的就走了个干净，不能走的早已无法维持原来的生活，不能期望对港英政府作种种"喝令"或"影响"。英国的原则很明确，如果不能在这里进行绝对独立自主的治理，那么就结束治理，和平而客气地离开，绝不委曲求全，牺牲原则。

英国当局不可能期望中国能承认《南京条约》，同意香港本岛是属于英国永久的割地；不能期望北京会签订新的租借条约，将新界和北九龙自一九九七年起再续租九十九年；不能期望中国会长期承认香港是英国的殖民地。

香港居民不能期望，香港可以像新加坡那样独立，可以像瑞士那样成为一个政治上中立的纯经济区，可以由中英联合保证香港的现状永远不变……香港的现状，将来总有一天会变的，但如事先能有十五年的通知，一切就能有秩序的、损害最少的改变。

这些"忠告"，来自金庸理性的分析，是现实主义的观点，这对后来英国人、香港人放下幻想，以现实主义的态度对待香港前途问题，使中英谈判顺利并达成协议，应该有一定的新闻导向作用。

很多人在中英谈判达成协议之后，再回过头来看这些社评，都无不佩服金庸分析问题的透彻和远见。因为他的分析有基础，一切是从现实与理性的角度去审时度势的。

一九八二年九月，中英两国政府正式就香港前途问题进行谈判。首次谈判后，新华社发表声明："中国政府关于收回整个香港地区的主权的立场是明确的，众所周知的。"

如今，香港早已收回，也正如金庸在有关香港前途问题的结集——《香港的前途——〈明报〉社评之一》一书封面上的特别注明的，香港正朝着——自由、法制、繁荣、安定，阔步走去！

## 四、为《基本法》草案再赴北京

一九八四年九月二十六日，中英两国政府代表草签了关于香港问题的《中英联合声明》。十月十九日，中共十二届三中全会即将举行，主持会议的胡耀邦抽空在中南海与金庸会面，在座的还有中共中央办公厅主任王兆国等。胡耀邦一见到他，便热情地说："很欢迎你到北京来！……香港的朋友们以前见过几次，个别会见谈话的，你是第一位。"

谈话结束时，胡耀邦对金庸亲切地说："查先生明天不走吧？明天中午简单广播，后天早上可以拿到我们三中全会决议全文。欢迎你下次再来，全国没有去过的地方，可以到处去看一看。"

初次见面，胡耀邦坦率、热诚、开朗的个性，给金庸留下了难忘的印象。

一九八四年十二月九日，中英两国政府在北京人民大会堂正式签署《关于香港问题的联合声明》，中央电视台通过人造卫星向世界实况转播了这一历史性的场面。

一九八五年四月十日，全国人大第六届第三次会议通过决议，决定成立香港基本法起草委员会，负责起草基本法。这时，北京通过新华社香港分社告知金庸，邀他参加基本法起草委员会。

金庸自创办《明报》起，一直坚持为《明报》撰写社评，写了二十多年，论尽天下大事，但那只不过是纸上谈兵、书生论政；而参加草委，则是真正的参政、议政。

经过一番考虑之后，金庸决定接受北京的委任。他向《明报》的同人解释："我认为我应该为我所爱的香港出一番力，做些有益于香港人的事。我于一九四八年三月来到香港，身无分文，此后在这里成家立业，过了几十年自由自在的生活，香港给予我的实在极多。我在香港社会中受到爱护尊敬，能有较好的物质生活，心中常自有感激之情，只觉我比别人所得为多，而回报不足。这一次有机会为香港花五年心力，真正做一件重要的事，然后退休，心中会感到安慰。"

一九八五年六月十八日，中华人民共和国香港特别行政区基本法起草委员会正式成立，委员五十九人，其中内地委员三十六名，香港委员二十三名。港澳办主任姬鹏飞被任命为主任委员，副主任委员有香港南联实业公司董事安子介、香港环球航运集团主席包玉刚、香港《大公报》社社长费彝民、中国社会科学院院长胡绳、民盟中央副主席费孝通、全国人大秘书长王汉斌、香港东亚银行总经理李国宝等。金庸以新闻工作者的个人身份参加了草委会。

一九八五年七月一日，金庸到北京出席基本法起草委员会第一次全体会议。

走进人民大会堂，金庸见到不少他仰慕已久的重要人物，如钱昌照、雷洁琼、胡绳、费孝通、张友渔、钱伟长等人，他们都是草案委员会成员，见到他们，并和他们交谈，金庸非常高兴。与金庸以前有过交往的老熟人如李后、鲁平等也参加了草委。见到他们，金庸自有一番旧友重逢的乐趣。

七月四日，金庸在全体会议上，向委员们做了长篇发言。

从一开始，金庸就大赞特赞"一国两制"的现实意义和历史作用。他激情满怀地说道：

    ……"一国两制"的构想，对于香港的将来固然具有决定性意义，对于全中国也事关重大，中国和平统一大业的最后完成，极可能要以这一构想作为基础。

眼光再看得远一些，这构想对全世界、全人类、整个人类历史，都能产生深远无比的影响，主要的作用，在于这一构想使得"全球战争的避免"成为可能……

"一个国家，两种制度"的构想，很容易推演而成为"一个世界，两种制度"。"一国两制"如能成功，全球两制的和平共处、和平共存也成为非不可企及的设想。这使得人类的文明不致被核子战争所摧毁，人类的长期性进步不受阻碍。同时这也表示社会主义对自身制度的优越性深具信心，不怕竞争。这构想可以说是马克思主义的发展。马克思主义本来不是一成不变的，外界的条件改变了，革命的方针策略也相应改变。

如果从这构想发展出一系列的世事变动，人类终于能避免核子大战。

由邓小平的"一国两制"设想，引申到"一个世界，两种制度"，以及"全球战争的避免"将成为可能，这是金庸的一大联想，是对邓小平"一国两制""天才"设想的至高评价。

接着，金庸又向委员们表明他关于"一国两制"在香港的试验不允许失败的理念——

"一国两制"的情况，在人类历史上并未长期而安定地出现过。一个国家中有两种不同的经济制度、社会制度并存，在社会发展的过程中当然常有，但那总是不安定的，两种制度总是以战争或武装斗争的方式来互争雄长，过不多久，一种制度便吞并了、消灭了另一种制度。

中英联合声明是对"一国两制"的构想的第一次国际性认

可。中国领导人提出了一个完整的设计，英国领导人认为是可行的。双方同意之后，以国际条约的形式固定之。两个大国决心在香港长期施行。

……

听了金庸的发言后，钱昌照、雷洁琼等几位老前辈便拉着金庸的手，连声称赞。雷洁琼用英语赞许金庸的发言："你的发言好极了！"

金庸一生中最后一段风风雨雨的历史，从此揭开序幕。从此以后，他常常是两地跑，为了中国的政治和经济，也为了中国的文化。

这次会议，是金庸第一次正式的议政场合。金庸在这次会议中不同凡响的表现，以及他所表现的正义立场与政治才干，为他不久之后出任《基本法》政治体制小组负责人，确是做了一个很好的铺垫。金庸回香港不久，即召集《明报》的部分编辑和记者座谈，向他们畅谈《基本法》起草的情况。

一九八六年四月十八日至二十二日，基本法草委会第二次全体会议召开，草委会成立了"中央和香港特别行政区的关系""居民的基本权利和义务""政治体制""经济""教育、科学、技术、文化、体育和宗教"五个专题小组。会议标志着《基本法》的制定工作进入了具体起草的新阶段。

## 五、主持"武林大会"

对于设计一个什么样的政体可以使大家基本满意，香港各界意见也不一致，同时政制小组内的十九位成员也意见不一。笼统而分，意见主要分为两种，一种是主张加速香港的民主政体改革进程，在香港尽快尽早实施激进的民主政治体制；另一种则强调以维持香港的政治体制现状为原则，并在此基础上进行循序渐进式的政治体制改革。

一九八六年四月成立的《基本法》小组，金庸被任命为"政治体制"小组的负责人，小组负责人还有内地委员著名法学家肖蔚云（时任北京大学法律系主任）。

身为小组负责人的金庸和肖蔚云，其职责就是召集、主持政治体制小组会议，对小组工作进行协调。政制，是一个国家或地区的政权组织形式。《基本法》政治体制小组的任务，就是为未来的香港特别行政区设计一套政治体制形式。

对于整个《基本法》，金庸发表了他对香港未来政治体制的基本看法，他说，"我个人的理解，政治体制是整个《基本法》的一部分，政治制度不能脱离经济制度、社会制度和生活方式而超然独立"。

香港《基本法》的起草过程也不是一帆风顺的。各种不同的立场与看法，主要表现在政治体制方案的争议；而政治体制引起的不同意见的焦点，则又几乎集中在立法机关和行政长官的产生问题上。

第一次政治体制小组会议，草委们就发生激烈的争辩，在行政、立法、司法三者之间的关系和各自的职责等问题上，大家争论不休。认为三权分立实际上仍然会有一个主导，问题是应该行政主导还是立法主导？这个问题大家争论了好长一段时间。有意见认为，要设计一种具有香港特色的政治体制模式，这种新的政治体制模式是既可保持未来之香港政治上的稳定，同时又可使香港的经济持续繁荣。对于如何建立这样一种新的政治体制模式，经过半年多时间的激烈争辩，到了一九八六年一月，在深圳举行的小组会议上，草委会政治体制专题小组终于达成了以下几点共识：

第一，政治体制要有助于发展资本主义制度，有利于保持香港的繁荣稳定；第二，中国收回香港的主权不是为了对香港实行革命性的改造，因此，要保持原有政治体制的优点；第三，要兼顾社会各阶层利益，逐步发展适合香港情况的民主参与。

在而后举行的小组专题会议上，政治体制小组又拟定了有关行政和立法机关职权的行政最高首长，在当地通过选举或协商产生，报中央任命，如有严重违法和渎职行为会受到弹劾；行政机关执行政策，编制财政预算案，提出法案及议案；立法机关通过法律。

香港政治体制内容之原则定了以后，草委会政治体制小组接着又讨论更加具体的实质问题。这段时间香港的形势，真可谓群雄并起，风起云涌。因为这一切既关系到香港本身的前途问题，同时又关系到每个人复杂的利益问题。

代表各种利益的各阶层都有自己的主张，但归纳起来，问题无非集中在这两个方面：行政长官如何产生？立法机关如何产生？关于第一个问题，意见大约可分为两类，一类由一个小团体提名，然后一人一票普选；另一类是由大选团来选举。而在立法机关的产生问题上，主要分歧则在于首届直选和功能团体选举各自的比例，以及是否有选举团（或顾问团）成分。

各种意见不一，争论不休，各有各的道理。身为政治体制小组负责人的金庸对当时的情况有一个回忆（与池田大作对话）："……他们两位要求进行急剧的民主大改革，在特区成立后立即实施一人一票的分区直接选举，并在特区成立前以全民投票普选方式先行选出行政长官。他们两人在会中是少数，但意见坚持不让，经常和其他小组成员发生激烈争辩，同时得到香港传播媒介和青年、学生的支持，时时施行群众性的压力……"

当时在香港，"民主派"在政治体制小组内虽是少数派，但在香港社会却有很大的力量，得到舆论的广泛支援，而且他们始终坚持自己的意见。而对于此问题的分歧，主要集中在未来香港特区行政长官和立法会议员的选举方式上。

而金庸提出的"协调方案"主要侧重于谈行政长官的产生，他主张"一人一票普选行政长官"，但同时强调，在提行政长官候选人的程序上，要做严密周详的规定。他还认为过分的激进是行不通的。

由于《基本法》中政治体制部分是香港各界最为关注的，所以它的起草过程也最复杂、最艰难。自一九八六年四月各专题小组成立，政治体制小组开的专题会议比任何专题小组都要多，但工作进展却还是最为缓慢。到了一九八七年八月，草委会举行第五次全体会议，其他专题小组基本上都已提交比较完整的方案，而政治体制小组只是提交了部分条文初稿，有关特区行政长官的产生及立法机关的组成和产生办法仍然没有得到解决。

在全体大会上，金庸向其他草委解释此乃为了多听取港人对不同方案的意见，他在发言中声称："……政治体制小组内部的多数，不一定就是香港人中的多数；而草委内部的多数，也不一定是香港人中的多数……政治上成熟的智慧，应当是互谅互让，各退一步以达成协议。在草委会中得到全面胜利，如果受到香港半数或接近半数的人反对，我们的工作不能算是成功。"

第五次草委会全体会议之后，就是《基本法征求意见稿》的咨询期。拿不出完整的政治体制方案咨询香港市民，那如何是好？

据金庸自己说，如果单纯靠表决，当时就可以得到一个主流方案。但他认为应当争取一个团结和谐、照顾到各方面利益的表决结果。

于是，金庸和肖蔚云等其他小组成员达成共识：在征求意见稿中并列出各种政治体制方案。其中，行政长官产生办法共五个方案，金庸"一人一票普选行政长官"的"协调方案"为方案之五；而立法机关的产生办法则有四个方案，"一九〇人方案"也在其中。显而易见，金庸倾向于一个两全其美、既让北京满意又能让港人接受的方案。

一九八八年五月至九月，《基本法征求意见稿》在香港公开征询市民意见，香港各界、各阶层、各团体在政治体制方案的讨论上仍然是百家争鸣，意见不一。

这期间，《基本法》草委会的内地委员两次到香港来征询市民意见。金庸在多次与他们交换意见后，产生一种"柳暗花明"的感觉。他说："我发觉，他们本来原则性太强的态度已经开始转变。他们在用心倾听各界的不同意见，尤其第二次，好几位内地草委都强调不能一面倒，要争取团结和谐，但保持稳定的目标当然不能放弃。我发现了转机，心中暗暗喜欢，似乎经过这次咨询，政治体制上有了打破僵局的可能。"

内地委员访港之后，金庸就开始构思他的"新协调方案"，综合各方意见，形成一个政治体制小组的"主流方案"。

"协调方案"怎么写呢？金庸干脆闭门两天，终于拟出一个政治体制方案的新协调草稿。希望以他和肖蔚云两人的名义提出这个方案。肖蔚云从北京给金庸传来一封信，明确表示："这方案乃你多方考虑的结果，应以你的名义提出，建议作为小组讨论的基础。"

在和香港许多人士接触、协商后，金庸向他们透露了"新协调方案"的主要内容，征求他们的意见。他们都反对金庸的"新协调方案"，认为分三个阶段举行全民投票的时期过长，立法会议普选成分的起点太低，整个方案过于保守。这时的他始终想能以最大之努力找到一个平衡点。听取了香港各界人士的意见后，金庸又对"新协调方案"进行修改、补充。其目的是应对香港的民意，金庸将方案略做修改，行政长官的产生方式前三届由间接选举产生；在第三届行政长官任期内，由香港全体选民投票决定第四届是否普选产生。这个方案最后成了小组的"主流方案"，经十二月初的草委主任扩大会议和一九八九年一月的草委全体会议讨论通过，将成为香港未来政治体制的蓝图。

这个时候的金庸，虽然人在香港，但已根本无法顾及《明报》的工作，极少回报馆上班。

十月份开始，金庸就找一些人座谈、对话，了解社会各界人士对政治体制方案的意见，并推销自己的"新协调方案"。

在征求意见稿咨询期结束后，以程介南、陈子钧等人为代表，策划、组织了一次关于协调政治体制的方案，后被香港人称为"武林大会"。

"武林大会"于一九八八年十一月十二日在香港举行，离即将在广州召开的政治体制小组会议有一星期。出席"武林大会"的一共有七十多人，金庸主持大会，担任"武林大会"的主席。

出席"武林大会"的各界人士针对政治体制方案征求意见稿展开激烈争辩，极力推销自己的看法或方案，唇枪舌剑，此起彼伏，那场面，真有金庸武侠小说中"华山论剑"的味道。经过一番"过招"后，好不容易最后达成了五点原则性的共识：（一）各方案提案人均认为互相协调交换意见是好方式，彼此不应持对抗和排斥性的态度，大家也希望争取有机会继续对话；（二）行政长官应通过选举产生候选人，由中央人民政府任命；（三）行政长官的选举应以民主的方式选举；（四）选举行政长官应用充分民主的程序提名；（五）香港特别行政区立法机关最初用混合选举方式产生。

共识达成了，但在具体的问题上仍然争议不休。金庸最后在"武林大会"上说："各不同政见方案人士一起出席较大规模会议，诚意商讨，气氛热烈，会议有相当人的成果，对本周草委政治体制小组的会议肯定有帮助。"

金庸又向与会者透露："将于本周在广州举行的政治体制小组会议，一定要就行政长官、行政机关和立法会议的产生问题达成主流方案，而且一定要有新方案，然后交由香港市民咨询。"

金庸草拟"新协调方案"，原本希望能化解各方各派分歧的意见，尽快达成政治体制小组的主流方案，但又有多少人能理解他的一片苦心呢？

## 六、一寸丹心谁人知

开完政治体制小组会议后的十一月二十二日晚，金庸乘火车回港，刚下火车面对的就是一片抗议的声音，三十多位香港"民促会"代表打着抗议横幅，在火车站"迎接"他。

社会舆论普遍反对主流方案，金庸成了众矢之的，千夫所指。香港报纸、电视台、电台、杂志纷纷就此展开讨论，各种猜疑纷至沓来："主流方案到底是怎么出来的？是否有什么背景？起草者想达到什么目的？是不是接受了别人的授意，而金庸只不过进行了包装？他是不是想通过出卖香港人的利益而达到个人的目的？他是不是想当政坛盟主，想做第一届行政长官或立法会主席？……"啊，"一寸丹心谁人知？"我们完全可以想见当时金庸在香港的孤立处境。处在这样的情况下，说真的，金庸好在手中尚有《明报》这块舆论阵地，面对潮水般汹涌的批评，他也只能通过一支笔，通过《明报》为自己辩护。十一月二十四日，金庸写了《没有一国的行政首长是直选产生》的社评，第二天在《明报》发表。

但是，事与愿违，金庸在《明报》上越想用知识抑或道理来说服人家，后果越相反。他写的社评非但不能平息众怒，还掀起更大的风波，这也许是金庸所始料不及的。

当时的香港，可以说无论是擅长于发表社会评论的各类报纸，抑或是各式记者，大多对金庸的言行都表示了怀疑和愤慨。但是，在排山倒海般压过来的舆论面前，见惯了风浪的金庸，却不惊不慌，仍然冷静、沉着地应对着这场由他引发出来的风波。被誉为"香港第一健笔"的金庸充满自信，认为自己的观点是靠得住的。于是，在第二天的社评中，他又继续为自己辩护——他虽不为反对他的舆论所动，但他第二天所写的社评，说话口气温和了一些，出词用语似乎也中肯了些。

第二天的社评题为《直选首脑少之又少》，金庸在他的社评中，大量列举了一些国家的元首和行政长官产生的方法。他似乎用劝告的方式说：香港不是独立国家，是否应当遵从其他民主国家的方式行事，姑置不论。至少，一般民主共和国的首脑绝大多数是间接选举产生的，有大选举团方式，有议会间选方式，有混合的间选方式；直选产生的为数甚少。至于英国、日本、瑞典、丹麦、荷兰、卢森堡等君主国家元首乃是世袭，马来西亚、加拿大等国的元首或在君主轮流，或为委任，均毋庸多说。所以，要求直选行政长官者的主要立论是不成立的，因为他们所根据的并非事实。

在社评中，金庸还劝告香港人必须把"普选"和"直选"两个概念弄清楚，不要把这两件事混淆不清。

多年以后，金庸对当时的香港现实，有一段发自肺腑的话，他说："……我始终希望扮演一个协调者的角色。一直以来，我都希望在草委大会内部，或者政治体制小组内部，保持民主的声音：希望这种声音能在《基本法》中得到反映。再说，现在的政治体制主流方案，其实也不单是我个人的意见，而是经过政治体制小组通过的。"

# 第十二章　竹里坐消，花间读书

## 一、退出草委会

草委会第八次全体会议于一九八九年一月九日在广州举行，主要议题是表决起草委员会各小组提交之草案。

然而，曾投入了极大热情和精力于《基本法》起草并一度被视为未来特区首任行政长官热门人选之一的金庸，却在同年的五月二十日，毅然辞去了《基本法》草委这个神圣的职务，这突兀的举措，确出乎很多人的意料。虽然他已向人们表明他做出这个抉择的原因，但有些人还是对此举感到疑惑不解："金庸炮制主流方案，不就是想当行政长官吗？怎么在这个时候就不干了？"……

其实，金庸的决然退出，倒真有点像他描绘的武侠小说中所安排的人物命运。你看《书剑恩仇录》中的陈家洛，《碧血剑》中的袁承志，《射雕英雄传》中的王重阳、郭靖，《神雕侠侣》中的杨过，《笑傲江湖》中的令狐冲，乃至《鹿鼎记》中贪财狡猾、深得皇帝宠信的韦小宝，哪个不是在江湖上成就一番事业之后，弃高官厚禄而不为，飘然而去呢？我们不难看到金庸笔下的这许多人物，其结局不外乎两种：一是鞠躬尽瘁、死而后已；二是飘然而去，遁世隐居。似乎这才是他笔下人物的真正出路。

此事传开后，金庸在接受记者采访时，曾坦然说："……草案工作也已接近完成，只是在经过第二次咨询后，参考香港人的意见，再做若干修改而已。"

在他看来，既然《基本法（草案）》已被人大常委会通过，他设计的"主流方案"将会成为未来特区的政治体制蓝图，已算是完成了一番事业，至于官位，金庸多次说过，历史上他最欣赏的是范蠡和张良，他们都是在轰轰烈烈、热热闹闹地干一番事业之后，飘然而去，不留恋名利与权位。

有意思的是，就在金庸宣布辞去草委职务的十多天后，他写了一段话："从社会观点来看，置身事外未免是逃避责任。但即令是'知其不可而为之'的孔子，也主张'道不行则乘桴浮于海'。孟子说：'穷则独善其身，达则兼善天下。'以兼善天下为目标的是我小说中的第一类男主角，第二类男主角则在努力一番之后遭挫败，意兴阑珊，就独善其身了。'且自逍遥没人管'（《天龙八部》的一句回目）是道家的理想，追求个性解放、自由洒脱，似乎另有一番积极意义。儒家的'独善其身'则有较强的道德内涵。"这的确是金庸当时的心情写照，也可看作金庸辞去草委职务的一个阐释。

从这些话里，我们其实也可追溯到金庸从中国儒家思想出发的政治文化之路，也可说是一种传统合理的延伸。我们如读一读杜牧的"丸之走盘"的妙喻，也可略知一二。他曾说："丸之走盘，横斜圆直，计于临时，不可尽知。其必可知者，是知丸之不能出于盘也。"

我们如将"丸之不能出于盘"通俗化，就是说，如你想的是"根本无法实现"的事，那就只能按照循序渐进的路子走。

金庸辞去草委职务后的近一年中，香港的政治体制方案又经过了许多回合的争论，直至一九九〇年二月十六日下午，在草委会第九次即最后一次全体会议上，根据委员们的意见，又做了三项重要修改才通过。至此，围绕着基本法政治体制方案内容而展开的争论，终于尘埃落定了。

当然，无论是"主流方案"或者是"新主流方案"，无疑都凝聚了金庸的一份心血。几年来围绕着香港基本法的风风雨雨，也使他历经了从不被理解到被理解的艰难过程。对金庸来说，在他心中也确落下了一块沉重的石头，几年风风雨雨的草委生涯，至此全部结束。

二月二十七日，中共领导人在北京人民大会堂会见了出席最后一次会议的全体《基本法》草委，并和他们合影留念时，金庸已不在其中。

此后，人们还是时常向他问起有关方案的问题，而金庸几乎每次都以这句话表明他的看法，他说："中央为了使香港人安心，在许多方面都做了重大让步。我认识到什么是中央让步的极限与底线，当时的所谓'主流方案'与'双查方案'，相信已到达了底线；而其中'取消大选举团'和'十年后公民投票'等几项，事实上已经超越了底线……"这些话，从某种意义上说，其实也是金庸自己参政议政之底线。

由于草拟《基本法》是一项关系到香港回归的政治工作，金庸参与和主持的政治体制方案草拟，其本身便具有了政治色彩。因此，人们都认为金庸担任草委就是参政了，但金庸否定此说。他认为参政应该是取得政治地位，得到权力，而参加草拟《基本法》，只不过是一种社会工作，如同他参与香港法律委员会，当廉政公署的社区关系委员会成员一样。

参与草拟《基本法》是参政还是社会服务，可暂且不论，但金庸仍然认为五年的参草，的确是他一生中一段非常有意义的重要经历。他对这段人生经历充满了无限希望，他曾说"……我一想到祖国，立刻就出现'庞大'的概念。九百多万平方公里的面积，是香港的九千多倍；十二多亿人口是香港人的二百倍。我们投入这样一个大家庭之中，真正是前途无限……"

这些充满了无限深情的话语，真犹如他自己的诗作《参草有感四首》中所说的心里话：任重道远乾坤大，循序渐进天地宽。这两句诗似乎包含了《易经》中的乾坤两纲了。兴许，这两句诗也是金庸对未来香港的全部希望。

## 二、部署引退

时间到了一九八九年五月二十日，金庸在《明报》三十周年茶话会上，宣布辞去社长职务，只担任《明报》集团有限公司董事长，这就是说他只掌握政策和大计，其余日常事务就不管了。金庸向《明报》员工解释说："我年事已高，今年已六十五岁了，已超过香港一般退休年龄十年，不胜剧繁，退休之念存之已久，希望逐步提升本公司年轻一辈接班，从家长式的管理改为制度化的管理。"

金庸卸任社长后，《明报》集团有限公司另组行政委员会，负责报社的日常行政工作。行政委员会由《明报周刊》督印人兼总编辑雷炜坡、《明报》总编辑董桥、集团公司副总经理许孝栋等人组成，雷炜坡任主席。

而后，雷炜坡又担任金庸的《明报》社长一职。卸任《明报》社长一职，是金庸淡出江湖的实质性的第一步。三十年来，《明报》一直只有两个股东，金庸占八成股份，沈宝新占两成股份。他们俩二八开的股份，金庸心里很清楚，这样的合作已落后于新形势的要求和变化。另外，他的年龄也需要新的接力棒来把事业做下去。

《明报》集团当年的盈利接近 亿港币。消息一出来，不少财团都主动向金庸表示，希望能成功收购《明报》集团。但金庸最终没有与他们达成任何协议，他觉得他们收购《明报》集团只是商业行为，无法体悟《明报》集团所包含的文化意义。金庸左思右想，最后，他决定暂时搁置出售《明报》集团的计划，先将《明报》集团公开上市，发行《明报》集团股票。

一九九一年二月底，金庸举行记者招待会，正式宣布《明报》集团于三月二十二日挂牌交易，上市的主要业务有：《明报》《明报月刊》《明报周刊》、明报出版社及翠明假期旅行社等，他的武侠小说因为牵涉复杂的版权问题，难以作价上市。

三月二十二日上午九点四十五分，在香港联交所二楼访客廊里举行了《明报》集团上市酒会，出席的嘉宾包括联交所正副主席利国伟、黄宜弘等。十时整，《明报》集团正式上市，共发售新股七千五百万股，每股认购价为二点九元。如此《明报》集团共集资二万一千七百五十万元。招股反应十分热烈，从而获得二十五点七倍超额认购，冻结资金五十二点二六亿元。上市第一天，交投活跃，全日成交二千一百三十八万七千股，平均每股成交价为二点九九元，成交值达到六千三百九十七万余元。

在《明报》集团上市的同时，金庸与《明报》集团签订了三年合约，表示自己至少为《明报》集团再服务三年。他本人的持股量，则从八成减到六成。他说，将《明报》集团上市，是他退休计划的重要一步。他不想通过上市赚大钱，主要目的是使《明报》集团公众化，为了把此报传承下去而在社会上不至消失，因为有了更多的人能参与，就算他不在人间了，《明报》集团也不至于随着时间的推移而四分五裂，甚或垮台。他认为他在香港白手起家，赚了足够的钱，已经大大可以保证他和他的子女生活了，他希望借《明报》集团上市，可以吸引最好的人才来把报纸办得更好，他自己则想减少对《明报》集团的控制和参与，最终完全退出。

与此同时，金庸又向外界透露，他有意出售《明报》集团的股份。找上门来的人不少，其中之一是香港智才顾问管理公司的总经理，一个三十出头的年轻人——于品海，再次进入了他的视线。说起这位年轻人，正是两年前连同日本德间书局来和金庸洽谈购买《明报》集团股权的那位年轻人。可当年由于日本人讨价还价，金庸感到与外国人交易没趣，所以最后没能谈下去。这次他没带日本方面的人来，而是单枪匹马一个人上门来和金庸洽谈，因为在于品海看来，他单独一人出马，成功的可能性也许更大。的确，《明报》集团上市后，金庸始终放在心上的事，是想找到一个好的接班人，但他知道这样的事也是急不了的，至少目前他可以在家好好地休闲一下了。

卸任后的金庸，很少去《明报》集团了，除了在家里用电话和传真机做一点工作上的遥控外，大都在自己家里读书，也尽量多读一点佛经。他在研读佛经时，似乎体悟到了无欲无求是佛经所阐述的最高境界。但金庸认为自己是做不到的，他说自己离这个境界太远了……第一，他做不到人生不需要物质财产；第二，他不可能不要妻子、儿女；第三，他不可能不要名利。金庸这样的话是很坦诚的，对于他目前的处境而言，他能实事求是做到的，也只能是慢慢地淡出自己一手创立起来的《明报》事业，抑或能追求一点闲适，过上一点闲云野鹤似的生活。其实，金庸从少年到青年、从壮年到老年，是一个活动型的创事业的人，他不可能一下子戛然而闲。从他的一生看，他向往干出一番事业，如今虽功成名就，但这也正如一辆车子在道上迅捷地跑，真要刹车也不能太急，它必有惯性，只能慢慢地，然后再安适地停下来。

对于金庸来说，《明报》集团接班人问题也是他平生最重要的一件事，所以他缜密思考，如何在晚年做好这件事。他曾征求过子女的意见，希望他们能接管好《明报》集团，但因为他的二女一子都不从文，也都有自己的一份事业，都表示对此没有很大的兴趣。金庸担心自己隐退后，子女会把股权出售，令《明报》集团解体，于是，他决定在自己还有能力管事时，尽力向外物色一位对办报有热忱之心，同时也能把《明报》集团办好的接班人。

当然，金庸对于跟他一起办报的同人，或一起同甘共苦的人，是不会忘记的，所以他首先考虑的是他手下的一些得力干将，是否有能力来接管这份事业。金庸开始有退休念头的时候，首先想到的接班人选是与他和沈宝新一起创办《明报》的潘粤生。潘粤生曾在《明报》集团服务了三十多年，立下过汗马功劳，当过《明报》的总编辑。但在一九八九年，他移民到了加拿大，移民前他是《明报》的副社长。另一个被金庸考虑过的接班人是一九八七年应聘为《明报》集团总经理的郑君略。但后来，郑君略因出任了无线电视总经理一职，离开了《明报》。

再接着就是雷炜坡了，他长期主持《明报周刊》，被公认为香港娱乐周刊的开山鼻祖。金庸卸任社长后，由他继任社长一职。

对于上述提到的一些接班人选，金庸对他们总是左考虑右思索，似乎这些人接班都是有资格的，然而如果仔细分析，总是有这样那样的缺憾。也许，我们从旁观者立场看，觉得金庸考虑太沉重或太多了些，但如从一个白手创业者的角度看，就不是那么简单的事了。

金庸是创业者，是香港《明报》的先驱，回首往事，创业维艰，令他历历在目，记忆犹新，如今他要部署引退，且又要有优秀后来者接班，作为当家人，不绞尽脑汁行吗？

## 三、淡出《明报》集团

正当金庸为接班人一事大伤脑筋的时候，两年前同日本德间书局前来洽谈购买《明报》集团股权的那位年轻人于品海，又重新找上门来了。这一次，于品海对金庸说，希望由他管理的智才顾问公司购入《明报》集团的控制性股权。

当年，虽然双方未能谈成合作事宜，但于品海以他的才识，给金庸留下了较好的印象。所以，当他再上门时，金庸就隐隐约约地感觉到，与这个年轻人洽谈，可能会谈出个好结果来。第一次商谈后，金庸果然表示有意再谈下去。

金庸平时给人的印象是"深不可测"甚至有点"老谋深算"，不经过一番深思熟虑，他是不会轻易把《明报》转让出去的。和于品海初次洽谈后，他就通过别人了解了于品海的一些人生事业发展的情况。

于品海，原籍山东，在香港读完中学后，就到日本去教中文、英语，并在餐厅做事谋生。后来，又去了美国，到加州圣地亚哥大学读电视新闻系。但学费不足，于品海大约在一九七七年辗转到加拿大读大学。其间，他曾办一份抄写的中文刊物，自己负责写稿和联系广告，在唐人街卖。

一九七九年于品海回港后，曾和朋友办了一份论政杂志，仅仅出了四五期就停刊了；再后来他又加入《财经日报》任翻译及编辑工作，一九八一年年底离开《财经日报》，加入中国香港中华总商会任助理秘书，随后又入傅厚泽家族公司工作。

一九八五年，于品海创办智才管理顾问有限公司，自己打天下。当时的注册资金为二百万港币，其中二十万港币是于品海的资金。"智才"的第一宗生意是通过一家日本银行的介绍，在广西桂林发展酒店项目——漓苑酒店。在发展漓苑酒店期间，智才成立了多家公司，包括室内设计、酒店管理和地产发展的公司，这些公司日后成为智才发展其他项目时的主营业务。

于品海生意上的发展，是从内地的业务开始的。一九九一年年初，智才以出售旗下酒店套取的现金一点五亿港币，全面收购上市公司南海纺织，取得五十点七的股权。如此短短几年里，他的总资产跃升到六七亿元。不知怎么的，金庸似乎从于品海身上看到了他所寻找的接班人的希望。

也许金庸当年在香港也是这样白手起家的，所以在他看来并非要物色目前就有多大家当的人，而重要的是看这位接班人，究竟有多少潜在的力量可持续发展。金庸认为于品海有丰富的企业筹划、投资的经验，同时又对传媒事业有很大的热忱。他还非常年轻，不失为《明报》集团掌门人的合适人选。

然而，金庸对于品海的为人还要打破砂锅问到底，令他最不放心的是，于品海是否有特殊的背景，是否有政治集团或经济集团在背后为其撑腰，将来会否改变《明报》的立场。于是，他向于品海在《财经日报》时的同事打探，得到的结果是，于品海肯定没有什么特殊的政治背景，这使金庸对这位年轻人放心了。双方整个谈判过程是非常顺利的，而且，于品海还明确表了态，他说就算金庸目前不把《明报》卖给他，也愿意再等上十年、八年的。这位年轻人的热诚和执着，终于打动了金庸的心。

一九九一年十一月份，两人终于达成了初步的协定。十二月十二日，金庸和于品海终于联合宣布："智才管理顾问公司技术性收购《明报》企业。"

具体的收购办法是，于品海与金庸先联合组建明智控股公司，于品海的智才公司占百分之六十股权，金庸则占百分之四十。明智再以三点零二五元一股，向金庸购入所持《明报》集团的四千五百万股，向沈宝新购入四千五百万股，凑成明智的百分之六十，加上金庸的百分之四十，股权恰好略超过百分之五十。收购完成后，金庸仍直接拥有《明报》企业百分之二十五股权。金庸参股明智，愿意以小股东地位让于品海控制《明报》集团，自然是对他的极大支持，也是对他怀有极大的期望，目的只有一个，就是能让《明报》集团今后的发展方向不走样。

收购过程中，智才要借款二点七二三亿元给明智，金庸则借一点八一五亿元。金庸出售股权原可套现三点一七六亿元，但扣除明智一点八一五亿元，则实得一点三六亿元。

此外，《明报》企业又以一点六五六亿元向智才购入 Pacific

Development Corp.Ltd.（PDC）全部股权，而 PDC 的唯一资产是百分之五十点七南海纺织股权，即二点四三五亿股。南海纺织又以一点三八亿港币向明报企业购入旧厂房。

这样翻来覆去后，结果智才在这次收购中出资一亿零六百七十万元，《明报》企业出资三千七百六十万元，金庸则套现一点七六亿元。新成立的"明智控股公司"由金庸出任主席。《明报》企业的发展也开始迈向多元化，以出版业为主，地产为副；出版业由金庸负责，地产方面由于品海主持。

"深不可测"的金庸把最有江湖地位的《明报》集团的控制权出让给一个三十出头的年轻人，消息一传出，整个传媒、出版界议论纷纷。有说于品海是日本财团的 Front Line Man，责任是代日本人逐步控制香港媒体。亦有议论说金庸肯轻易放出控制了数十年的《明报》集团，事情绝对不会如表面般简单，故推测必有更大的事情会发生。就连《明报》集团的员工，也有不少人对此感到不可理解。在金庸和于品海宣布改组《明报》集团的当天，《明报》的记者曾访问金庸，询问《明报》集团改组的有关情况。

记者问他收购明报企业的财团很多，为什么最后会选择了智才和于品海。金庸回答说："自从我公开表示要退休之后，连智才在内，一共有十一个机构向《明报》集团探询过收购或参股的可能；众所周知有梅铎先生的《南华早报》、麦士维的《镜报》集团、新加坡的《联合早报》集团、日本德间书局的《东京时报》集团，此外本港也有好几个财团。我一个个郑重研究，有时还请获多利等著名财务公司分析对方的提议条件。但第一，我不想将《明报》集团卖给外国公司；第二，我不希望收购《明报》集团的机构纯粹从生意出发，而不是对新闻事业有一种奉献精神与责任感……"

金庸还坦诚相告，说："经过相当长时期的交往和了解，我觉得于品海先生的经营管理才能令我十分佩服，正是巩固与发展《明报》企业的理想人才，同时他对新闻事业具有热诚，那是非常难得的。他出的价钱明显不是最高的，连第二、第三高也不是。但我乐意将《明报》集团的控制股权交在他手里，正如日本的伊藤忠集团、西武集团、南海纺织的唐骥千先生等著名商界人士投了他一票一样，我也投了他一票。我只盼望他不可过分激进，应以稳健手法来经营《明报》。《明报》集团今后有重大发展，我是有充分信心的，我们其他同人的责任，倒是应该不断研究各种行动中'失败的可能性'，以及'万一失败，如何善后'。"

当时，财经界的人士说，金庸这次转让股权，实际上并没有套现多少，但控制权却出让了，这未必是"明智之举"。当记者提到这个问题时，金庸解释说："那是观点与目标的问题。《明报》是我一生的事业与名誉，是我对社会、对朋友、对同事的责任……如果从利益的观点来看，明报企业上市对我个人的经济利益明显是不利的，本来我有百分之八十股权，一下子变为百分之六十五，我自己一毫子也没有收到，收到的股款全部放在公司，一时不能做十分有效的运用。但为什么要上市？我要使《明报》公众化，让许许多多人来参与，否则我一旦死了（人总是要死的），《明报》四分五裂，就此垮台。我要吸引可能得到的最好人才来办《明报》。我赚到的钱虽不算多，但一生总之是够用了，妻子、子女的生活也不会成问题了，再要更多的钱做什么？《明报》是我毕生的事业与名誉，是我对社会、对朋友、对同事的责任，应当努力做对《明报》最有利的事。何况这并不是牺牲，对《明报》有利，即使在金钱上，对我自己也最有利。不能只看一两年的短期利益。"

对于失去控制性股权，金庸说，这是他和智才商谈时自愿交出的。他说，他对权力的欲望很淡泊，只是因为目前《明报》编辑部的同事不让他放手不管，新参加的股东也不同意他放手不管，盛情难却之下，才答应再辛苦干几年。

当然，人们最关心的还是于品海接掌明报企业后，《明报》编辑方针是否因此改变。金庸回答说，《明报》的股权虽然有变，但报纸、杂志的编辑却仍归他管，这方面不会有变。

他还透露说，于品海曾一再向他保证，绝不干预编辑部大小事务。于品海对他说:《明报》和《明报周刊》最大的资产是报纸的品位和格调，以及编辑方针，是编辑部一批精英人士，他绝不会蠢到来破坏自己最大的资产。于品海的这一番话是非常真切的，我们设想一下，原《明报》一批好编辑走了，那么接下去报纸的风格就会变化，销量也会走下坡路，于品海还有什么钱好赚呢？所以，就在《明报》改组当天，于品海也公开表示，他收购《明报》，纯粹是商业活动，是一项长期投资，不涉及政治，他也不会干预编采方针。他甚至说，智才买得《明报》，《明报》市价每股约三港币，此时纵使有人出价二十港币，他也不会转让。

的确，金庸为找到于品海这样的接班人而高兴，在这段成功交易的时间里，他们对《明报》集团今后的发展达成了共识，他们谈得十分投机，非但在香港海阔天空地聊谈，两个家庭还双双一起去日本旅行，把他们快乐的倾谈移到了日本风景秀美的温泉旅游地。他称他们俩达到了所谓的"君子国交易"的境界。于品海得以继续从金庸处购买《明报》集团股份，终成为大股东。两人各取所需，皆大欢喜。

至此，我们再回头来看这位年轻人——于品海。到我写这部书时，他才四十多岁，正值壮年，也正是人展宏图之年。他在十九岁时办加拿大三省唯一的一份中文手抄报纸，虽没有多大成就，但已经播下了发展自己独立事业的雄心壮志的种子。到三十岁零成本收购菲律宾上市公司——马尼拉希尔顿酒店。这位成功的企业家能跨出这一步，是他人生命运上的转折点，也是他迈向更大发展的关键一步。而后，仅时隔三年，这位当时三十三岁的年轻人，紧接着又成功收购香港联交所上市公司——南海发展公司。为了实现他年轻时的心中之梦——涉足文化报刊业，就在这一年，他又从金庸手中收购明报企业，成为《明报》企业第二代业主。但他并未满足，因为高科技在改变着人们的阅读习惯，三十九岁那年，他又跨向了另一个行业——传讯电视，结果输光一亿美元的产业。这位年轻人的人生事业转折，就这样一转百转，到了四十一岁时，也就是我们孔子所说的四十不惑之年，他真可谓卷土重来，据传他后成了中国数码信息董事会主席。

如此，于品海成为三家上市公司的老板，他名下的产业分布是《明报》企业是于氏家族的"儿子"，南海发展是他资产的"孙子辈"，而原来于氏的马尼拉希尔顿酒店，则像变魔术似的成了"曾孙"辈了。三家上市公司由于品海一手掌控。而对金庸来说，他也完成了人生命运之转折——交班的任务。

选好接班人，金庸的退休部署算是基本上完成了。金庸说，从此他可以"自逍遥无人管"了……在获得人生轻松之际，他的喜悦自不待说，他认为自己做了一件非常及时的好事。

## 四、在牛津做访问学者

金庸淡出《明报》后，往往在回答记者答问中，自称已垂垂老矣。其实，你看他，年近七十仍能去英国讲学，仍能北上京城与中共领导人畅谈，仍能写社评，仍能每年出版一本英文时事评论集。金庸显然是宝刀未老。

金庸，一如《射雕英雄传》中的周伯通，晚年的功夫更胜早年。他刚把《明报》企业的控制权交给年轻的接班人于品海，就接到了牛津大学的圣安东学院和现代中国研究所分别邀请他为访问学者的函，他于是宣布于一九九二年二月份，到英国牛津大学当访问学者，时间大约半年。金庸从少年到青年，恰逢国家不稳定和动乱之时，在青少年求学的岁月里，经常奔波不定，自浙江至重庆，因战火而饱受颠沛之苦，在当年那种内忧外患、国破家亡的状况下，他虽有志于学，想出国留学，但都付之烟云。如今，虽已夕阳，能有机会到著名学府游学，他从心底感到十分高兴。他说："事先我担心不被牛津大学选上，选上之后觉得很光荣。我在中学就梦想能到牛津或剑桥去读书，这个梦想不能实现，常常觉得乃终生遗憾。现在能以相当教授的资格去讲学、研究，高兴得很，觉得这个机会不能放弃。如果可能的话，后年我还想去剑桥做些研究。学术上要真的做点成绩出来才行。"

一九九一年的金庸刚刚卸下一点重担，准备远赴牛津游学半年，但期间他仍然会为《明报》写稿。这是他和于品海两人达成的共识。金庸答应于品海，到英国牛津大学后，会通过电话和传真，继续替《明报》写稿，并和报馆保持联系，领导编辑部的工作。

到英国后，金庸寄寓于牛津大学城，环境幽静，学术空气浓厚。香港和这里一比，就更显得喧喧嚷嚷、车水马龙。在香港辛劳忙碌了几十年的金庸，终于找到一处像圣地那样清幽的地方，他有一种隔世之感，也别有一番滋味在心头。

金庸以其武侠小说而大名盖世，在牛津大学，也有不少学生是"金庸迷"。他们早已风闻其名，如今知道"查大侠"就在牛津，便蜂拥而来，听金庸谈文论侠。

在牛津大学，金庸是访问学者，主要从事一些学术研究和交流，偶尔也给学生讲讲课。他讲的大多是中国历史和文学，但学生们最感兴趣的还是香港问题。一讲到香港问题，整个课堂就挤满了人。

有一天，金庸在牛津近代中国研究中心主持讲座，讲的还是内地和香港问题。讲座厅里挤满了人。他以英语演讲，侃侃而谈，谈中英关于香港问题的谈判，谈中共对香港的基本政策，谈中国经济建设和政治生活的情况，谈香港的现状，最后，他由此推测出一九九七年之后的香港社会的情况——"……对大部分老百姓来说，对从事经济活动的人来说，店东、银行家、售货员、经理、制造商、会计师、秘书、地头小贩，一九九七年之后的香港，都可以生意照做，工作如常。由于香港的自由经济符合中国的最佳利益，符合共产党的最佳利益，所以，他们在经济上，会很乐意、很合作地让香港人一切不变，以符合香港人的最佳利益……"金庸凭着对香港和内地政治的了解，做出了如此的判断。

讲完后，大家报以热烈的掌声。这次听讲的有英国政界人士，也有一些专家、学者，连前英国驻北京大使伊文思也来听金庸的讲座。

他远去英伦之时，他推崇的邓小平正好发表了"南方"谈话，并引发中国大陆的又一次经济热潮，海内外为之瞩目。在伦敦市中心武士桥的旅馆里，金庸曾向慕名前来采访的英国记者谈论邓小平及其"南方"谈话。

金庸说，邓小平发表"南方"谈话，"要全力促进经济发展，不管它姓社还是姓资"，可以说是最后定案，纷争从此平息。他说，邓小平这句话透露出来的信息就像莎士比亚一句名言那样清楚："名字是什么？我们称为玫瑰的花儿，换了一个名字，也同样芳香。"

金庸还向记者推测，在邓小平身后，不会有蔓延全国的内战与大乱。理由是经济改革的大势浩浩荡荡，已不可逆转，而经济改革，早始于各地农村的包产到户、乡镇企业等政策。中国人民解放军大多数自农村征召，农民最先受惠于改革的福泽，因而军方与改革的利益实为一致。

半年游学时间是短暂的，金庸很珍惜这段生活。他研修佛经多年，到此时才真正领略到，原来卸下工作重担，随心所欲，逍遥自在，是一件多么惬意的事情！

但是，游学半年也让金庸感觉到，他不适合于从事学术研究。他从牛津回到香港，接受记者采访，被记者问到"你还有什么抱负，希望在余生中达到"时，金庸回答说："我在牛津时，希望能够做学术工作，但我的个性不适合，学术的基础也不好，现在才开始，已做不成世界第一流的学者了。我还是比较适宜做创作工作，我没有积极的抱负，但求平平淡淡，生活自由自在最好。"

这次在牛津大学最使他感动的是，当他看到当年在第一次世界大战（一九一四——一九一八）和第二次世界大战（一九三九——一九四五）中，那些为国家牺牲的牛津大学的教师与学生的纪念牌时，陷入了对历史往事的沉思。日后他曾不无感慨地对池田大作说："这些人都是英国的精英，如果不是年纪轻轻就在战争中牺牲，他们都是牛津或剑桥的教授、讲师、博士生、硕士生、大学生，这一排排的人名中，不知要出多少位优秀的政治家、大学者、科学家、艺术家……可是这些生命忽然无端端地化为尘土，真是多大的浪费。越是历史悠久、规模宏大的学院，殉国名录中的姓名越多。每次见到，我都怃然伤怀感叹良久。"读完这段话，我总想，这正和金庸自己的经历是分不开的，因为他也是在战火纷飞的年代里生存下来的，第二次世界大战波及的国家那么多，世界各民族逢难遭殃，中国更难幸免。身处战乱、风雨坎坷，他有幸活下来，也才有了儒侠金庸。


## 五、笔战彭定康

金庸从伦敦返回香港时是在一九九二年，当时恰逢原港督卫奕信离任，新港督彭定康（原英国保守党主席）接任。

金庸与原来的几任香港港督关系一直相处得都很好，如他与麦理浩、尤德和卫奕信的交情，都像朋友一般。他认为卫奕信未必很有本事，却是一位君子，很清廉。前任其他的港督，也都知书达理，大都有中国的经验，能知中国文化、读中文的书报，尤对中国文化中的儒家经典，情有独钟。至于彭定康，当英国首相年初宣布他将就任香港总督时，金庸始终想不通的是："怎么会将港督的职位交给一个竞选失败的政客呢？"

彭定康，牛津大学历史系毕业生，肚子里是有墨水的。他们在伦敦见面时，彭定康就对金庸说："我读过你在《明报》的一些英文译文的社评。"他还直率地谈了一些对《明报》的意见。后来，金庸更了解到，彭定康在其候任的几个月间，很用心地看了一些香港方面的书，也着力研究有关香港的问题，竭尽全力去做准备。所以，当彭定康于一九九二年七月正式到港履新时，金庸对他的印象还是不错的。

但是，金庸怎么也想不到，彭定康到任仅两三个月，居然在一九九二年十月，在香港立法局抛出那个令中方极度不满的"政改方案"——《香港的未来：五年大计展新猷》。彭定康提出了另一个香港政治体制改革的方案，这个方案与原通过的《基本法》是违背的。所以一出台就遭到中方的严词反驳，港澳办主任鲁平指出彭定康是"香港的千古罪人"。这突然发生的一切，是金庸所始料不及的。

在新闻界朋友一再请求下，金庸就香港当前的政治事务发表了个人的看法。他认为，港督彭定康很能干，有他的处事作风和手段。但在香港政治体制问题上，他不可能做出重大改变，如直选议席和行政局的运作，因为政治体制问题早已由《联合声明》和《基本法》规定。他说，彭定康若要表现其能力，重点应该在香港的内政上。

金庸认为，香港当前的最大问题是如何平稳地过渡至一九九七年，而非直选议席多寡问题。他说"民主派"的想法是行不通的，不可能的事就不该做。十月下旬，彭定康访问北京，受到中方冷遇，最后不得要领而返。十一月，立法局再次辩论政改方案，最后政改方案得以通过。至此，中方不再批评政改方案，而将矛头完全指向彭定康，而彭定康在言辞上也与中方针锋相对，绝无退让之意。

距离香港回归之日也仅只有五年了，可来了个新督，又一次把政改风波再度刮起。

曾提出政治体制"主流方案"而一度被舆论群起而攻之的金庸，向来主张香港的民主制度应以比较稳健、比较缓慢的速度进展。而彭定康激进的民主改革方案，再度触发他的政治体制主张。原本想"平平淡淡"过日子的金庸，逢到这样的情况，他坐不稳了，他便亲自操笔上阵，与彭定康论战了。

十月十九日，金庸在《明报》发表《是否既能"定"，又能"康"？》的社评，在文中一针见血炮轰了彭定康的主张。第二天（十月二十日）他又发表了题为《功能选举的突变》的长文，继续抨击彭定康的政改方案。金庸直接指出，彭定康关于功能组别的选举，说到底就是将以往功能团体的选举，变成分职业界别的直接选举。他说，自中世纪以来即已形成传统的功能代表政治，突然给彭定康创造性地改成了全新的形式，成为分职业界别的直选，这是很难令人同意和接受的。

金庸在社评中说："这样的改变，是任何人所想象不到的。以我之孤陋寡闻，也从来没有在任何书籍、报刊上读到过，没有听任何人谈起过。"

当时，金庸虽然赋闲在家，但他仍然是《明报》集团董事长，仍然在名义上掌管《明报》，仍然通过电话和传真遥控《明报》的运作。那段时间，《明报》曾发表多篇社评，如《殖民地上没有民主，如有民主非殖民地》等尖锐的批评文章，猛烈地抨击彭定康激进的政改方案。

亲自操笔与彭定康论战，对金庸来说，是一件很不得已的事情。因为他不想再置身于政治体制的纷争之中，只想平静地过日子。但是为了香港的平安过渡与稳定繁荣，金庸不得不迎头与彭定康展开笔战。

后来他与池田大作进行对话时，有一个章节名为《香港的明天——面对回归》，其中用了很多篇幅，谈了与彭定康笔战时的观点，概括起来他是这么认定的："我和彭定康先生在伦敦和香港都曾会晤过。由于大家都是英国牛津大学的校友，我曾向他恳切进言，希望他放弃他的政治改革方案。我直率地对他说：这些方案不符合中共的既定政策，不符合香港现实，所以是行不通的。即使他坚持己见，一定要推行，在一九九七年七月一日之后，就会给中共全部取消推翻，所以不但对两地和香港地区不利，也会对英国、保守党和他本人不利。他不相信中共会推翻已成为既成事实的香港地区政治制度，认为一种比较民主的制度在香港地区推行之后，会得到多数香港人的喜爱和支持，就成为传统。将来中国收回香港之后，不可能违反香港民意而取消这种制度。

"他认为内地与香港的政治局势和英国是一样的，政府和政治领袖必须服从民众的大多数意见，不可能违反民意，否则便会垮台。他当然明白共产党的施政方式和英国这种西方资产阶级民主国家不同，但他长期在英国的政治氛围中生活与活动，'依赖民意'便和饮威士忌酒、吃牛排一样，是他生活中不必思索的一部分。其实，这种直觉的政治信念用在香港是大错而特错了。他完全不了解，马列主义者确信，资本主义社会中的所谓'民意'，全是资产阶级的宣传工具（例如报纸、电视、电台、广播、杂志、政治领袖、政治家、文人、花钱买来的广告等）制造出来的，根本不是人民群众的真正意见，所以不足重视。

"英国在香港施行殖民地统治，港督是独裁者，有决定一切的大权，从来不需要听取什么民意。在香港，一百五十年来也从来没有什么民主制度。

"加之，苏联和东欧国家的政权这几年中纷纷崩塌，使英国的政客们心中产生了一种错觉，以为中国共产党政权也会在西方国家民主的压力下垮台，即使不垮台，至少也会做出让步。

"这些认识和估计全然错误。我于一九九二年十月十九日及二十日在《明报》上分别发表了两篇社评，概括地指出了香港的各种实际情况。那是冷静地叙述事实，不包括自己的好恶和是非判断，只是说：'事实是这样，你喜欢也好，不喜欢也好，这是必须面对的事实。'

"西方国家对于中国收回香港，是充满敌意和反感的，不但是英国，而且更有美国、西欧、澳大利亚、加拿大等。不但是政府当局，更有传播媒介、报章、杂志、新闻记者、编辑、作家……他们认为一个自由的城市沦入了共产主义者之手，是民主的悲剧，是西方资本主义世界的悲剧。于是一切报道和预测，都根据他们的价值判断和情绪、偏见。日本的传媒也并无例外，他们不来做实地考察，而凭着自己主观的意愿而写作，于是强调'九七'之后香港必会混乱，人心动荡而痛苦。

"人心动荡是有理由的，信心不足，那也不错。至于'九七'之后必定混乱，就不见得会是事实。'九七'还没有到，大家都只是推测。我是凭着对香港的充分了解，对中国政治的了解，而做出这样的判断。

"后来港督彭定康先生提出的政治体制改革，将原来的'功能组别选举'改为变相的'一人一票直选'。那是不符《基本法》规定的，也违反中英两国立的协议，中方绝对不接受，决定在'九七'之后取消作废。结果真是取消了。彭定康先生公开宣布的预测全部错误，而我的预测却实现了。"

金庸为了香港的明天，上述的评说是既现实又是非常中肯的，因为金庸毕竟是一个懂得中国实际的人！

# 第十三章  退而不休的金庸

## 一、与第三代领导人的会面

金庸淡出报业，交出《明报》的控制权，在牛津大学度过了一段恬淡而安静的学者生活后，刚返回香港，就接到了国务院新闻办公室、港澳办公室和新华社香港分社的联合邀请，请他到内地访问，且安排与江泽民会面。

其实，他自从退出香港《基本法》草委会后，他在香港的表现、笔战彭定康的论点，以及在香港政治体制问题上的看法，中共领导人是非常清楚的，他对一些香港前途问题的看法，也和中共看法是基本一致的，所以中共领导人希望能与他交换对香港问题的看法，希望他为了香港的明天起到应有的作用。

一九九三年三月十八日，金庸在新华社香港分社副社长张浚生陪同下前往北京。就在第二天的下午，江泽民在中南海会见了金庸。一坐下来，江泽民就对金庸说："查先生来，我们总是欢迎的，很有兴趣和你谈谈，交换意见。"

于是，话题就很轻松地谈开了，当说到双方的年龄时，江泽民说："我们年纪差不多，也都是在抗战胜利前后和中华人民共和国成立前上大学，都经受过民族和国家的艰危困苦，有许多思想感情是共通的。我读你的政论文章，有些地方就能产生共鸣。"

说到这里，江泽民拿起放在茶几上的一本《明报月刊》，翻开金庸的文章《功能选举突变》，说："比如说你这篇文章中谈到民主的发展，各国国情不同，发展的方式和速度各有不同。英国自《大宪章》开始到妇女有选举权，足足经过了七百年之久。这一点我很同意。英国人本来是尊重传统、喜欢切合实际而循序渐进的民族。他们到现在还有上议院，所以贵族议员全部是皇室担任，并非民选。彭定康先生怎么到香港忽然搞这一套？"

江泽民指着茶几上放着的几页英文复印件对金庸说："这篇文章的英译本我也看了，不少观点我是赞成的。"江泽民与金庸似乎是以一种研究和探讨的方式进行谈话的，金庸感到江泽民是务实的。

这样的气氛也使金庸侃侃而谈："工商界人士都不赞成彭督的政改方案，一般职工和青年学生则支持彭，目前双方的人数差不多，也许低薪人士和青年支彭的人数略多。一般而论，普通香港市民对于争执的内容实在并不明白，大家只希望中英谈判合作，香港社会稳定繁荣，平稳过渡，不希望突然有急剧的改变。所以鲁平主任在记者招待会上宣布中国不会提早收回香港，所谓'另起炉灶'乃是完全根据《基本法》的规定办事，香港股市立即大升。这可以充分反映香港工商界的观点。"

江泽民认真地听着，还不时点头表示同意。他接着金庸的话说："香港人要求稳定繁荣，凡是支持香港稳定繁荣的，得到香港人拥护；破坏稳定繁荣的，香港人就反对。其实香港要稳定繁荣，全国何尝不要稳定繁荣？全世界都需要稳定繁荣。中国十二亿人永远站在稳定繁荣一边，一方面是坚持和平，另一方面是坚持原则，不容许别人乱七八糟地乱搞。"

在这两个问题上，江泽民的立场非常坚定。听完金庸的介绍，江泽民说："中国人是有脊梁的，绝不会对外国人的无理压力弯腰。任何外交上的磋商谈判，双方当然可能各自做出合理的让步，以换取对方的让步，由此达成协议。但协议既然成立，就绝不容许食言反悔，言而无信。就算是面对有组织的西方国家强大压力，我们也绝不会屈服。自中华人民共和国成立以来，从来没有不遵守国际条约、协定的记录。中英《联合声明》我们必定严格遵守，《基本法》的规定要切实执行，和外国达成的谅解和协议必须照办。"

金庸曾是《基本法》起草委员会的一名主角，对《基本法》的起草过程和内容非常了解。他对江泽民说："香港人最关心的，乃是经济制度、自由生活等现有的东西能否在'九七'后继续存在，也就是'一国两制、港人治港'能否得到落实。"

江泽民回应说："'一国两制、港人治港'的保证是一定要实现的。努力保持香港的稳定繁荣，是我们的长期国策，那是绝不会改变的。"

江泽民还向金庸介绍说他曾于一九六五年、一九八〇年、一九八三年先后三次去过香港，参观过联合交易所。江泽民说："香港的经济发展很有成绩，我一直很注意。"

除了中英关系、香港问题外，江泽民和金庸还谈到西藏、新闻政策、经济改革等国内的一些问题。谈到经济改革，金庸说："在一些较小规模的乡镇企业和城市私营企业中，不妨鼓励私营的合作和股份制度，用以吸收民间融资，发展生产，同时又可以减低通货膨胀，节制不正常的奢侈浪费。"江泽民点头称是。他还说："中国不少国有企业亏蚀很大，急需在社会主义市场经济的大方向下改革产业和产品结构。"

在整个会谈过程中，江泽民谈兴很浓，除了与金庸谈一些比较严肃的政治、经济等问题，还主动谈起个人的一些情况："我是学机电工程的，丁关根同志也是学科技的，我们都是上海交通大学毕业。我不搞文艺，但喜欢文艺，关根同志也是。"

金庸问他平时喜欢看一些什么文艺作品，江泽民饶有兴趣地说："我最近借了一部俄国电影的录像带来看，是根据托尔斯泰的小说《复活》拍摄的，内容很不错，表现了旧俄时代高尚的人道主义精神。托尔斯泰的另一部小说《安娜·卡列尼娜》我也看过，可以说那是俄国的《红楼梦》，通过家庭生活来反映封建社会对人性的抑制和束缚⋯⋯"

由于江泽民谈兴甚浓，会谈时间比原来预定的时间多出半小时。

最后，江泽民拿出一套丛书送给金庸。江泽民指着其中的一本《两浙轶事》笑着对金庸说："这里面有一篇关于你中学时代的事，很有趣，说到你在中学时给训导主任开除的经过。"

会面后，金庸还去了北京的秀水街，熙熙攘攘的人群、各色而多姿的时装、外国商贩的叫卖声，都非常吸引金庸的视线，由改革开放带来的商业繁荣，使他很开心。第二天，金庸又接着前往山东参观旅游，看了青岛、烟台、威海等几个开发区，而去山东，最使他流连忘返的是在蓬莱仙阁观海。金庸禁不住从心底里呼出了几句诗。


蓬莱极目觅仙山，但见白云相往还。

放下无求心自在，琼宫仙境即人间。


他平生见过泰山的瑰玮、华山的险峻、峨眉的清幽、衡山的华丽、黄山的气象万千⋯⋯今日加上崂山、蓬莱之仙境，这不就是金庸近日来所学佛经上告诫的：凡有所相皆是虚妄，若见诸相非相，即见如来吗？⋯⋯一回到香港，他就要把工作卸得一干二净，决心全面引退。


## 二、放下无求心自在

从山东回来，一回到香港，金庸便找他的老搭档、几十年来与他一起共创《明报》的沈宝新商量共同引退的大事。一见老同学，他就开门见山地说："宝新兄，我们老了，干了那么多年，也该休息，享享晚福，过一下清闲、自在的生活了。我已决定，这次彻底退下来。我们一起退吧。"其实，在《明报》创刊三十周年（一九八九年六月）之际，他就表示要隐退。

沈宝新听了金庸的肺腑之言，也非常高兴地支持他的决定，其实工作了几十年的沈宝新，在心里何尝不是在想着这个问题，所以当金庸一谈起隐退之事，他马上说："良镛，三十多年来，你关于《明报》的任何大小决定，我从来没有反对过一件。这最后一个决定，我自然也同意。我和你初中同级时，你是班长。我打篮球，是级队选手。我只求比赛球，至于要我做前锋还是后备，毫无问题。我们办《明报》大赢，年纪大了，自然要退居后备。《明报》现在还大赢特赢啊。"

一九九三年三月，金庸逐步将明智股份减至两成多，收回一亿七千万港币。四月一日，"于品海取代金庸出任企业董事局主席，金庸只担任名誉主席，金庸主政《明报》的年代于此结束了"。

对于金庸来说，放下了无求之心，当然轻松多了，于是就在于品海接任董事局主席的第二天，他在《明报》发表《第三个和第四个理想》的短文。

每个人的理想各有不同。对于我，第一个理想是，少年和青年时期努力学习，得到相当知识和技能。第二个理想是，进入社会后辛勤发愤，做几件对自己、对他人、对社会都有利的事。第三个理想是，衰老时不必再工作，能有适当的物质条件、健康、平静愉快的心情和余暇来安度晚年，逍遥自在。第四个理想，我创办了《明报》，确信事业对社会有益，希望它今后能长期存在，继续发展，对大众做出贡献。

我一生很幸运，要感谢上天的眷顾。上面所说的四个理想，我大致都得到了。第四个最难，因为这不是个人所能决定的。一项事业是否能够长期存在和发展，依靠一代又一代的年轻人长江后浪推前浪，真正需要一代又一代人的努力。

这样经金庸自己的调整与"退出一线的安排"，他不再拥有他用毕生精力所创办的《明报》了，当然他还是有留恋之情的，但他总觉得这就是人生发展的必然，人生就像是一条长河，一个人的一生就像是一滴水，在不知不觉中、在不停地流淌中，你就不存在了。所以退出《明报》并没给金庸带来太多的伤感，他反而觉得自己面前的道路宽阔了。也有人认为他失去了最后的一块阵地，可金庸却以豁达的平常心，说了一些富含哲理的话，他说："……什么叫作'拥有'？你能永远拥有你的一切吗？二三十年之后，我人都不在了，还能拥有什么？古诗说：'生年不满百，常怀千岁忧。昼短苦夜长，何不秉烛游？'你能拥有一件物事一百年、九十年吗？再过三四十年，于品海先生也要将《明报》交托给别人。他比我小三十几岁，总可以再主持三十几年吧？"为此，金庸还不无愉悦地写下了这样的文字："我家里挂着一副从浙江老家带出来的对联，是我祖先查升（康熙皇帝的文学侍从之臣、书法家）写的：竹里坐消无事福，花间补读未完书。我过去常常向往能得到此境界。新闻工作者日夜辛劳，即使在休息之日也不免事事关心。我从一九四六年起，做了四十六年新闻工作，总盼望能卸下重担。今日闲居而草此文，大感愉悦。"

十二月，金庸将一成多股份再售给于品海，套现约二亿六千万港币。剩下的股份，他决定分五期全部出手，与《明报》企业完全脱离股东关系。十二月三十一日，董事局在《明报》刊登启事，宣布金庸先生改任集团名誉主席。

《明报》集团于一九九二年二月改组，进一步发展多元化业务。一九九三年四月一日起，董事局主席金庸先生要求改任集团名誉主席，逐步实现查先生分阶段退休之心愿，并推荐于品海先生出任主席。今年十二月初，查先生致函董事局，希望自一九九四年一月一日辞去名誉主席及非执行董事之职衔，静心欢度退休后旅游、颐养、讲学及著述之生活。董事局再三诚意挽留，查先生恳切表示年近七十，志在"放下、自在"。董事局虽极感遗憾，然必须尊重查先生之心愿。

查先生创办《明报》，其对新闻事业之理想、对中国文化之热爱、对人类世界之关怀，自必在《明报》与属下各出版物中不断延传，彰其既往。同人等曾长期追随查先生者，情兼师友，受其身教言教之惠；新参加《明报》集团者，亦对查先生素所敬慕。兹值查先生七旬荣休，敬祝查先生健康长寿，逍遥自在。

一九九四年一月一日，金庸辞去名誉主席职位。自从信佛以来，金庸自认看透世间事物都是有始有终，人的生命也是一样。他认为每个阶段都有终结，在适当的时候完成自己的任务，便是最满意。办了几十年《明报》，他相信他和《明报》的关系，不可能永远相伴，到最后都是要分开的。在精力还好时离开，对自己对报馆都比较有益。他假设自己突然死了，报馆没有人领导的话，同事都会很彷徨。他坦白直言："在我这个年纪，《明报》是一个负担。从佛教的讲法，有负担总是不好的。佛教希望人的欲望能尽量减低，最高境界是人世间的一切都抛弃掉。"尽管入世的他，很多出世的事他难以做到，他最后离开《明报》企业时，总那么依依不舍，在离开的此刻，他总感到，他的一生虽然也够劳累辛苦，一路走来也有无数坎坷，但他总算勇敢地走过来了。在人生的河流里，也遇到了许多美丽的瞬间，有时也会遇到一涡旋流，任时间之长河漂浮，更有使他终生难以忘怀的——比如，灵感之汹涌，使他在大侠的精神中徜徉，有时是师友相逢，甚或是五十年一见；有时是政治生命上之跌宕起伏，使他哭歌长啸；当然，更有刻骨铭心的痛苦之发生及美丽传奇之出现……正因为有了这些人生之亮点，也就足以烛照金庸一颗虽入老迈而又年轻的心——自由自在、平平淡淡、无牵无挂地生活。

## 三、于品海能顺利接班吗？

金庸告别曾给他带来财富与荣耀的《明报》集团，全身引退后，集团的重担显然就压在于品海身上。对于品海来说，接管的是一份在香港极有影响力的报纸，他的前任又是在香港报业成就最辉煌的报人之一，于品海身上的无形压力是很大的。有人说："于品海纵使能不断超越自我，但能超越前人吗？"

当然，这无形之压力，如果从潜在的因素说，文化人与企业家之间总有一层隔阂，也总有一点对企业家领导一个充满文化性报业的怀疑。

被金庸誉为"企业策划，那是天才"的于品海，给人的初步印象，也绝非一个普通人物。他既有雄心壮志，也有智才策略。自他于一九九一年年底开始控制《明报》集团后，他在传媒界也确纵横驰骋了一番，在稳住《明报》集团的同时，又向内地和海外的传媒市场拓展。有人预测于品海将成为一位年轻的国际传媒大亨。然而于品海也许更适合搞投资，他后来成为香港资本市场的风云人物，后任中国数码信息有限公司（香港联合交易所上市公司）董事会主席。

而就在金庸全身引退的时候，针对社会上个别人的议论，于品海通过传媒满怀信心地向大众说：《明报》的成就有目共睹，金庸先生的贡献最大。有人因而说我的负担很大，如果说到历史包袱重，试想又有什么人能与查先生比较呢？但我并不觉得这是负担，反之，我感到鼓舞，因为查先生帮助我提高了对自己的要求。对科学有兴趣的人怎会因为爱因斯坦的成就而不敢向新领域挑战？长江后浪推前浪，我觉得负担的心理只是人为自己架设的一种束缚。只要对自己的追求不附加任何欲念，负担就只会是一种挑战，成为动力的源泉。查先生的人生哲理，可以从他的众多著作中看到。他对国家、民族、事业的爱护、关怀并不需要再阐述。认识查先生的人很多，比我更熟悉他的人也不少。查先生并不是我攀比的对象，也不是我的包袱。他是我的良师益友，我并不求与他对所有事情有一致看法，只希望相互的尊重和理解能够延续。"于品海向怀疑他能否经营好《明报》集团的人表了一个态，可以说他这个表态也是谦虚和坦诚的。如果从当时的实际状况看，金庸全面引退之前，实际上已开始《明报》集团的"于品海时代"了。

但是，当于品海接班《明报》集团后，出乎他意料的是，管理报业并非那么简单，从某种意义上说，就是"看人挑担不吃力"，甲可以做好，当乙接上去按部就班地做，并非就能很顺利做下去。于品海一接班，不知为什么就事故频发。

在一种开局不利的情况下，于品海只有主动辞去《明报》集团企业有限公司董事局主席及香港报业公会主席的职务。一九九五年十月，于品海将他拥有的《明报》集团百分之三十五点九的股权，全部售于马来西亚富商、五十九岁的张晓卿。加上以前购进的百分之十点一的股份，张晓卿持有《明报》集团百分之四十六的控股权，于十月二十日出任《明报》集团主席。这一天离于品海接手《明报》集团不过两年多的时间，《明报》集团就易主进入了"张晓卿时代"。

金庸千挑万选才选定于品海作为他的接班人，他本以为凭着于品海对传媒的热忱与理想，是有前途可以将《明报》办好的，可想不到在于品海接掌之后，不仅《明报》业绩不尽如人意，而且智才集团频频受到许多问题的困扰。金庸做梦也想不到的是，于明海接管仅仅两年多，就会将《明报》转手卖掉。

说起接手于品海的张晓卿，他祖籍福建，出身贫寒，早年以伐木业起家，成为马来西亚最大的伐木商及夹板出口商。一九八八年，他将伐木生意扩至新几内亚、新西兰等国。他在澳大利亚拥有大型养牛场，在上海有锯木厂，而且还经营新闻出版业务，包括马来西亚最畅销的华文报《星洲日报》《光明日报》，新几内亚的英文报 The National，以及大连的一家合资出版社。

《明报》集团再度易主以后，金庸对第三代掌舵人张晓卿仍寄予了很大的期望，他在一九九五年年末，发表了对《明报》集团新主的殷切期望："他（张晓卿）来管理《明报》，我很感激他。《明报》是我的孩子，就好比我的儿女离开家庭后，处境不佳，在外头流浪，没有人收留他；前途茫茫的时候，有个好心人肯收留他、培养他，拿钱出来给他念书、让他受好的教育，使其变作一个很有用、很好的人。"他还说，"希望张先生来了之后，能够重振《明报》的声威，恢复稳固、健全的财政状态。"当然，这些出自金庸的话，其实也是无可奈何之语。这确实也是一个无法弥合之断层。大凡一个企业、一个集团甚或一个王国，当它已达到顶峰，或者说已达至盛世时，如中国历史上之汉武帝、唐太宗，抑或是康乾盛世，就连唐诗宋词……你想再超越就难上加难了……"生命中充满着意料不到的事情"。这一年，金庸心脏病突发，做了大手术，经过八九个小时，心脏拿出来修修补补，又放回去。香港新闻界都在传说，一辈子精明的金庸是不是被气出病来了。

当然，对于金庸来说，虽然已退出《明报》，但他永远无法割舍与《明报》集团的深厚感情，因为，那毕竟耗费了他大半生的光阴，是他一生事业的象征。随着时间的推移，也许，这只能让时间来决定《明报》集团的事业，是否还有人能继承与超越那个已走向鼎盛的金庸时代。尤其是在新媒体日新月异的时代,《明报》的结局是否会像大多数纸媒一样,确实只有时间来定论。

## 四、任浙大教授和院长

一九九九年三月,正是江南草长莺飞的时节,金庸非常高兴地走马上任做浙江大学名誉教授,以及人文学院院长。任职几个月后,这年的十月二十日,也正好是江南的金秋季节,我们相会于湖州,那时,金庸脸上笑容满面,似乎是最快乐的时刻。我总感觉到那一次来湖州去南浔,一路上,他无论去哪里心情都特别好。那次金庸的太太——林乐怡,以及两位浙大陪他一起前来的年轻教授,大家在江南水乡、太湖南岸,一起玩得特别高兴。

记得有一天,正是初秋的艳阳下,就在南浔张家的大宅——张石铭故居旁边,有一小石桥,大概叫"兴福桥"。在这桥的斜对面小平房里,那时,还住着中国最后一位词家、书画家,曾写《中国词

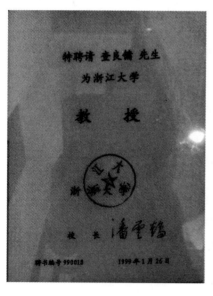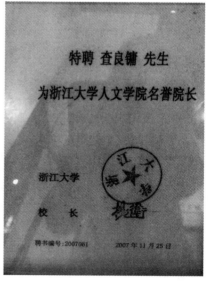

浙江大学聘书(杨艳丽拍摄于海宁金庸故居)

调名索引》《猫债》《药窗诗话》的老者——吴藕汀先生。当时在桥边，正好有一卖煎臭豆腐的小摊，林乐怡女士一见这江南有名的臭豆腐，即刻高兴起来，就要在这小摊上买臭豆腐吃。那一刻，我和金庸两人靠在桥边一水泥电杆旁，他一边等太太慢慢吃，一边和我聊天。

他说起不久前在浙大上课的情景。他说的与我看到的《浙大金庸》一文的记载差不多。比如金庸在浙大往往喜欢用提问式的教育方法："我在浙大，除了在大讲堂讲课外，还跟学生们举行小型的茶会座谈。有一次我问：'你们知道谢安和谢玄吗？'几乎所有学生都举手异口同声地说：'淝水之战。'我说：'谢安是了不起的政治家，他侄子谢玄是能干的军事家。但我们今天不是讲政治、军事或战争，而是讲文学。'一个女学生举手说：'未若柳絮因风起。'"

金庸说："对了，谢安的侄女谢道韫是很高明的文学家。有一天大雪，谢安身边围了很多侄子辈的后生，他指着漫天飘飘而下的大雪，问道：'这像什么？'谢安的一个侄子谢朗说：'撒盐空中差可拟。'谢道韫接着说：'未若柳絮因风起。'大家都赞扬谢道韫说得好。试想一想，在空中撒盐，虽然有点像下大雪，但平白无故的，什么人会向空中撒盐？那时候没有飞机，要在空中撒盐也无可能。而且盐粒沉重，在空中一撒，便即落地，不像柳絮那样在空中飘飘荡荡的很有诗意。"

一个学生问："这跟谢玄有什么关系？"金说："《世说新语》中另外有个故事：谢安有一次和众子侄聚会谈聊，谈到了《诗经》，谢安问：'你们以为《诗经》中哪一句最好？'谢玄说：'昔我往矣，杨柳依依；今我来思，雨雪霏霏。'谢安说：'我最喜欢"訏谟定命，远猷辰告"这一句，含有高雅而深远的意义。'谢安引的这两句诗，意思是说：'朝廷中筹划方针政策，定下了确定的施政方向，深思熟虑而规划长期路线，但要时时刻刻使得众所周知。谢安是宰相，朝廷大计对他特别有吸引力。但就文学性来说，谢玄引的这四句就感人得多了。东晋之后的许多诗人，在谈到这件事时，都赞成谢玄的选择。'"

另一个学生说："谢玄是很会打仗的大将，哪知道他的文学修养也这样好。"金庸说："'杨柳依依'这四句诗，本是说军人长期出征而后归家的感想。你们试想，一个军人当年离家出征，春风骀荡，新婚妻子依依惜别；打仗多年之后回家，风雪满途，他不知道妻子还在不在，是在家苦苦等候呢，还是另外嫁了人。第二次世界大战后的法国文学，也有类似的作品，进步诗人艾吕雅有一首诗，抒写法国一个从战场回来的老兵回归家乡，经过故乡旧路，'近乡情更怯'，心中波涛起伏，诗歌感人至极，可见永恒的情感，不因时间、地域而有分别。好的文学作品，就有这种感人的魅力。"

金庸还谈了在浙大的其他趣事，他说："有个学生问：'查教授，四书五经之中，你最喜欢哪一段？'我说，《礼运·大同篇》'大道之行也，天下为公'那一段，提出了长期的历史发展方向，自然是最为重要的；至于讲到个人修养，我最喜欢《论语》开端孔子所说的第三句话：'人不知而不愠，不亦君子乎？'学生们有点茫然不解。我说，孔子在别的地方说，'己所不欲，勿施于人''己欲立而立人，己欲达而达人'，等等，当然有更加积极的意义。但你们想，人家不了解我，我不会不高兴，这岂不是挺有君子风度吗？当真是豁达潇洒，雍容自若，谦谦君子，温润如玉。我所理解而仰慕的君子，大概就是这样的了。可惜在我所写的十几部小说中，还没有能够创造出这样一个人物。张无忌与段誉有一点点接近，然而还差得远……我还对学生说：'我没本事做你们的老师，不过年纪大些，做你们的大师兄好了。'浙大的学生跟我很友好，自称小师弟、小师妹，在黑板上写了'欢迎大师兄给我们讲课！'的字。"

他说，他非常爱护学生，讲起年轻学生最喜欢听他的课，他好似特别有劲，犹如自己也回到了青年时代……

的确，金庸成为新浙大二十二个学院中第一个上任的院长，这时，他已七十五岁高龄了。浙大有关人士说，请他当院长的主要理由是：第一，他是文学家，文学成就高，知识面广，对历史、宗教、哲学等有相当的研究，还学过国际法，香港回归时参与了《香港特别行政区基本法》的起草，并发挥了重要作用；人文学院之中文学科有新闻系，他在新闻领域很有建树，成就也是公认的。第二，浙大侧重培养学生的研究方面，想创造和研究并重。第三，他是知名人物，有广泛的社会活动和联系，可以推动学科、学院的改革，扩大在外界的影响与联系。

在金庸任人文学院院长前两年，他曾向浙大捐赠一百万港币成立"浙江大学金庸人文基金研究会"。

一九九八年九月，新组建的浙江大学成立，金庸应聘出席成立典礼，时任校长潘云鹤希望他对浙大人文学科的发展给予关心和支持。在随后的书信往来中，潘云鹤请他常来讲学。金庸回信表示，他非常感谢浙大聘任他为名誉教授，他提及自己和时任浙江大学党委书记张浚生的深厚友谊，以及和浙大教授的良好关系。潘云鹤于一九九九年二月亲赴香港，登门造访，聘金庸为浙大教授（去掉了"名誉"二字），金庸对此很是感动，他后来对白岩松说："这个是大学的制度，全世界都一样，名誉的话不是正式的，现在这个教授是正式的，浙大是终身制的，一直到我死，总是浙大的教授，不管任何情况下，他们会发薪水给我，就是说我永远是浙大教授，并无聘期限制，同时聘为浙大人文学院院长。"

其实，潘校长赴港之前，浙大已正式公布此事。几天后，金庸在香港盛宴款待潘云鹤一行，请香港各大学校长及他的好友作陪，当众宣布自己将出任浙大人文学院院长，希望能把浙大人文学院办成全国一流的学院，喜悦之情溢于言表。

金庸说自己余生还想做两件事：一是写一本新中国通史，用英文写；二是编一本中国白话小说史。他说，如果写英文著作，去英国剑桥比较好。从做学问的角度，他觉得国内两个地方比较好，一个是北大，另一个是浙大。如果让他选择的话，他更倾向于浙大，浙江是他的故乡。金庸晚年选择浙大，还有另一个缘由，是他还有几位兄弟姐妹在故乡。而浙大前辈又多熟稔，张浚生为他决定受聘浙大，做了大量的游说工作。金庸承认，浓厚的故土乡情和深厚的文化积淀，教学质量高，都为将浙江大学办成世界一流大学提供了基础，这既是全校师生的志向，也是他的夙愿。他会尽自己所能与海外联系，请各国名流大师到浙大来讲学。

在浙大举行的聘任仪式上，张浚生称金庸是"忠诚的爱国者"。仪式结束后，金庸回答了记者的许多提问。三月二十七日，他又接受了《文汇报》记者独家采访。当问及有人为他获诺贝尔文学奖提名而奔走时，他回答："在我看来，诺贝尔奖的评委来自西方国家的多，有反共和反中国的传统，我一不反共，二又爱国，所以不会够他们的'条件'。我不会牺牲自己的信念，去迎合他们的喜好。所以，这种奖不可能靠'奔走'获得，也不可、不必'奔走'。他同时表示，除了政治理念与西方不同，自己在文学价值上，也不够拿诺贝尔文学奖的条件。他拒绝接受文学家的称号，只是称自己是'大家喜欢的小说家'。"

在谈到中国乃至全球性"金庸热"时，他表示，看他的小说没有坏处，至少中文会好，不少的移民子女家长都说，孩子们就是因为看了金庸武侠小说，才学会了中文。有记者问及他未来的讲学方式时，他说，他个人提倡不拘一格，写小说可以天马行空，但管理学校要有制度，处世要有规矩，不能像杨过与小龙女一样乱来。原来，杨过与小龙女在他自己眼中，也属于离经叛道的人物。

他早年就有到高等学府研究古文的愿望，如有可能他将专攻金文和古韵等学问。他要开设一门囊括天文地理"什么都讲的"通史课程。他认为，教授融汇中西的课，已经成为当今世界潮流。他还对大家说："我年轻的时候就希望将来能够到一个好的大学去研究学问，我一生对追求知识、研究学问，有很大的兴趣，但后来因为生活的逼迫和环境的影响，年轻时候的梦想总是做不到。"但他表示由于时间紧张，不可能一门课上到底，只能给学校发展，提出指导性意见。"我想去提倡中国传统的人文精神。浙江大学向来以工程、自然科学著名，我希望中国所有学理工的人，身上也都带有浓烈的传统人文精神。你看华罗庚先生、陈省身先生、杨振宁先生、李政道先生、竺可桢先生等，那些卓越成就的大科学家，哪一位不是对中国传统学问有相当高的修养？外国的爱因斯坦、达尔文等，他们哲学上的造诣，恐怕还超过不少专业的哲学家。"

浙大给了他全校最高的教授待遇，他把所有工资都放在他原来在浙大设立的"金庸人文基金"里。他对白岩松说："我自己版税收入相当不错，自己够用了，原来有资产在香港、国外，所以不需要靠这里的薪水生活，如果不请我做院长，我也会捐钱的。"

金庸的无私、真诚与奉献，受到了浙大学生的欢迎，他说："我希望感染他们，做个好人、正正派派的人，不要做坏人，对国家、民族，对整个社会、对人类要做出一种贡献。终生求学问、求知识，离开学校之后，无论做什么工作，读书的兴趣不要放弃，永远追求知识，如果自己的目标达到，我就觉得很满意了。"

不过，杨晓鸣先生在《挑战与争论：读〈金庸小说论争集〉》一义中，做了这样的评述：他今天虽然是以学者、教授和人文学院院长的身份站在浙大的讲坛上，但人们对他顶礼膜拜的还是那"飞雪连天射白鹿，笑书神侠倚碧鸳"，加一部《越女剑》。

我想，这话当然不错，当一个人写了能使国内外读者非常热爱的作品，那么，在人们心目中，早已定式的东西，往往是很难改变的。国内外著名作家，各学科的著名学者、专家也无不如此。当人们习惯于把金庸当成"大侠"时，如果你欲做"大儒"时，要获得一种新的认同感，也许就会难上加难。但是，至今我们也不会忘记，金庸当浙大的人文学院院长的初衷是为了弘扬一种人文精神。当然，也免不了一种虚荣感，即完成他从小到老的一种夙愿。如金庸对在浙大的身份特别看重，他一再"淡化"武侠小说家的身份，强调自己是"历史学家""博士生导师""浙江大学人文学院院长"。他递上名片说："请不要叫我金庸，我是查良镛，我是研究国际关系史的教授。"但是，大家希望听的，还是他讲的武侠小说。这也许是金庸的一种宿命，很难改变。比如，中国著名文学家、翻译家、梵学研究、印度文化研究家金克木先生就曾说，金庸的史学佛学见解，"论水平未必是'超一流'……然而以史学佛学入小说，在武侠中讲'破相'，那就超人一等了"。二○○一年，金庸到南京大学演讲，学生想要听他讲武侠小说，但他讲的却是"南京的历史与政治"，结果，演讲不到一半，听众就起哄了。

他说："我来浙江大学任人文学院院长，是想提倡中国传统的人文精神……我希望学理工科的人，身上也都有浓厚的传统人文精神……而人文学科是一所大学的支柱性学科，一流的大学必须有一流的人文学科。培养和造就大批高素质人才是大学的首要任务。"

金庸的这些话，那些有关人文精神的话语和题材，还有他有关小说的题材、种类等，我们都聊过，每当我看到他那儒雅的笑脸时，这些话题又会在我的心底流淌，甚或有一种"润物细无声"之感。


## 五、《鹿鼎记》寻根与湖州行


我虽然读了不少金庸的书，武侠电视也看了好几部，但这位人称"金大侠"的人，模样究竟如何、长得多高、多大年岁？在我见到他本人前，却始终是不太精确、模模糊糊的。然而，缘犹如一张网，机会由缘分降临。一九九九年的十月二十日上午约九时，我与诗人刘世军先生一起去湖州南门鹿山林场处迎候他，在一〇四国道上，见他的皇冠车徐徐驶来——下车来，迎面的金庸先生中等身材，胖瘦适度，面色白嫩而红润，精神矍铄，戴一副宽边眼镜——全然是一副儒雅书生风度。"金大侠果然名不虚传，比我想象中要健康和儒雅得多"——乍见金庸先生，就给了我这样的印象。也许有人会说，金庸不是在荧屏上或报上见过吗？但我总感觉在一九九九年以前，在媒体上并不多见，就算见了，那时之荧屏，清晰度也不高。

由我们带路，一行直驱江南古镇南浔。十月正逢水乡金秋季节，天高云渺，车窗外碧水悠悠，两岸青山层峦迭出，大河上船只往来穿梭，金庸夫妇坐在车上时时喜上眉梢。午餐后稍事休息，金庸和夫人便开始了此行的参观和"寻根"活动，短促的寒暄与对话后一见如故。我陪他时对他打趣地说了我的想法："金先生哪有一丝侠士之气？"他听后十分高兴地说："我哪有侠气，是一介书生啊！"可当你真端详金庸先生的脸部表情，忽又见他具有"不怒自威，令人肃然起敬"的神态。那日中午，我们在全国第一个率先为老年人做公益事业的"久安"公司用餐。金庸在参观这个老年公寓楼时，对它非常赞赏。久安老年公寓为便于金庸一行和我们交流，提供了一间很雅致的小会议室。中午用餐前，我们在这里尽情地交流。我记得金庸先说了此次的来意，他说："湖州的南浔是我这一生非常想来看看、走走的地方，一是因为这里离我故乡——海宁硖石很近，我从小就听家里人讲江南古镇南浔的人文历史故事。二是我的《鹿鼎记》一开首就写到了南浔，但我在写此书时，还从未曾到过这里，这次我抽在浙大任教之余，特地来此寻根。"的确，金庸的《鹿鼎记》中开首就写了南浔。

浙西的杭州、嘉兴、湖州三府，处于太湖之滨，地势平坦，土质肥沃，盛产稻米蚕丝。湖州府的首县今日称为吴兴县，清时分为乌程、归安两县。自来文风甚盛，历代才子辈出，梁时将中国字分为平上去入四声的沈约，元代书画皆臻极品的赵孟頫，都是湖州人氏。当时又以产笔著名，湖州之笔、徽州之墨、宣城之纸、肇庆端溪之砚，文房四宝，天下驰名。

湖州府有一南浔镇，虽是一个镇，却比寻常州县还大，镇上富户极多，著名的富室大族中有一家姓庄。其时庄家的富户叫庄允诚，生有数子，长子名叫廷鑨，自幼爱好诗书，和江南名士才子多所结交。到得顺治年间，庄廷鑨因读书过勤，忽然眼盲，寻遍名医，无法治愈，自是郁郁不欢……

《鹿鼎记》中写到了"庄氏史案"，在我们交流这个江南古镇历史时，我曾把有关"庄氏史案"的一些地方史料、我拙著《易经与经营之道》《中国神秘的狱神庙》赠予金庸，他很高兴，他还说："我写的武侠小说本身是娱乐性的东西，但是我希望它多少有一点人生哲理或个人的思想，通过小说可以表现一些自己对社会的看法。"的确，他的小说写作，当时出于商业动机，但却着力刻画人性，把人文精神注入古老的武侠小说之中，创造了一个独具魅力的虚拟世界。

那日中午，我们大家围着圆桌吃饭，彼此谈的话题广泛而轻松。有人介绍诗人刘世军的成名作是《好女人是井》，刘世军先生说，那是一句幽默的诗，请大家勿笑，随即他把自己的一部诗集《心之旅》签名并赠予金庸。刘世军把诗集翻到第九十页，恭敬地交给金庸先生。金庸微笑着一口气看完这首诗：好女人／是井／宁静水面下／是深情／在发掘中／真爱是不竭的泉／酷暑／凉／严寒暖／流进你的／答复秋冬……打趣地说：好女人是井！……坏女人也是井啊！那一刻，逗得大家哈哈大笑起来——饭桌上开心的笑声不断。此时此景，也真令我想起了一句哲语："宇宙没有什么秘密，艺术则有一些神秘。"饶有趣味的是，正在大家谈文论诗时，久安公司的老总朱倍得先生前来为金庸敬酒，金庸一看他名片上写着"倍得"两字，马上优雅地对他说："人家是一得，比如'一得阁'，已经非常了不起了，你却是叫'倍得'，能两得，福气多好！"这一下说得大家又开怀大笑起来，金庸又对朱总说："我们大家只能挖一口井，你是倍得，可比我们好，可挖两口井呢……"那时刻，陪同金庸的浙江大学徐岱教授，也笑得乐不可支。

此时，我们的查太——林乐怡女士，索性从包中拿出一个小计算器，她笑着说，"我拿这小玩意儿，替大家算算命运如何？我问一些问题，由你们谁来回答我，最后我能计算、预测出他或她的前程与福气……"在古镇南浔吃的一顿中餐，金庸和我们大家吃得很开心。那日虽然大家吃的是本地土产，可金庸总说味道真不错，不愧为江南水乡第一镇！

中午，大家在久安宾馆稍事休息后，就踱步至嘉业堂藏书楼。此嘉业堂藏书楼的主人是湖州富商刘氏家族，但是具体建造这书楼的主人，便是被鲁迅先生称为傻公子的刘承干，此书楼是一九二〇年动工，花四年时间完成的。书楼面积为二千平方米，略呈长方形，是前后两进的二层建筑，全楼有五十二间书房，是回廊式厅堂建筑。我们大家在楼前照了一张集体照，忽然，金庸神情变得严肃，见此情景，我悄然对他说，有一位中学女生曾说，看相片，金庸一脸"霸气"。听了这话，金庸笑起来了，他即应对说"我们查家是'一门十进士，兄弟五翰林'，可义是'君子之泽，三世而斩'，哪里霸得了气呢！"他夫人在一旁，听不懂湖州与海宁话，只是点头颔首，微微笑着。

在藏书楼里，金庸和我们沿着书廊一边走一边看，后来，我们走到书楼的后正厅，金庸看到上面悬挂着清溥仪题写的"钦若嘉业"的九龙金匾时，不禁停下步端详了一番。此时他突然问我："这四个大金字不像是溥仪的笔迹，他写得没有这么好，你知道是谁所书？"我回答他说："史家各有不同的说法，但最可靠的说法应该是，刚才我们进来的藏书楼的门面楣上的'嘉业藏书楼'这几个字，是由刘廷琛所书；而我们现在看到的正厅上悬挂的九龙金匾的四个金字'钦若嘉业'却是一九一四年以溥仪名义、实由状元陆润庠亲笔所书。"我这样的回答，他总算勉强点头称是，此时我发现他对藏书甚感兴味，接着我对这段藏书史上的逸事，又向他做了点补充："钦若嘉业"四字出自《诗经》"钦若昊天"。其实，在此书楼未造之前，刘承干在上海的藏书斋，已早命名为"嘉业堂"了。如一九一三年开始雕刻的一部丛书就已叫《嘉业堂丛书》，一九一七年编纂的藏书志也称为《嘉业堂藏书志》，可见这座藏书楼，未曾造好之前，此名在上海早已启用了。"钦若嘉业"这块至今没有署名的九龙金匾，是一九一四年溥仪因刘承干为光绪陵墓植树而赏赐的，可当时的溥仪已是退位皇帝，已无权赐御笔了，只能由状元陆润代笔。十年后，当刘家在家乡的这座书楼建成后，刘承干就把在上海存了十多年的匾，搬来悬挂在正厅里，以示皇上恩宠。金庸听了这段藏书文化史事，很高兴，也谈了一些藏书趣事，并随口对我说："你刚才介绍刘承干书事，我也早有所闻，今天亲自来看了，就有了真实的感悟。"

而后，我们一行出了藏书楼，走向这书楼外朝南面的一片开阔园林。这藏书楼后是一处花园式的地方，可谓是一片风光，与这藏书楼书香般配的是前面有一小湖，花木杂丛、湖光水色，太湖石垒叠湖中及其周围，各具形态、玲珑剔透、真是美极了。我向金庸介绍了湖中的石岛叫"明瑟亭"，而这小亭的背后有一高约两米的啸石，湖边还有两个亭子名为"漳红亭"和"沅碧亭"，我们在"明瑟亭"中坐下小憩，我们一行中不知是谁怀有好奇，兴许是为了增加大家的兴趣，走到那啸石前，对准那啸石的一个石孔，鼓足气吹了起来，一瞬间，真就发出了虎啸声，引得金庸和他夫人开颜大笑起来……

　　嘉业堂藏书楼比邻处，即往左稍走十多米不远处，就是刘家的小莲庄。小莲庄位于鹧鸪溪畔，碧水环绕、翠木森森。金庸夫妇遂漫步至小莲庄，我们请那里管理员童立德先生帮我们开门，然后登东升阁（小姐楼），金庸和他夫人林乐怡同坐在这小姐楼上，极目凭眺整个"小莲庄"园林，鸟瞰莲池曲桥，奇峰怪石，黛瓦粉墙，更让人品味到这小莲庄"虽有人作，宛如天开"之意境。此时，我正好坐在金庸的背面，可窥见金庸夫妇为此园林美景所深深吸引的快乐情景。

　　在刘氏家庙前，金庸一边看石头上所刻的"圣旨"，一边端详那里的"贞节牌坊"。此时，我看到他走至庙前、左右对称的曾用作祭祀活动的旗杆石旁，沉吟片刻……不知怎的，他又一脸沉默，露出几近悲壮的神情。见此情景，我上前轻声问他何故。金庸直言相告："你一定读过我一九六三年写的《连城诀》（又名《素心剑》），在此书后记中写道，我祖父一度弃官后在故乡闲居，读书作诗自娱，也

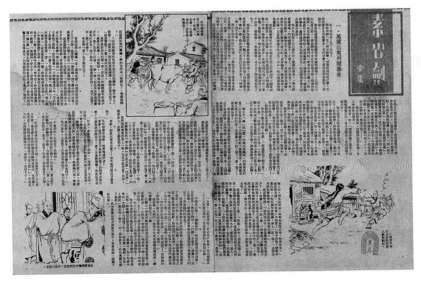

《素心剑》是一部洞察人性的武侠小说。在《东南亚周刊》上连载之时，
初名为《素心剑》，后改名《连城诀》。

做了许多公益事业。他编了一部《海宁查氏诗钞》，有数百卷之多，但雕版未完工就去世了，这些雕版放了两间屋子，后来都成了我们小时候堂兄弟的玩具。"我终于领悟了他何以看到这些古迹后，会在刘氏家庙前沉吟片刻，因为他想到自己在海宁的查家原也是如此的大家族，而感怀！

祖父查文清对其嫡孙金庸深有影响，祖父博多学才，少年就中举，后旋即中进士及第，做知县，加同知衔，在处理"丹阳教案"时既不媚外，又不阿上，不计个人得失，又具仁慈之心。祖父对金庸影响的不仅是道德楷模和功名荣耀，还留下几屋子的《海宁查氏诗钞》雕版，更是金庸日后文化与志向的启示，今日又重见了非常相似的刻书之雕版、江南大家之庭院，怎能不使他见物思情、抚今追昔？

步行去张石铭故居参观，因为金庸先生已有七十六岁的高龄，我们便在东升阁坐着休息，金庸却以大侠口吻戏说："小姐楼，顾名

金庸在"承先睦族"匾额前留影（本书作者 摄）

思义应是小姐休闲之处，我怎么可坐在这里呢！"有人戏言："你夫人看上去很年轻，大概保养很好，你陪小姐稍坐有何不可呢！"只见他大笑起来，这时的大侠，满脸率真、和善。不一刻，东升阁管理员童先生，又笑迎金庸夫妇，开了另一楼阁，金大侠在宣统元年十月初五钦书的"承先睦族"的庞大金龙匾额前坐定，咔嚓一闪，留下了珍贵一影。

参观张石铭故居后，金庸就对我直言相告："此次来湖想多住几天，但浙大人文学院院长重任在身，要尽快开课，所以要抓紧时间来南浔感悟'庄氏史案'，要为《鹿鼎记》寻根追迹。"

金庸还说："《鹿鼎记》是我最后一部武侠小说和封笔之作，用评论家的话说，作品功力早已达到了'无招胜似有招'的化境，可能他们是褒奖我，我也确实喜爱《鹿鼎记》。"在说到这部作品中写到的"庄氏史案"，金大侠似乎陷入了对史案深深的回忆中。

他说，庄氏是出自吴江夏家斗至南浔镇的巨富，庄廷钺撰成《明史辑略》，工程的确浩大，是"湖州之宝"。"在小说中，我借吴之荣之口说出。你一定读过，我的封笔之作《鹿鼎记》第一回开首，从我现在站立的湖州的风水宝地写起。""倪匡称我这书是古今中外第一好小说，我不敢当。"

金庸和我们一起去寻找当年的庄氏夏家花园，一边走一边继续说："南浔'庄氏史案'发生时，我先祖查继佐（字伊璜）也卷入此案，海宁还有一位叫范骧（字文白），也同时卷入。后因逢康熙初年两广提督吴八奇救免。这已经是三百多年前的历史旧事了。我写《鹿鼎记》距今三十多年，我是查家后代，我总梦寐以求要来勘踏'庄氏史案'的发生地。这文字狱死了一百多人呢。"

那天下午天气有些热，金庸喝矿泉水润润喉，又和我们慢慢踱步至北栅，怕他疲劳，我们要搀扶他，可他不要，径直往前走，还说：要看看当年的"栅庄桥"（又说"杀庄桥"）。沿北栅小河，踏百间楼青石板路，站立在桥上，金庸凭栏远眺，水光一色，他一变儒雅书生模样，那刻的神态、眼睛、手势，似乎成了一位侠客，成了《笑傲江湖》中的主人公令狐冲——非儒、非道、非佛乃至非侠，令狐冲将侠士生涯定为"笑傲江湖"——他们追求的不是"避"而是为自由而战的"笑"和"傲"，——金庸此时站立在桥头，手指跃起，真像呵，难道金庸的一生经历，不是"笑傲江湖"吗？金大侠此时的侠士潇洒风度在桥畔为古镇留下了珍贵的一幕。

次日清晨，金庸夫妇来湖州元代书画大家赵孟頫曾居住过的别业——莲花庄公园一游。秋日的莲花庄，绿树掩映，空气新鲜，格外幽静。那日，我与曾撰写过《湖州山水胜境》一书的吴鸿秋先生陪同金庸夫妇在"松雪斋"赏游。金庸与他夫人同坐在荷花池畔赏花，他们时而凭眺别业景色，时而双双谈笑打趣，对公园中的那座"管楼"（赵孟頫和管仲姬居住处）情有独钟，犹如夫妻双双把家还。金庸拉着夫人的手，低吟着："啊，你中有我，我中有你呀……"这大侠的浪漫情趣，逗得我们众多旁人笑起来！此时，我们的吴鸿秋先生，索性把管道升这首元曲《锁南枝》中的最后几句也吟了出来："将泥人儿摔碎，着水儿重和过，再捏一个你，再捏一个我。哥哥身上也有妹妹……"

因这首曲子通俗易懂，于是金庸夫妇、浙大几位年轻教授也和大家一起哼了起来。在莲花庄内的"管楼"前，金庸和我们大家都非常开心。在"管楼"前，金庸流连忘返，说"下次来湖，可否不住宾馆，就住这莲花庄园内？"听后，我笑而不答，我悄悄想，如果下次来，金庸夫妇真想住在这"管楼"里吗？

金庸先生为避媒体，这次他悄悄而来，又匆匆而去，也许人间抑或中国历史上的金大侠，为《书剑》与《碧血》，为《雪山飞狐》与《射雕英雄传》，为《神雕侠侣》与《白马啸西风》，抑或为《天龙八部》或为"问鼎""逐鹿"……他总得行程悄然，踪影缥缈，来

去无踪！那晚我们在太湖山庄喝酒时，他一再说：湖州之行收获不浅，湖州自唐宋以来，是官宦及文人逸士居住和为官之地，文脉之深，可为江南翘首，下次我还要来，还想去湖州的长兴看看陈霸先的遗迹呢！

"踪影缥缈，大侠生涯"——临别时，我问他的人生旅途确是如此吗？他连说："不，不！你看，我写完从你们湖州南浔写起的《鹿鼎记》后，我就向世人宣布挂笔封刀、急流勇退了。我想我今后的生活，应该遵循祖上查升书写的对联：'竹里坐消无事福，花间补读未完书'，此联我挂在家中书房，其境之幽，弥足珍贵……"

"曲终过尽松陵路，回首烟波十四桥。"我们终究要与金庸先生握别了，我们的儒侠金庸先生，祝你一路平安，愿你"竹里有福"，愿你"花间读书"！永远，永远……

# 第十四章　金庸生活谈片

## 一、在北大演讲

　　金庸于一九九三年获英国牛津大学荣誉院士后，在第二年的十月三日，赴北京大学访问，十月二十五日，北大授予他名誉教授称号。《明报月刊》一九九四年十二月号，即刊出了北大教授严家炎发表的文章《一场静悄悄的文学革命》，严教授称金庸小说是"二十世纪中华文化的一个奇迹"，同时又是"文学史上光彩的篇章"（此文随即被国内的《参考消息》转载）。当然，严家炎教授把一个武侠小说家捧至"文学史上光彩的篇章"，也引起了许多习惯于纯文学的专家、学者的争论。比如，中国社会科学院文学研究所研究员袁良骏，就金庸的武侠小说提出了六大不足之处的尖锐批评（见《中华读书报》刊《再说雅俗——以金庸为例》）。当时，就连当年金庸的顶头上司、金庸武侠小说的鼓动者——罗孚，也对严家炎的溢美之词感到难以接受。他在评论中说："北京大学的正统学者，是奉金庸的小说为革命文学的。我不薄金庸的小说，但我不能不薄这样的学者了。"但不管对金庸小说的评论如何，金庸在北大还是受到众多学子的青睐，在北大授予名誉教授称号后，他就兴致勃勃地给北大师生作了一次演讲。

　　现在我是北京大学的一分子了，可以称大家为同学了。我衷心感谢北京大学给了我很高的荣誉，授予我名誉教授的称号。北大是我从小就很仰慕的大学。我的亲伯父就是北大的毕业生，故乡人大多不知道他的学问如何，但听说他是北大毕业生，便都肃然起敬。我念初中时候的班主任也是北大毕业生，他学识渊博，品格崇高，对我很爱护。虽然现在时隔五六十年了，我还常常想念他。

……抗战时期，我考大学，第一志愿就是考西南联大，西南联大是由北大、清华和南开三所大学合办的。我有幸被录取了。或许可以说，我早已是北大的一分子了。不过，那时因为我没有钱，西南联大又在昆明，路途遥远，没法子去，所以我不能较早地与北大同学结缘。今天我已作为北大的一分子，跟大家是一家人了，因此感到莫大的荣幸。

我一生主要从事新闻工作。作为新闻工作者，对每一门学问都须懂得一点，但所知都是些皮毛，很肤浅。专家、教授则不同了，他们对某一门学问有钻研，懂得很深。这是两种不同的接触知识的方式。我是新闻工作者，当教授是全然没有资格的。但幸亏我是"名誉教授"。名誉教授就没有关系了，话讲错了也无所谓。……

我今年春天去过绍兴，到兰亭王羲之以前写字的地方。那里的人要我写字，我说在王羲之的地方怎么可以写字呢？但他们非要我写不可，我只好写了八个字："班门弄斧，兰亭挥毫。"班门弄斧很狂妄，在兰亭挥毫就更加狂妄了。这次到北大，说好要作两次演讲，我自己写了十六个字，"班门弄斧，兰亭挥毫，草堂题诗（在大诗人杜甫家里题诗）"，第四句是："北大讲学"。

大家希望听我讲小说，其实写小说并没有什么学问，大家喜欢看也就过去了。我对历史倒是有点感兴趣。

　　金庸在北大两次演讲的主题，是从"中国文明不断消长"和"中国历史发展规律"两方面来谈中国的历史，他对中华民族各族一视同仁，称中国历史上七次大的危机，同时也是七次大的转机。他说英国历史学家汤因比写《历史研究》时，"并没有非常重视中国。到他快去世的时候，他得出一个结论：世界的希望寄托于中国文明和西方文明的结合"。这些观念在《天龙八部》《鹿鼎记》等小说中都有体现。在牛津大学作同样的演讲时，金庸称那些教授"觉得我的观点比较新"。北大教授陈平原对金庸在北大的演讲，做了这样的评价："在北大演讲时，则未见大的反响，主要原因是，关注种族冲突与文化融合，乃史学家陈寅恪一以贯之的学术思路，其入门及私淑弟子周一良、唐长孺，以及众多再传弟子，对此均有很好的发挥。"

　　也就是说，从历史学上看，金庸自己和一些西方教授觉得"比较新"的东西，在北大早已是众所周知。难怪金庸在演讲中将武侠小说中的历史观写成"学术性文学"时，"未能博得满堂掌声"。尽管陈平原认为"对于中国历史的独立思考，乃金庸小说成功的一大关键"。但是，"对金庸的史学修养，不应估价太高"。金庸自己说的十六个字："班门弄斧，兰亭挥毫，草堂题诗，北大讲学"倒是比较客观的评述。

　　但不管人们对金庸的学术思想评价如何，此次北大行标志着金庸登上了庄严的学术殿堂。金庸进入北大，是由北大教授、法律系主任肖蔚云介绍的。他们曾在香港特区基本法起草委员会政治体制小组共事，是多年的朋友。金庸曾评价他："肖教授曾留学苏联，法学渊深，著作甚多，曾参与中华人民共和国宪法的修订工作，是中国地位很高的法学专家。他为人和蔼，思想开明。"

　　二十世纪九十年代，北大中文系将金庸小说研究正式纳入了教学科研体系，并率先开设了"金庸小说研究"选修课。一九九〇年，陈平原开设以金庸小说为主要研究对象的专题课。一九九五年，严家炎教授开设研究金庸作品的课程。陈平原的《千古文人侠客梦》和严家炎的《金庸小说论稿》等也相继问世。"二〇〇〇年北京金庸小说国际研讨会"由北大与香港作家联合会共同举办，这无疑将金庸小说热又一次推向高潮。当然，恕我孤陋寡闻，在经过了十多年的金庸热潮与风波之后，再来重读严家炎之《金庸小说论稿》时，那所谓的"金庸的小说为革命文学"之论述，也似有过头之处，殊不知如果我们翻开现代文学史，郭沫若与鲁迅曾在二十世纪三十年代，就为了这些"革命文学"或"民族大众文学"还争论不休呢？难道我们到了二十一世纪，还会有人为自己辛辛苦苦写的书，被冠以"革命文学"而乐乐称道吗？

## 二、岳麓书院讲"中国历史大势"

二〇〇〇年九月，金庸在长沙岳麓书院讲中国历史的大趋势，由湖南卫视直播，与在北大讲的大同小异。一位现场听众说："老先生从春秋战国开始讲起，历两汉而至隋唐，结结巴巴地论述他的民族融合论，这个话题恐怕很难引起台下以青年居多的听众共鸣，老先生看来也不是很擅长长篇大论地表达和渲染，再加上口音的缘故，看来听众是听起来不算轻松，但还是保持着礼貌的安静……再看到台上吃力的老先生……"

我曾读了几种版本的关于"中国历史"的书，也听了许多学者关于中国历史的演讲。黄仁宇的《中国大历史》也读了两遍，他说自己"学书未成先习剑，用剑无功再读书"。这也从一个侧面说明了凡没有掌握一门理工技术的人，不论他是"学书未成"还是"用剑无功"，只要他是读书人，对中国历史总是喜欢论述的。当然，我们的很多理工科学的大家或数学大家也非常喜爱历史的。就是时代发展到今天之科技时代，也无不如此。如首批当选为中国科学院外籍院士、当今大数学家丘成桐先生，也非常钟情于中国历史与文学。

金庸是报人、武侠小说家，他对历史是那么喜欢，他心目中的历史是神圣的，他多么希望自己成为历史学家。二〇〇〇年九月二十三日，金庸登上岳麓书院的讲坛，再次演绎他的中国历史观，他说："我坐在这里有点战战兢兢。因为我知道岳麓书院是中国一个非常有名、非常重要的学术中心。一九九三年，我来岳麓书院参观过一次。当时我抱着一种很敬仰、很恭敬的心情踏进这个大门，在这里走了一圈，心里留下了一个很好的印象。后来，朱院长邀请我到这里讲学，我说这万万不敢当，我没有这个资格……我金庸算什么可以跟在这些大儒之后来这里讲话呢？根本不敢的，也不可以的！"

岳麓书院此前曾两次邀请他，金庸都推辞了，他认为这是昔年朱熹、王阳明讲学的地方，很神圣的。第三次请他，盛情难却，"如果再推辞，好像自己不识抬举了"。

"我今天坐的这把椅子，湖大的谢书记刚才告诉我，跟当年朱熹在这儿讲学坐的一模一样，人就大大的不同了，学问也大大的不一样了，所以我坐在这里，坐不安定。我知道，岳麓书院出过很多很多名人，像曾国藩、左宗棠、胡林翼、魏源都在这里做过学生……"

金庸说到过汨罗江，屈原写《楚辞》、投江的地方，在他看来，"班门弄斧、兰亭挥毫、汨罗作辞、草堂题诗、北大讲学和在岳麓书院讲学是差不多的意思，所以我是不敢来的，没有资格来的，但勉强要来，只好来了……黄永玉也到这里来讲过，他跟我是好朋友，我想，他来讲得，我也讲得"。他再三表示："朱熹老夫子若知道这后生小子在这里大谈武侠小说，可能会生气的，所以我不敢讲……如果我坐在这样庄严隆重的地方，只讲些轻松活泼的话，对不起朱熹老前辈。"

金庸要讲的是"中国历史大势"，基本观点与六年前在北大所讲没什么变化，他提出中国历史几个重要的特点，"一是我们哲学思想是讲融合的……而且我们讲和谐、内部调和，内部在政治思想上要求不互相斗争……而且我们中国还有一个很重要的因素是开放。对外边民族不排斥，也能接受外边文化"。他最后说："英国一个大历史学家叫汤因比，他写了一本《历史研究》，这是一本很有思想见地的书。它最后的结论就是，西方国家已经走到了尽头。西方世界的行为方式、思想逻辑已经行不通了……他认为将来人类的出路就是要做东方哲学，也就是中国的哲学。中国的哲学讲究调和、合作、开放、融合。用这种方式的人类将来才有前途。我很同意他的意见。我想世界人类的未来前途怎么样呢？全世界的人类都能接受中国的哲学，开放，对任何人都不歧视，是什么国家的人都不要紧，美国人、中国人都是一回事，互相融合，互相合作。这样，这个世界战争就可以避免，人类才有光明的前途，也是我们中国几千年的教训。"

人人爱中国历史，人人喜讲中国历史，但要对中国之历史有真知灼见，也绝非易事。正如黄仁宇在《中国大历史》中所说的：历史家的眼光总是以回顾为主，在广大空间画出几条短线，并无预言的意义。

## 三、女性的论说

二〇〇〇年十月，金庸在杭州说："女性好。我崇拜女性。我天性与贾宝玉相通。见过坏男人比较多，却只见过女性好。"十一月，他在北大说："有人认为正人君子一般对女性不注目，而我相反，我偏爱女性。当然，尊重女性、欣赏女性、喜欢女性，也不是随便风流。其实我这个人的思想是很保守的。在香港，有人称我是查大侠，我很惭愧，在生活中我没有多少侠气。"金庸来湖州时，住在太湖庄，当时有很多读者特地去书店买了他的书，想请金庸签名，有好大一堆，我们大多不敢去打扰和麻烦他，但是我们想到他说过的：女性好，我崇拜女性。我们当时在无奈之下，只有请几个漂亮的女性去请金庸在他的书上签名。

我们知道金庸在二〇〇〇年，曾为一位并不认识的中央电视台女节目主持人杨君的新书《笑容：与媒体英雄面对面》写序。他儿子查传倜主动提出要在香港出版这本书。金庸的序题为《笑容在我看来是一种蒙太奇》，在此，我们不妨录之如下，不知读者对人之笑，是否有不同看法呢？

在我看来，笑容是一种很好的人生态度，无论是在工作中，还是偶然面对困难，抑或是在提炼的艺术中。

《笑容》是一个很好的名字。我还有一些联想，不妨叙来。四十五年前，我开始学做电影剧本，写了二三十个，其中有的还算成功。四十年前，我开始学做电影导演，导了两部戏，第一部还可以但不算很成功。第二部是戏剧纪录片，几十年后的今日，还偶尔见到放映。

电影的基础是蒙太奇，理论是从苏联电影导演爱森斯坦、普多夫金等人的著作与影片中学的，实践是从意大利新现实主义大师德西嘉等人及英国与美国的电影中学的。蒙太奇说起来很复杂，简言之，即是辩证的组合，产生效果。苏联的大师举过一些简单的例子：笑容、惊讶、具体的困难。三个镜头中的人物相同，因组合不同，就产生不同效果：第一种，一、笑容；二、具体的困难；三、惊讶。三个镜头依此排列，观众觉得很自然，剧中人是应有的反应。第二种，一、惊讶；二、具体的困难；三、笑容。同样的镜头，排列改变后，观众的心理感应就完全不同了，觉得剧中人十分勇敢。纵然面临各种困难，仍能泰然自若，毫不畏惧。电影中千变万化的蒙太奇变化，都可以从这个简单例子中领悟。

后来我在报纸上写"每日连载"的长篇小说。连载小说每天一篇中都要有"钩"，钩住读者明天非追着看不可。这是一种技巧，运用得最精彩的是苏州的评弹艺人，以及其他地方的说书人。电视连续剧包括了电影技巧和每日连载长篇小说的技巧，至于内容思想意识等，又是额外的要求了。

贺岁电视要求观众的笑容。最拙劣的讲笑话者，是自己不断讲，不断嘻嘻哈哈地笑，听者却不笑。电视剧做到这样，那就很失败了。我曾听侯宝林先生说相声，他板起了脸往台前这么一站，脸上没半丝笑容，满堂观众已哈哈大笑，掌声如雷。这是喜剧技巧，很难学的。满嘴油腔滑调、毫无艺术和智慧的胡说，听众不会觉得好笑。

笑容是一种蒙太奇，要让观众脸上有笑容，挺不容易。笑容也是一种向上的追求，能让自己有笑容，也挺不容易。我曾研究过这问题，其中的道理，很值得想想。


冯友兰之女宗璞写的《南渡记》"序曲"中有这样的话"且不说葫芦里迷踪，原都是梦里阴晴"，我们且不去论金庸天性是否与《红楼梦》里之宝玉相通，也不说他葫芦里的"迷踪"，如果把他武侠小说中对女性的论述，以及他生活中对女性的话语，收集起来的话，也许就是一部很好的"女性文学"的真实记录。金庸也曾说，却只见过女性好。这话也对也不对。为什么呢？让我们不妨一读记录当年徐志摩和陆小曼苦涩恋情的《一本没有颜色的书》，在这本书中，他写下了这样的四句诗：红焦烂死紫薇病，秋雨横斜秋风紧。山前山后乱鸣泉，有人独立怅空溟——今日我们读来，当年的名诗人徐志摩为女性写下的诗，是否还有一分惆怅？

## 四、评点的风波

对于金庸小说的评点风波，在中国国内持续了很长的时间，而此事牵涉的专家学者也比较多。我看了许多报纸的评说，无论是出版者一方，或者是著作权一方，似乎是公说公有理，婆说婆有理。我为了把由评点引起双方争执的情况弄清楚，曾经向《明史》专家王春瑜请教过此事的来龙去脉（王春瑜本人也是由点评卷入风波者之一）。至于双方的争论，还是由于一九九六年十二月，文化艺术出版社与金庸授权的明河版权代理有限公司，签订了《评点本金庸武侠小说全集》的出版合同引发的。在这个出版合同的第一条上写着"同意乙方在中国大陆及港台地区，出版发行上述著作中文版之评点本全集"。

根据这个合同，文化艺术出版社就准备先出繁体版在港台地区发行。但是，当金庸知道了出版社先在港台地区出版，就表示了异议，于是出版社先出简体。不久，金庸却要求重签合同，并寄来了改定的条款，目的是收回原合同中先在港台地区出版发行的授权。而后，明河版权代理有限公司又正式提出废止原协议。为此，文化艺术出版社认为：原协议已经双方签字有效，其他问题双方可用补充条款的方式解决。

然而，一九九七年年初，上海贝林律师事务所受金庸委托提出取消原协议，并向国家版权和出版管理机构告状。当时，由于没有及时解决双方所提出的纠纷（双方纠纷的焦点是：金庸方提出对原协议要求中止，但文化艺术出版社只答应可修改部分条款，而原合同应照常执行——这是形成评点风波的关键所在）。

一九九八年十月，文化艺术出版社隆重推出了《评点本金庸武侠小说全集》简体字本。但是，金庸认为他一九九七年年初提出的异议，显然没有被采纳。

于是，一九九九年三月三十一日，金庸在接受中央电视台晚间记者采访时说，"其实他们所谓的评点，根本是一种聪明的盗版……像这样的评点，就是小学生也会写的"。之前三月二十七日，他在杭州对《文汇报》记者也说评点本"其实是一种聪明的盗版方式"，并说"决定通过法律与他们打官司"。

一九九九年四月五日，《人民日报》华东分社记者采访了金庸，并以《面对盗版，金大侠"拍案而起"》为题进行报道。文化艺术出版社为此将金庸亲笔签名的长达二十条条款的出版合同（一九九六年十二月二日）、转交金庸本人的律师函，以及致中央电视台台长室的公开信公之于世。出版社声明：《评点本金庸武侠小说全集》绝非盗版书，他们在一九九六年十二月就和金庸作品版权代理权者——中国香港明河版权代理有限公司签订了正式出版合同，并在北京市版权局登记。而参与评点者都是研究金庸小说的有名学者，如冯其庸、严家炎、陈墨等。而且"评点人名单的确定也是经金庸认可的"，甚至"部分评点文字也已经过金庸审阅，并依其意见修改过"。出版方认为"相信年迈的金庸先生也会在法定的文本前恢复记忆，相信法律会以事实为依据，相信此事一定会有一个圆满的解决"。

二〇〇〇年八月十四日，《文汇报》刊登《金庸：我感到很意外》的报道："其实，金庸所谓的'聪明的盗版'，纯粹是指出版社而言……曾有读者拿小说请他签名，金庸一看……显然是盗版无疑。"同时说"……金庸先生所针对的当然是出版商，而绝不是评点者。……任何读者可以公开表达，何况金庸所说的差的评点，只是其中一部分"。

文化艺术出版社对此表示不满，认为文中提到的许多情节与事实严重不符，公布了一些更新、更有说服力的资料和证词，指出上述报道有失公正与客观。撰文者偏向金庸方，没有向文化艺术出版社核实和了解情况。文化艺术出版社以录像带为证，认为金庸一九九九年三月三十一日接受中央电视台采访时针对的就是他们，当时的录像背景就是文化艺术出版社的《评点本金庸武侠小说全集》。

从这些情况看，显然涉及云南人民出版社与文化艺术出版社之间的合同关系。一九九九年四月五日，金庸在接受《人民日报》华东分社记者采访时又说："在看到校样时，大吃一惊……以前我对盗版确实比较姑息，想着他们可能因为穷，又没有什么知识，盗版也是谋生手段，社会上那些小偷、强盗，不是也始终禁而不绝吗？但这一次我是深深地痛心的——因为这是一些学者，是知识分子啊！……"金庸的上述所发表的言语，不同程度地激起了原点评者的愤慨。

比如，白维国先生是评点了金庸的《雪山飞狐》的，他在听了金庸的一席话后表示："说实话，听到他贬我为'小学生'，虽感到意外但并不生气，我的学历并不是金大侠定的，一个人的言行如何，最终受影响的是他本人。不负责任的言论只能是给自己抹黑。"

北京联合大学应用文理学院教授周传家博士认为："我为了评点这部作品（金庸的《飞狐外传》），付出了很多心血……把我们与小偷强盗并列，也太过分了，你觉得不满意，完全可以动用文艺批评的武器进行正批评，何必挖苦人？侠，是一诺千金的……"

出版方还认为，采访内容存在多处失实，就连被采访的"有关知情者"也让人质疑，《金庸：我感到很意外》原文说道，文化艺术出版社违反合同的第一条中，该社擅自授权出版评点本金庸小说，"并由此取得重大金钱利益"，文化艺术出版社则认为：情况恰恰相反，由于金庸无端指责"文艺社""盗版"，致使"文艺社"遭受重大的经济损失。

一九九九年六月，金庸及其著作权代理人中国香港明河版权代理有限公司状告文化艺术出版社、云南人民出版社，超出双方原先签订的出版《评点本金庸武侠小说全集》合同范围，未经授权，擅自与云南人民出版社合作出版《新派武侠精品评点丛书·天龙八部》。中国科技图书公司因为销售这部书，也被金庸起诉。

到二〇〇〇年四月，上海市第二中级人民法院智慧财产权庭开庭审理了金庸状告文化艺术出版社、云南人民出版社和中国科技图书公司侵害著作权案。金庸及明河公司的代理人诉称，两被告擅自联合出版的《新派武侠精品评点丛书·天龙八部》，"完全使用了金庸享有著作权，明河公司享有专有印刷、出版、销售权的《天龙八部》一书的内容，仅在小说内，配以少量评注文字"，因此该书属"侵权制品"。文化艺术出版社辩称，根据双方在一九九六年十二月订立的合同，该社已获得《评点本金庸武侠小说全集》的出版权。这种权利是独占的、排他的，该社完全可以多次使用；至于云南人民出版社擅自出版《天龙八部》的评点本，该社并不知情，且正为此而起诉云南人民出版社。

而云南人民出版社认为，他们是按照与文化艺术出版社订立的"合作协定"出版《天龙八部》评点本的，而后者早已获明河公司授权，故不存在侵权事实。同时指出自己曾通过文化艺术出版社，试图将九点五万元版税支付给金庸，但遭金庸拒绝。中国科技图书公司辩称，自己通过合法途径进货，且《天龙八部》评点本由国有大出版社出版，手续齐全，没有理由怀疑他们的出版权，因此不应该承担责任。

而后，文化艺术出版社状告云南人民出版社，一九九七年一月，两家出版社签订了合作出版评点本《天龙八部》的协议，在第九条中规定："协议签订五天内，云南人民出版社必须将本书清样以文化艺术出版社的名义寄金庸先生审定，在获得金庸先生同意后方可投

入制作。"但该社既未将样书寄金庸审定，更未让文化艺术出版社参与联合出版工作，一九九七年十月，以文化艺术出版社和云南人民出版社名义出版了该书。同时于二〇〇〇年年初，文化艺术出版社也把金庸告上了法院。文化艺术出版社常务副社长白卜键说，起诉作者在他们还是第一次，若非迫不得已，他们绝不这样做；尽管如此，他们仍希望与金庸达成和解。白卜键还说，只要金庸在中央电视台《晚间新闻报道》同样的时间段，向文化艺术出版社正式道歉，和解便没有障碍。

北大教授严家炎先生在接受记者采访时说："当初是出版社告诉我金庸先生请我点评的，起初我因出国拒绝了，后来出版社说金庸先生一再邀请，我便答应和我过去的一位博士生联合评点了《连城诀》。"（见一九九九年十二月二十九日第九版《中华读书报》）至于说，评点未交金庸先生审读，文化艺术出版社则坦言，有明河版权代理有限公司总经理李耐生女士一九九七年四月十八日发来的传真，上面写道："查先生同意每册只选取其中一小部分看看，可以邮寄过来。"

至于说"评点人根据已经违约的失效合同，来评点金庸的著作，而未得到金庸本人的书面同意，本身已属于侵权行为"，文化艺术出版社反驳说，该社于一九九六年十二月与金庸著作合法授权代理的香港明河版权有限公司签订了《〈评点本金庸武侠小说全集〉出版合同》，合同明确授权文化艺术出版社"在中国内地及港台地区出版发行金庸武侠小说中文版本之评点全集"。该合同从未经任何仲裁机构或法院宣告"失效"，宣称它"违约"是没有依据的。对于严家炎这样金庸亲点的评点者，最后还落得个"属于侵权行为"，被"提出赔偿要求"，是不是有点太过分了……对于此案，双方为各自的主张，均一一提出了不同的看法和证据。

金庸与出版社之间的争论，更激起了原评点者的愤慨。五位参与评点的学者王春瑜（中国社科院历史所研究员、杂文家、《明史论丛》主编）、林冠夫（中国艺术研究院研究员）、白维国（中国社科院语言研究所研究员）、刘国辉（人民文学出版社副编审、中国武侠文学学会常务副秘书长）、周传家委托律师富敏荣（曾因电视剧《上海人在东京》著作权案名噪一时），于二〇〇〇年八月一日将金庸告上法庭，上海市中级人民法院受理了此案。

五位学者的诉讼请求共三条：一、立即停止对原告的侵权行为；二、在《人民日报》《北京青年报》刊登声明，向原告公开赔礼道歉；三、赔偿原告经济损失费人民币五十万元。

一部《评点本金庸武侠小说全集》惹出了金庸与文化艺术出版社、云南人民出版社及五位点评人之间的三起连环官司，这是始料不及的。

这五位学者曾经都是金庸小说的读者，这次将金庸告上法庭实有不得已的苦衷。与金庸相识已十五年的王春瑜说："……可是金庸的做法太岂有此理了。似乎以高等华人自居，完全不讲武林道义，实在是有负于我们对他的尊重……我们这次告他，最重要的就是要维护内地学者的尊严。"

从一九九九年到二〇〇一年，这场纠纷延续两年之久，被各大媒体炒得沸沸扬扬，直到二〇〇一年二月十六日，诉讼各方才在南京签署和解协定，相互撤诉，一场旷日持久的连环官司最后以庭外和解告终。

在和解协议中，文化艺术出版社就自己的一些失误向金庸郑重道歉，并如数向金庸支付版税，金庸表示愿意接受道歉。他还表示："对各位评点人重视其著作甚为感谢，对评点人所提文学批评上之意见表示尊重，但并非对所有评点表示认可、赞许、同意或接受。如与评点人对文艺创作之意见有所不同，亦属文艺之观点有异，与学术造诣高低之评价无关。"

五位点评人之一的刘国辉从报上得知这一结果，不无遗憾。让刘国辉难以明白的是，在和解中，金庸对曾经在电视上公开说过的那些侮辱性语言，为何没有一丝歉意？王春瑜先生后来在和我的一次通话中，也表示了遗憾。

附注：当我写完此节时，就把有关"评点的风波"这一节文稿，于二○○五年四月二十二日，用快件特地寄往北京王春瑜先生处阅读，以请他对评点风波再做点评说。而后，接王春瑜教授于四月二十七日寄来回函，在我寄往的文稿上，用秀美的钢笔字体写下了如下一段话，在此节文章结束之际，不妨录之如下：

"这是一次令人遗憾的官司。好在一切都已随风而逝。我不后悔当年拍案而起，牵头状告金庸，以维护学者的尊严。但后悔看在冯其庸先生与金庸先生皆为友人的分上，参与评点金庸小说，卷进风波。我所敬重的学术前辈，也是忘年之交王元化先生、何满子先生，都批评我何必去参与评点。我将引以为训。但我还想披露一点事实：金庸先生在南京的调解会上，对老友冯其庸先生指责的语言，是完全失控的。冯先生已知其事。二位老人从此成为路人，此事不能不令我叹息……"

## 五、王朔对金庸诘问

《中国青年报》于一九九九年十一月一日刊登了王朔的《我看金庸》一文。在这篇文章中，这位以"无知者无畏"自居的作者，对金庸的小说进行了猛烈批评。由此而引发了一场有关金庸小说的大争论。王朔说："……我不相信金庸笔下的那些人物在人类中真实存在过，我指的是这些人物身上的人性那一部分……我认为金庸很不高明地虚构了一群中国人的形象……给了世界一个很大的误会，以为这就是中国人本来的面目……这些年来，四大天王、成龙电影、琼瑶电视剧和金庸小说，可说是四大俗。"王朔认为"就《天龙八部》说，老金从语言到立意基本没脱旧白话小说的俗套。老金大约也是无奈，无论是浙江话还是广东话都入不了文字，只好使死文字做文章，这就限制了他的语言资源，说是白话文，其实等同于文言文。按说浙江人净是河南人，广东话也通古汉语，不至于文字上一无可为……"

王朔说，他读金庸的书，简直难以卒读，硬着头皮读下去，最后的结果是，那些故事和人物，只给他留下一个印象，情节重复，行文啰唆，永远是见面就打架，一句话能说清楚的偏不说清楚，而且谁也干不掉谁，一到要出人时候，就从天上掉下来一个挡横儿的，全部人物都有一些胡乱的深仇大恨，整个故事情节就靠这个推动着……初读金庸是一次很糟糕的体验……

王朔毫无忌讳地说出了自己的读后感，他认为金庸的写作方法，只不过用密集的动作性场面，使你忽略文字，或者说文字通通作废，只起一个临摹画面的作用。他评说："……这老金也是一根筋，按图索骥，开场人物是什么脾气，以后永远都是那样，小胡同赶猪直来直去，正的邪的最后一齐皈依佛门，认识上有一提高，这是人物吗？这是画片……"

在接读《文汇报》的传真来函及有关稿件后，"八风不动"的金庸淡然处之，四天后的十一月四日，他给《文汇报》编辑部的信，信中阐明了自己对王朔的看法：

一、王朔先生发表在《中国青年报》上《我看金庸》一文，是对我小说的第一篇猛烈攻击。我第一个反应是佛家的教导：必须"八风不动"，佛家的所谓"八风"，指利、衰、毁、

第十四章　金庸生活谈片

3
1
1

誉、称、讥、苦、乐，四顺四逆一共八件事，顺利成功是利，失败是衰，别人背后诽谤是毁，背后赞美是誉，当面赞美是称，当面詈骂攻击是讥，痛苦是苦，快乐是乐。佛家教导说，应当修养到遇到八风中任何一风时情绪都不为所动，这是很高的修养，我当然做不到。随即想到孟子的两句话："有不虞之誉，有求全之毁。""人之易其言也，无责耳矣。"……我写小说之后，有过不虞之誉，例如北师大王一川教授他们编《二十世纪小说选》，把我名列第四，那是我万万不敢当的。又如严家炎教授在北京大学中文系开讲《金庸小说研究》，以及美国科罗拉多大学举行《金庸小说与二十世纪中国文学》的国际会议，都令我感到汗颜。王朔先生的批评，或许要求得太多了些，是我能力所做不到的，限于才力，那是无可奈何的了。

二、"四大俗"之称，闻之深自惭愧。香港歌星四大天王、成龙先生、琼瑶女士，我都认识，不意居然与之并列。不称之为"四大寇"或"四大毒"，王朔先生已是笔下留情。

三、我与王朔先生从未见过面。将来如到北京待一段时间，希望能通过朋友介绍而和他相识。几年前在北京大学做一次学术演讲（讲中国文学）时，有一位同学提问："金庸先生，你对王朔小说的评价怎样？"我回答说："王朔的小说我看过的不多，我觉得他行文和小说中的对话风趣幽默，反映了一部分大都市中青年的心理和苦闷。"我的评价是正面的。

四、王朔先生说他买了一部七册的《天龙八部》，只看一册就看不下去了。香港版、台湾版和内地三联书店出版的《天龙八部》都只有五册本一种，不知他买的七册本是什么地方出版的。我很感谢许多读者对我小说的喜爱与热情。他们已经待我太好了，也就是说，上天已经待我太好了。既享受了这么多幸福，偶然给人骂几句，命中该有，不会不开心的。

此文在一九九九年十一月十一日星期四，以"王朔批评金庸，金庸淡然处之"为题刊于《报刊文摘》。

而后，于一九九九年十二月，金庸在《明报月刊》发表《浙江港台的作家》一文，进一步回应王朔：

我和王朔先生素不相识，并无私人怨仇，我在公开场合中曾对他的作品表示好评，他所以这样苛刻地对我攻击，相信是由于我们两人对于中国传统文化、文学的观点等看法有根本差异之故。我们两人的个性、生活环境、经历、求学与写作、工作的过程、结交的朋友等完全不同，是永远难以相交的平行线……王先生所以有此文章，猜想重要原因之一，是王朔先生根本瞧不起南方的作家，尤其是浙江人、台湾人与香港人。他那篇文章中开头就说："金庸的作品我原来没看过，只知道那是一个住在香港的浙江人……港台作家的东西都是不入流的……"他认为金庸文字所以不行，由于他是浙江人而又住在说广东话的香港……王朔先生认为我的文字不行，我自己也觉得不够精练，可以写得好一些，更生动一些。不过运用语言文字，是靠天分的……不过单说金庸不行，已经够了，不必牵涉到所有浙江人，远的不提，从近代说，浙江人写文章好的似乎不少。王阳明、黄宗羲、章学诚、袁子才、龚自珍，都是浙江人；再迟一点，章太炎、俞曲园、王国维、孙诒让，也都是浙江人。他们的文章真可说得上冠冕当世。他们不写白话文，那不错。不过，白话文写得好的浙江人，好像也不少。鲁迅、周作人兄弟、蔡元培是绍兴人，郁达夫是富阳人，茅盾是桐乡人，俞平伯是德清人，徐志摩是海宁人，夏衍是杭州人，都是浙江人；巴金先生出生于成都，但祖籍是浙江嘉兴。这些都是白话文挺精彩的第一流作家吧。……

金庸指出中国古典白话小说的作者，浙江人甚多，罗贯中是杭州人（祖籍山西太原），《拍案惊奇初刻》《拍案惊奇二刻》的作者凌濛初是湖州人，《说岳全传》的作者钱彩是杭州人。吴承恩是江苏淮安人，晚年在浙江长兴县做了九年县丞，有人推测，《西游记》是他这一时期写的。明朝白话小说四大奇书中，有三部的写作在浙江完成，浙江的方言并无损于三部杰作的文字。在文末的"作者附注"中，金庸一口气列举了"五四"之后以文章出名的近七十位浙江籍作家、学者。此外他在文中也列举了台湾地区的白先勇、余光中，香港地区的许地山等，端木蕻良的《科尔沁前史》、萧红的《呼兰河传》都是在香港写的，张爱玲、叶灵凤等也都在香港写过不少好文章。即使香港的广东作家也有不少传世力作，如黄谷柳的《虾球传》、西西的《我城》等，散文作家如董桥、刘绍铭等。他建议王朔读一读刘登翰编著的《香港文学史》，"可以得到不少有用的知识"。

不过，他表示"诚恳接受"王朔的一些批评意见："情节巧合太多，有些内容过于离奇，不很合情理；有些描写或发展落入套子，人物的对话不够生活化；有些太过文言腔调，人物性格前后太过统一，缺乏变化或发展；对固有文化和旧的传统有过多美化及留恋，现代化的人文精神颇嫌不足；有些情节与人物出于迎合读者的动机，艺术性不够。这些缺点，在我以后的作品中（如果有勇气再写的话）希望能够避免，但如避得太多，小说就不好看了，如何做到雅俗共赏，是我终生心向往之的目标，然而这需要极大的才能，恐非我菲才所及。

"至于王先生说我的文字太老式，不够新潮前卫，不够洋化欧化，这一项我绝对不改，那是我所坚持的，是经过大量刻苦锻炼而长期用功操练出来的风格。"

王朔的文章，一时间成为媒体的热门话题，作家、评论家纷纷发表自己的看法：十二月二日，董桥发表《我们头上没有光环》一文对金庸的回应持肯定态度，他说："王朔苛刻批评金庸小说，金庸回应这件事，写了一封很有分量的信给《文汇报》编辑部。"所有的评论恐怕都没有文字评论家吴亮的几句话来得深刻和辛辣，他说："王朔批评金庸，得罪的是'金庸迷'，金庸本人无所谓，也许他和王朔还成为朋友，他们其实是一伙的，两个韦小宝。"二〇〇〇年一月十三日，研究经济学的张五常也发表了《我也看金庸》。

> 查先生的两篇回应写得好——我是写不出来的——但我还是同意朋友的观点，认为查先生不应该回应。他应该像自己所说的："八风不动。"王朔的文章没有什么内容——"人之易其言也，无责耳矣。"（我翻为：胡说八道的话，不足深究。）查老在文坛上的地位，比我这个"大教授"高一辈。但他显然六根未净，忍不住出了手。……
>
> 首先要说的，是王朔之文有"葡萄是酸的"味道。"四大俗"畅销，赚大钱——王先生说是资产阶级的腐朽。……
>
> 想当年，金庸为了糊口下笔，争取读者是重要的。但一九五八年我在多伦多追读他的《射雕英雄传》时，就对文学专家王子春说："如果《水浒》是好文学，那么金庸的作品也是好文学了。"……古今并用的文字是最好的文字，中外皆然。我认为查先生的中语文字，当世无出其右！
>
> 的确，王朔有勇气向金庸诘问，也不简单，虽然文章之力度与论据也确难使金庸口服心服，从我读诘问金庸之文章来看，王朔之文倒不及流沙河先生的小文，如《小挑金庸》《二挑金庸》，前者讲为嘉兴写对联之事，后者是写金庸讲"羌族"历史的问题。当然，从中也可看出，写批评文章，或文学评

论,主要是功底,另还必须平心静气,逻辑思维清晰,要丝丝入扣、有真知灼见之分析。啊,我真佩服如别林斯基评果戈理、评普希金等作品的精神和才华,因为,我们从这些精湛的评论中,似乎能得到一种美的享受,我多么期盼中国在不久的将来,也能出现以理性、以学术理论之功底为主的文学评论,如到至这类境界,我们的读者也自能得到一种评论美的享受。

## 六、频频活动,漫话人生

《文汇报》曾有一个版面,用了《面对数百年轻观众漫谈做快乐的君子——王蒙金庸香江话人生》的题目,报道了十一月二十四日下午,王蒙和金庸相聚香港浸会大学,面对数百位年轻观众,漫话人生。因为观众人数一增再增,主办方将会场地点一改再改,不少听众由于没有座席,只能站立过道、蹲坐台阶上旁听。整整两个小时,浸会国际会议中心时时爆出笑声、掌声和欢呼声。话题是"评点《红楼梦》"。我认为,金庸与王蒙所从事的文学方向不同,但他们之人文关怀应该是相同的,故摘录其要而稍加评述。

王蒙先生生于一九三四年,而金庸是一九二四年出生的,他们之间刚好差十岁。金庸一开始就说:我在浙江大学任人文学院院长,我在我们学院的七个系讲课,中文系、历史系讲得比较多。有学生问我:查老师,你觉得中国古诗词中,你最喜欢哪几句?我说我最喜欢《论语》的开头几句:"学而时习之,不亦说乎?"还有一句:"人不知而不愠,不亦君子乎?"王蒙先生出版的《王蒙自述:我的人生哲学》,我用五个字概括是:快乐的君子。

"首先,君子就一定是快乐的。其次,心里老是妒忌人家,打击人家,想打小报告的,心里不会快乐;心里老是希望打败人家,幸灾乐祸的,希望人家垮台,也快乐不起来。一个人一生的目标无非是如何做人，如何希望幸福，如何幸福，快乐就是幸福。你虽然很有钱，可是心里老是不快乐也没有用。金庸的这段话，就是《文汇报》的版题:《做快乐君子》。金庸说，中国的传统从《论语》《老子》以来，中国这些很有智慧的哲学家就是讲做人怎么个做法。人家不知道你不了解你，对你有误解，这个时候你没有什么不开心的。人家误解你、误会你，你能够做到没有不开心是很难的。人家误会就误会好了，我不在乎，这就是一个真正的君子了。我的学生问我了，王朔写文章骂你，你是不是就用这句话'人不知而不愠，不亦君子乎'来回答。我希望自己能做到你不了解我误会我骂我，我也不生气。虽然我还不算是君子，但我向君子走近了一步也好。"

王蒙接着金庸的话题，谈自己写《王蒙自述:我的人生哲学》一书的意义:"我在书中一开始先谈学习的问题，实际上我是回避了一种价值的歧义，因为中国和整个世界都处在激烈的变化之中，你认为有价值的东西，他也许认为不那么有价值。这个时候我就想在所谓人生感悟当中来寻找一个最大的公约数。就是不管你是经商的，当干部的，做老师的，或者你是政治活动家，但是你总有一个共同的东西，可以焕发你的精神，可以让你安身立命，可以让你在身处逆境的时候保持一个心态的基本的健康。"

金庸谈自己的人生哲学:"王先生提到大事情知止而静，你知道什么地方不能再走下去，再走就要掉下去了。所以走路有止境，做什么事都要有分寸。中国人现在也会用民谚来劝诫人家，什么身体健康呀，吃饭要到六分饱，不要吃到八九分，什么事情都不要走到极端。这一点，我和王先生不谋而合。打人也不要用全力。我最近修改《射雕英雄传》，把洪七公的降龙十八掌的'亢龙有悔'详细解释了一下。降龙十八掌最厉害的一掌就是'亢龙有悔'，他的力量就是发出来一分力，保留九分，把力全部都发出来，这个武功就不太好了，最大的力气要保存在后面。做人也要这样，不要走极端，你骂人也不要骂到狗血淋头，不要过分，适可而止，点他一下，让他知道自己过分了，就可以了。我想各位在考试时，不要把全部力气花在最难的题目。等到容易的题目都做好了，难的就放在后面做，做不出来就算了，也可以拿八十分九十分。做很难的题目花很大的力气，最后做出来也不过得个十分二十分，不及格的。"

王蒙接着说："刚才查先生说只发一分力，这个我还做不到，我书中提出来的是发三分力。我也不是什么都不争，因为你什么都不争，别人就可以老欺负你，欺负到一定程度，你要看准机会，啪地一抓就抓住了，对他回击，但是只发三分力，回击以后你就干别的事去，不要跟他纠缠。因为很简单的原因，你没有时间啊，我说只发三分力，而且只花七十二小时，最多七十二小时。就是三天之内，你可以对这个人表示你的不满了，我忘了，忘记了。我有这个时间不就能多写一本书了，收获多大啊！"

王蒙的书，说实在的，不论他以前的小说或他的《红楼启示录》，还有那篇《坚硬的稀粥》和他发在《新民晚报》上的《对于新世纪的祝贺词》一文，都让人百读不厌。王蒙的幽默感里充满哲理。他说："我常常提倡低调的原则，就是你做什么事情不要把调子唱得太高，唱得太高了会吊起人家过高的期望值、过高的胃口，但你实际上不一定能做得到。你的调子过高还容易变成一个靶子，变成一个目标。有些写作的人是非常在乎自己的作品发在什么刊物上，是大的刊物，还是小的刊物；是登在头题，还是二题、三题，还是最后一题，是得了奖，还是没有得奖。我有时候恰恰相反，我有意识地把作品放在一个不太起眼的刊物上，而且我嘱咐他们往后放，千万不要放在头题。因为如果你发头题，人家对你的要求，对你的衡量，拿的那个尺啊，就是个比较严格的尺。如果他一看，是在一个小刊物上，发在第七篇，前面六篇，那么我的就比较容易混过去。"

接着他们两人谈了君子与小人的关系。金庸说："做君子总是要受到小人的欺负，小人不公正的攻击，不公道的对待。"而王蒙却另有一番论理："我说君子并不等于傻子。君子该有的功夫也还该有，要有'亢龙有悔'的这种功夫，这是第一点。第二点就是有时候君子和坏人在一起，坏人的武器比较多。比如说坏人可以造谣，好人不能造谣，既然他给我造谣，我也给他造谣好了。他说我偷了一千块钱，我说他偷了两万块钱。这个就不可以了。这样的话你就趋同了，也变成坏人了。但是我相信从长远来说，虽然你没有坏人用的武器那么多，但是你的剑法呀，还是应该更高一筹。"

面对《漫话人生》的主题，虽然我是摘录了宋培的整理稿，这次在香港金庸与王蒙的对话当然还有一些，但已可以看出他们两人的价值取向和人生哲思。金庸频频在大陆活动，能反映他的生活谈片的还有：如一九九九年四月三日，金庸到上海出席名流云集的"中华古诗文诵读工程"座谈会，主办单位是《人民日报》和中国青少年发展基金会。十一月二十六日，他出席"金庸与'上海教育电视台第五届中国名校大学生辩论赛'辩手恳谈会"。二〇〇〇年十月二十二日，他和中国青少年发展基金会三辰影库共同邀请文化教育界名流会聚杭州，探讨三辰影库创意的蒙学读本《中华成语千句文》。十月二十八日，他参加上海市委宣传部文艺处和东方网在上海图书馆举办的"新世纪论坛"，并发表演讲。从一九九八年四月在《焦点访谈》节目高谈"法治"，到二〇〇一年在《对话》节目评点电视连续剧《笑傲江湖》，他经常出现在央视节日中。

二〇〇〇年九月十日，他又参加在杭州号称"西湖论剑"的"天堂硅谷网络峰会"，参加者有"新浪"的王志东、"网易"的丁磊、"搜狐"的张朝阳、"MY八八四八"的王峻涛、"阿里巴巴"的马云。七十六岁的金庸作为嘉宾主持人首先发表讲话。在这次峰会上，他感到有这么一次机会"结庐西湖"非常高兴，对于搞网络的五位先生，他认为他们的基本功都非常扎实，他在工作上最早认识的是马云，然后是王志东。其余三位是在这次峰会上认识的。在美丽的西子湖畔，他显然是以东道主自居。金庸对记者说："我接触计算机，但主要是玩游戏。早期是玩俄罗斯方块，再后来是玩接龙，现在有时也在计算机上练习英文打字。"到了峰会第二年的二〇〇一年二月九日，他说："确实，生活中我上网，也不使用'伊妹儿'。但网络是一种新式的高效率的信息工具，网站邀请我，我不拒绝参加。"

二〇〇二年五月，也是在上海，他和记者谈到互联网时，自称讨厌计算机，原因是他反感机器，计算机屏幕看着比较不舒服，所以读者给他的电子邮件一概不答，如果是传真才答。他曾说："我年纪大，思想保守，对互联网、网络没兴趣，我绝对不参加；家里有计算机，但我不用，我的计算机主要用来让我的秘书将我的稿子打成中文。还有，我看到广告，人家介绍，英国出了一本新书，马上去订，亚马逊网站，今天晚上订购，三天之后快递就寄到了，费用非常贵。文学比较长期，有欣赏性，一首诗，一本小书，看了一遍可以再看一遍，网络一下子过去，没印象，网上我估计好像就是讲笑话，各种各样的笑话，大家哈哈一笑过去就算了。网络文学没前途的。"当记者问及："您曾说不喜欢网络，但前不久您在杭州主持了网络峰会。"他这样回答："我自己不会互联网，现在在香港跟太太学。但我觉得用互联网买书很方便，不好找的书很快就会买到，十几天，伦敦的书就能送到香港家里。用互联网不如写信，写信符合中国文化，互联网没有坐马车那样高雅，但汽车比马快。"

二〇〇一年五月二十六日，金庸赴天津接受南开大学名誉教授头衔，其间观看马连良一百周年诞辰的京剧会演，当他发现一位曾在"文化大革命"期间大红大紫的演员登台时，立即就退场了。他对记者说："我在浙大讲做人的问题，学问好不好不重要，人品要紧，要有风骨。'文革'时候看到很多人向权势跪下来磕头，这种人学问再好也没用。陈寅恪先生讲，做学问最重要的是人品，要讲真话。"

他说："我曾考取西南联大，但由于路途遥远，未能赴学。"所以他为南开题字："六十年前，我曾跨入南开门槛，惜无缘登堂入室，今日得偿所愿，大畅心怀。"落款为"南开大学文学院金庸"。南开大学校长设宴款待，九十岁高龄的数学家陈省身——金庸的同乡和老朋友专程前来祝贺。《天津日报》的张建星也应邀作陪，金庸问的第一件事是《大公报》与《天津日报》的关系。第二天，金庸到《天津日报》讲学，报告之后，他留下了这样的题词："我出身于《大公报》，毕业受天津报业的教导。"在场的张建星回忆金庸题字时的表情"认真庄重，十分真诚"，此事不到几天就成为佳话，在香港媒体传开了。

六月二十七日，七十七岁高龄的金庸风尘仆仆地"飞"到南京，出任"新世纪江苏人新形象电视辩论大赛总决赛"的特约评委。他说："南京，我来过几次了，去年我在南大演讲过，后来中国艺术节期间我又来过。"

后来，他去河南、天津、广州、上海和杭州，南来北往，几乎到处走走看看，飞来飞去、忙忙碌碌。二〇〇二年四月二十七日，他又应《文汇报》和上海译文出版社邀请，与巴西通俗畅销书作家——科埃略在上海进行了一次对话，"科埃略"在葡萄牙语中即"兔子"的意思，所以被媒体称为"大侠与兔子对话"，或"茶博士和兔子"海上"论剑"。

这次对话主要是文学性的，所以金庸先是谈文学。他曾说："我的写作中自然有着现实的影子，但这并不是说我的写作一定要反映现实事件，要做出价值判断，我是想努力描述一下历经世代都不曾改变的人们共有的爱憎情感。无论《圣经》中吟咏爱情的雅歌，还是中国几千年前《诗经》中的爱情佳句,世界和时间不断变幻,可是谁又发现这些基本的情感有过什么变化?"

五月初,也就是这次"对话"后的没几天,他在上海对记者说,近年来他基本上是"三三制":三分之一时间在英国讲学,三分之一时间在浙江,还有三分之一时间在香港地区。他的主要工作是用通俗语言写一部《中国通史》,以往一些大家写的《中国通史》古文太多,青少年读起来比较吃力,影响了流传。他写的这部《中国通史》完全以故事的形式,用十分通俗的语言来写历史,一般的中学生都能看得懂,而且喜爱看。这件事已经做了几年,估计还要花几年时间才能完成。也许由于金庸近年来,到处南来北往、飞来飞去讲评、演说,不免有过头话,也许是"文人相轻"之习气还未曾改掉,二〇〇一年五月二十八日,《南方都市报》发表胡一刀的《金庸与韦小宝》一文,对他进行了尖锐的批评。文章说:"……晚年的金庸未免凡心不定,思想未能精进,政见每多保守。金庸没有像笔下的令狐冲和韦小宝那样退出江湖,接受北大名誉博士,任浙江大学人文学院院长,在岳麓书院千年论坛做电视演讲,几度亲临央视《笑傲江湖》剧组……'翩然一只云间鹤,飞去飞来宰相衙'……

"金庸曾在令狐冲身上寄予了他个人的政治理想。在华山朝阳峰上,任我行大兵压境之际,令狐冲不仅不同意让恒山派并入日月神教,更拒绝了神教第二把手的高位,既不为权势所屈,亦不为权势所惑。金庸本人去令狐冲可谓远矣,……可见富贵不能淫,尤难于威武不能屈。令狐冲只是理想,金庸才是现实,笑傲江湖只是理想,揖让侯门才是现实,这是世事人情的无奈。金庸二字,金是文化上的,庸是政治上的。他不是令狐冲,倒近乎韦小宝了。"

当然,这文章也是一家之言。在一个渐趋开放的社会,包括金庸在内的公众人物,总要受到来自各方面的赞誉和批评。所以,一方面,"金庸热"多年不见退潮,金庸始终是媒体关注的焦点、中心，大众的热门话题，千千万万的"金迷"和记者对他趋之若鹜，而金庸所到之处，总是人头攒动，总是被话筒、摄像机所包围。另一方面，批评的声音也从来没有消失过……

## 七、影视剧中的金庸小说

闲来无事，打开电视机，随便翻几个频道看看，便会发现总有一两部根据金庸小说改编的电视剧正在热播之中；上网浏览娱乐新闻，总会看到有关某导演准备再拍金庸著名小说的消息，网友们对某部金庸小说改编影视剧的褒贬意见更是不一而足、眼花缭乱。金庸小说改编为电视剧，其传播影响力的深远广泛，由此可见一斑。

将金庸小说改编成电影搬上银幕始于二十世纪五十年代初，当时香港电影还都是粤语片的天下。一九五八年《射雕英雄传》被搬上银幕，导演是拍"黄飞鸿系列"片的著名导演胡鹏，他是整个二十世纪五十年代最好的武侠电影导演，以此开始了金庸小说上银幕的先河。之后又有多部金庸小说被搬上银幕，但这只是金庸小说改编的萌芽期。

到了二十世纪七八十年代，香港经济腾飞，当地人民生活水准显著提高，电视机更是在此时走进了千家万户，于是电视剧也作为一种主流传播方式越来越受到大众的关注。金庸小说采用的是古代章回体小说的结构，这与电视剧以集为结构，每集留有悬念的特点十分契合，因此许多导演纷纷将金庸的小说改编成电视剧。如香港导演范秀明就凭借改编《射雕英雄传》《神雕侠侣》为电视剧而一举成名，至今一九八三年版的《射雕英雄传》及《神雕侠侣》仍一直是许多金庸迷心目中的经典，片中的一些经典场景和对话还一直为人们所津津乐道。同时这一时期，在金庸剧中也涌现出了一大批优秀的演员：如凭《花样年华》摘取坎城影帝桂冠的梁朝伟，在电视剧《鹿鼎记》出演韦小宝，而且把韦小宝这个精明、无赖、好拍马溜须的小人形象演得活灵活现，比起在内地大火的周星驰和陈小春版的《鹿鼎记》其搞怪幽默有过之无不及。

金马影帝刘德华当年挑大梁出演男主角的第一部戏正是一九八三年版的《神雕侠侣》，刘德华从此星途灿烂，在香港及内地大红大紫起来。而一九八三年版的《射雕英雄传》热播后，饰演郭靖的黄日华和饰演黄蓉的翁美玲更是让人们心目中的靖哥哥和蓉儿永远定格了下来。黄日华将郭靖这个“傻小子”刻画得入木三分，憨厚、木讷、正直、兢兢业业；而翁美玲更是仿佛为蓉儿而生的演员，她笑起来微露的兔牙，生气时噘起的小嘴，想鬼主意时转来转去的黑眼珠，她的一颦一笑、一举手一投足都让蓉儿这个娇俏、灵气、任性、聪慧的人物形象一点点立体丰满起来。

《射雕英雄传》是金庸小说在内地流传最广的一部，一是因为内地最早出版了金庸小说，二是因为一九八三年版《射雕英雄传》在内地的热播。我依稀还记得：当《射雕英雄传》片头音乐响起时，有多少家庭围在电视机旁，争看《射雕英雄传》的情景……许多孩子都会精心收藏起黄日华和翁美玲的贴纸，他们应该是那个时代孩子心目中最早的偶像。

到了二十世纪九十年代，金庸武侠小说又在香港电影界掀起了一股热潮，一些具有革新精神的新锐导演，纷纷对金庸武侠小说的内容进行剖析，并加进一些艺术或商业元素，令观众耳目一新。这期间最具代表性的导演，当推香港新潮导演许鞍华，执导周星驰一系列影片的向华胜、向华强兄弟，香港电影“鬼才”徐克及最早被世界影坛承认的香港电影人胡金铨。同时最具代表性的影片则是一九九〇年由徐克监制，胡金铨导演的《笑傲江湖》，这部电影根据金庸小说改编，要在短短九十分钟内表现原著磅礴的场景、错综复杂的人物关系，以及深远的意境，实在不易，但这部《笑傲江湖》

却把这几方面都表现得较为成功。徐克突破了二十世纪六七十年代旧武侠电影的风格，以奇幻、浪漫、天马行空的手法把这部《笑傲江湖》拍得瑰丽绚烂、与众不同；而动作指导程小东，把电影中的打斗场面设计得飘逸潇洒，颇有写意的古风，极具观赏性和艺术性。再则，一部好的电影决离不开好的配乐，而这部《笑傲江湖》的配乐，正是与徐克合作最多的音乐人，也是他的最佳拍片搭档之一，与金庸同为"香港四大才子"的黄霑。黄霑的音乐与其人之气质，都十分适合《笑傲江湖》，听着黄霑用自己沙哑的声音唱着"沧海一声笑，滔滔两岸潮，浮沉随浪，只记今朝"，他为《笑傲江湖》配的音乐，俨然有森森古意，或快意，或茫然，或潇洒，或缥缈，确令人回味无穷。

但真正赋予这部《笑傲江湖》以深远意境的是导演胡金铨。他虽然当时年事已高，身体又不太好，所以许多拍摄工作是由他的后辈们完成的，但胡金铨那独有的人文意境，仍弥漫整部电影。胡金铨祖籍河北永年，生于北京。一九七二年执导的《侠女》获一九七五年坎城电影节最佳综合技术奖。一九七八年被英国《国际电影指南》评为当年世界五大导演之一。他一九九〇年执导的《笑傲江湖》被台湾地区《世界电影杂志》评为十大华语片之一及该年度台湾地区十大卖座片之一。

胡金铨这位闻名于世的导演，是一个醉心中国传统文化美感的人，他喜爱中国山水画中的空灵，并把这种美学带入他的电影之中，他让他的片子留出武打以外的空白，而不像大多数商业武侠片拍得满满的，他用光用影用云雾，一点一滴地渗透进中国传统式的诗意。胡金铨也是一个注重故事性的导演，他镜头的美化绝不只是空有视觉享受，他同样注重镜头所传递的内涵，绝不是一如某些电影那种空有画面视觉美感，但内容却空空如也的电影。香港以后的电影人都对胡金铨的电影推崇备至，有的重拍他的电影，有的则模仿他的风格拍摄，但都只学到他的皮毛，无法翻版他的灵魂，之后的香港武侠电影便再也没有达到胡金铨所达到的人文高度。著名学者教授、胡金铨的好友李欧梵先生就曾说："李安的《卧虎藏龙》可谓是向胡金铨致敬之作，特别是侠女，但却缺乏历史感，成了一种'混片'，金铨的意境，虽是视觉的产物，但没有对中国古典文化潜移默化的功夫，是拍不出来的。"

大陆改编金庸小说的热潮兴起时间较晚，但声势浩大，中央电视台的大宣传、大制作、大投入有与港台经典改编剧比拼之势。而张纪中更是成了改编金庸小说的专业户，从一开始的《笑傲江湖》，到后来的《射雕英雄传》和《天龙八部》，再到《神雕侠侣》，张纪中在外界的批评、指责甚至叫骂中一路走来，实在精神可嘉。因为如今改编金庸小说已成为一项吃力不讨好的工作，拍得好了，观众可能更多归功于原著的功劳；若拍得不好了，则会引来广大"金迷"的一片嘘声，大骂导演糟蹋金庸原著。

我们暂且不论金庸小说的水平如何，但是频繁地翻拍金庸小说并不是我国电视剧良性发展的好现象，因为这从另一个侧面反映了我国电视事业缺乏优良的剧本，而只能靠不断地翻拍来提升收视率，如长此下去必然会妨碍我国电视事业的健康发展。香港地区已经很少再翻拍金庸的小说了，香港地区的编剧们往往是汲取金庸小说人物塑造或情节铺陈的细节精华，观察现实生活百态，来重新构思鲜活而有生命力的剧本，以此来丰富电视剧的内容。

# 第十五章　金庸浙大辞职风波

## 一、风波缘起

金庸一九九九年正式出任浙江大学教授、人文学院院长职务，时光荏苒，莘莘学子能聆听到金庸的亲授课程，一睹金大侠风采。二〇〇四年的一则"金庸将辞去浙江大学人文学院院长职务"的消息，一石激起千层浪，引起了大众、媒体及学术界的广泛关注，数以百计的媒体传播着同一则消息：金庸将辞去浙江大学人文学院院长的职务！这不禁使人们纷纷探问，金庸辞去人文学院院长一职究竟是什么原因呢？

对于向浙江大学递交辞呈一事，金庸在接受记者采访时，曾这样表示："我确写过一封辞职信，但浙江大学没有同意。如果他们一定要留我，我会考虑他们的诚意，但我不会再拿浙大一分钱。"同时金庸还回忆了当初接受浙江大学聘任时的另一件事。一九九四年，时任浙江大学校长的路甬祥邀请金庸夫妇访问浙大，并表达了校方希望聘金庸为浙大名誉教授的愿望，金庸当时欣然应允。一九九六年十一月，金庸被正式受聘为浙大名誉教授。

金庸之所以出任浙大人文学院院长，一方面因为金庸有自己的教育观。他认为，当今世界教育的潮流是"通识"教育、交叉学问。在校的大学生，应该对各种学问都有所了解，因此，他开课的形式以讲座为主，有问必答。但讲课内容却往往会交叉，比如讲新闻，必涉及经济、科学、哲学等其他学科，天上地下，均会涉及。他认为，人文学科要发展，多元化知识的融入很重要。他风趣地说："过去历来喜欢人家教我，我鞠躬求教，而不善教人。如今受聘走上讲坛，一定会加倍努力，认真执教。虽然写小说天马行空，但一旦执教，不会像小说中的杨过、令狐冲那样天马行空，思想要开放，处事却要守规矩。"

另一方面也源于他与浙大领导之间的感情。当时，浙江大学的党委书记张浚生曾任新华社香港分社副社长，金庸在香港办《明报》时，作为同行和朋友，他俩有着良好的交情。一九九八年，张浚生调回浙江，担任浙大党委书记，仍与金庸保持着友好关系，所以金庸接受浙大的聘任也是因为老朋友的情面。读者也许要问：既然金庸与浙大有较深的渊源，在浙大日子也过得不错，为什么会爆出辞职的风波呢？

对此，金庸表示原因有二：一是希望退位让贤，让更多年轻人有机会上去，应该说符合目前年轻化的趋势；二是信守当年与老朋友张浚生的诺言。因为金庸接受浙江大学的聘任，一半是因为张浚生的情面，他与张浚生有过君子约定，即共进共退。而现在张浚生已退居二线，所以金庸心里也觉得是时候应该退了。金庸明确表示，他向浙大递交辞呈与年龄无关，金庸一向认为年龄不是主要因素，他虽七十五岁高龄，却仍兴趣不减、精力充沛地投身于各种社会活动之中。尽管金庸已名扬海外、著作等身、功成名就，但他依然追求心底的永恒之渴望与满足，这种满足也许有人说是一种凡俗的满足，但大侠自己也说自己依旧是凡人，他虽时时也沉湎于佛学的境界，但他作为凡人，终究无法脱俗，总是希望得到人们的关注和认同。

对于金庸要求辞去浙江大学人文学院院长一职之事，浙大校方的反应是极力挽留。浙江大学校长潘云鹤对外界明确表示：金庸先生虽有请辞要求，但浙大正在极力挽留。原浙大党委书记张浚生先生也来做金庸的工作，同时浙大接任党委书记张曦也再三挽留金庸，肯定了他对浙大的贡献，并恳请他能留任到届满换选的时候。

本来一个大学分院院长的聘任、去留应是学校内部的事，但由于金庸是名人，是社会与媒体所关注的公众人物，极具社会影响力，因此辞职一事并不单纯局限于学校内部，而是在社会上引起了一波又一波的反响和评论。其中有与浙大校方站在同一阵线，希望金庸继续担任人文学院院长之职的，认为聘任金庸这样的社会名流担任大学院长，是一种学术与社会互通趋势的体现，是一种新的有益的教育模式。当然也不乏不同看法者，也有口诛笔伐极力反对者，其中言辞最为尖锐的当数南京大学文学院院长董健教授。

南京大学文学院院长董健对金庸担任浙江大学人文学院院长，毫不留情地进行了批评，在学术界引起了轩然大波。在金庸接受担任浙江大学人文学院院长后，董健教授便批评金庸"别说是院长了，在南大历史系当个副教授都不够"，他还指出金庸在给学生上课时不讲武侠偏偏要讲历史，结果演讲中漏洞百出，历史政治方面的错误引起了学生哄笑，场面很是尴尬。他还说金庸担任浙大人文学院院长是托关系进来的，所谓来路不正。

但是，面对董健院长如此激烈严厉的指责，金庸的反应似乎气定神闲、云淡风轻得多。对此，他表示："这是董健教授个人的观点，他可能认为我做教授没有资格，但我们浙大的人不会这样去批评其他大学的人。"我读了他们双方的对评后，发现他们之间不同见解的主要焦点是在两方面：一是对学问看法不同，二是对具备怎么样的学问才可以当教授的标准不一。其实，对于这样的争执，如时光可以倒回的话，他们二人处在蔡元培时代，这问题便很容易解决，似乎连争论都没必要。这倒又使我想起余英时的一段话，他是这样说的："对历史和文学，我的目的既不是追求杂而无统的'博雅'，也不是由'专'而'通'，最后汇合成一部无所不包的'通史'。'博雅'过去是所谓'文人'的理想，虽时有妙趣，却不能构成有系统而可信赖的知识。'通史'在中国史学传统中更是人人向往的最高境界，大概可以司马迁所谓'究天人之际，通古今之变，成一家之言'来表达。但现代的学术系统中，这样的著作只能求之于所谓'玄想的历史哲学'（Speculative philosophy of history）中，如黑格尔的《历史哲学》、斯宾格勒的《西方的没落》或汤因比的《历史研究》。现代史学实践中所谓'通史'，不过是一种历史教科书的名称而已。但无论是前者还是后者，都和我的兴趣不和。"虽然，这是余英时先生的一家之言，但我认为，对于所谓"金庸浙大辞职风波"看法不同的历史学者或人文作家，如一读此论，兴许还颇受启益！

金庸毕竟经过多年风浪的历练，见过的大场面也多。如当年他创办《明报》，与《大公报》笔战，所面临的压力和危机比今日的指责激烈百倍，所以他当然能泰然自若、游刃有余地笑对各方炮轰。

尽管金庸要求辞去浙江大学人文学院院长一职，但并不表示他将结束他在浙大的任教生涯。应该说在这五年中，金庸与浙大结下了情谊，他每年都到浙大讲学开讲座，与浙大学子对话。在讲台上，金庸与学子们交流学问，畅谈文学，分享感悟。除了亲自授课，金庸还为自己定下目标：他希望通过数年努力，使浙大的文科教育跻身中国高校前列。他表示，浙江大学人文学科曾出过姜亮夫、夏承焘等大师，他任职后如果在学问上有些进步，那就是他最大的收获了。

因而金庸辞去的只是人文学院院长这一行政职务，并非放弃浙江大学教授一职，他表示："不管校方同不同意我辞职，我还是会去浙大为学生开讲座。我毕竟还是浙大的教授，而且是终身教授。"辞职后的金庸将不再过问人文学院的行政事务，但会继续履行浙江大学终身教授的义务，为浙大做贡献。

## 二、金庸站在风波口

孔子有云：三十而立，四十而不惑，五十而知天命，六十而耳顺，七十而从心所欲，不逾矩。这是说人从青年、成年至老年的心境变化发展的过程。如我们以此来反观金庸，当我在写他的传记时，仿佛随他进入一个个年龄阶段，总觉得探究他的行动心态的一些微妙的东西，和他那一波又一波的人生意境，是十分有意思的。

二〇〇四年对金庸来说是收获颇丰的一年，他得到了法国政府授予的"艺术文学高级骑士勋章"，一位中国作家得此殊荣实在不易。法国在国际历史文化舞台上一直是文学艺术家辈出的国度，也是全世界文学艺术家心向往之的圣地，这枚来自法国的勋章是对金庸武侠小说在世界文学中地位的肯定。同时，金庸也完成了他武侠小说的第三次修改，准备交付出版社出版。这套修订完成的新版金庸武侠小说全集，势必如一股巨浪，在全国书市上再次掀起"金庸热"的狂潮。然而，二〇〇四年对于金庸来说，不啻是风波不断的一年：辞去浙江大学人文学院院长，遭到学术界知名人士的炮轰非议；修改武侠小说而引致书迷们的不满，一波未平一波又起。面对荣誉好评，金庸欣然接受；面对非议指责，他也淡然处之，所谓"八风不动"。步入七十岁后的金庸，处世更随性潇洒，他有时更听任自己的心性为事，事后的是非曲直也听任外界众人评说，他仿佛已真正做到荣辱不惊，享受古人所谓"随心所欲"的快乐。

二〇〇五年年初，他在浙江大学杭州紫金港校区接受有关记者的采访，从中我们不难看出，虽然外界依然对辞职、修改小说的风波众说纷纭，但在金庸心中这些事件已经尘埃落定。当记者问及他是否还是浙江大学人文学院院长，金庸先生做了翔实的回答，他说："我向浙江大学递交了辞职信后，浙大十分重视，通过多个管道与我沟通，表示了挽留我的意思。昨天上午，浙江大学新任党委书记张曦先生和我的老朋友张浚生先生来看我。他们继续表示希望我能留下来担任院长。他们说，校领导已经开会研究过我的辞职请求，一致表示要挽留我当院长。如果我坚持要辞职，也希望我等到本届学校领导班子任期到期换届的时候，再决定是否同意我的辞职请求。"

虽然金庸允诺继续留任直至换届，但他已不再过问浙江大学任何行政事务。金庸说："我仍然是浙大的一分子，只要是浙大的事，我还是会尽力去完成……"当记者问到他有关带博士生的情况，以及外界有关他对带的博士生评价不好，而引起浙江大学学生愤怒一事时，金庸给予了澄清，他说："我不知道报道这件事的记者什么时候采访过我，因为我从来没有对三名博士生做过'不好'的评价。我去年（二〇〇三）去西安参加'华山论剑'活动，当时有记者问我：对三名博士生如何评价？我回答说'很好'。那位记者又问我：过去为什么不招博士生，为什么到今年才招？我回答说：过去几年也想招，但考生的成绩不好。这本来是两个问题的答案，不知为什么被记者'嫁接'在一起了，成了现在的样子。即使我说过这三位弟子不好，也不可能引起'浙大学生的愤怒'，最多是引起这三名弟子的愤怒。那位记者不知道有没有到浙大采访过。"

作为一个武侠小说家，以办报、写小说致富，以小说名扬海内外，金庸在与记者交谈时，坦言最大的成就还是自己小说所带来的巨大影响力。有关部门提供金庸小说销售三亿套（册）的资料后，确实让金庸十分自豪；同时金庸第一次成为北京读书人心目中最喜爱的作家，因为前两届北京读书人"心目中的最爱的作家"，则是一代文学大师老舍，这更是让金庸喜不自禁，受宠若惊。

由于金庸对原来武侠小说中的一些情节进行大幅度修改，而引来很多武侠迷的不满，对此金庸则重申了修改的初衷，并承诺将考虑广大读者的意见："第一次我整整改了十年。由于是连载，每天有读者等着看，有许多是急就章，又来不及查看前面的文章，因此在时间、地点和情节上难免会接不上头，那次修改尽力将前后故事的情节全部理顺。但读者对我的要求很高，我每天都会收到许多读者的来信或来电，与我讨论我小说中的有关情节，提出他们的不同意见。有些意见是完全对立的，比如韦小宝的结局，比如段誉与王语嫣感情的结局，比如黄药师与女弟子梅超风的暧昧感情等，读者的意见有时完全相反。在无法与所有的读者朋友一起讨论的情况下，我只能和几位我熟悉的朋友讨论，并尊重这些朋友的意见。我也曾就韦小宝的结局，提出过自己的修改意见，我准备让好赌的韦小宝家破人亡，让他的七个老婆大多都跑掉，这样改的目的是让年轻人不要学他的样。没想到遭到了那么多读者的反对，在最后定稿时我会充分考虑读者的意见。"

金庸一直是一个站在风口浪尖的人物，一直是一个评论不完的人物，也许正是这一浪又一浪的风波，让金大侠在八十岁高龄，依旧保持着旺盛的活力和精神。那时，与金庸并称"香港四大才子"的倪匡、黄霑、蔡澜，都已经先后"退隐江湖"了。倪匡，早已移居美国旧金山，不问窗外之事；黄霑，一生才情纵横，狂放不羁，也已驾鹤西去；而蔡澜则醉心于他心仪的美食，较少过问政局时事。只有年纪最大的金庸，仍社会活动频繁，依旧是社会舆论的焦点。笑看风云、处变不惊，可以说是金庸之所以能多年来稳立风波口最重要的人生原则。正如我偶然看到金庸在衡山之巅所留下的一张照片，照片中的金庸昂首挺胸，双手垂直，巍然站立，儒生气满面；身后则是飞流三千尺的瀑布，深不见底的万丈深渊……这也许就是他站在风波口、气静神闲的写照。

三、尘埃落定

自二〇〇四年金庸向浙江大学递交辞呈开始，直至二〇〇五年

一月，浙江大学正式接受金庸的辞呈，这场沸沸扬扬的辞职风波终于尘埃落定，金庸正式卸任，宣告这场风波的结束。

二〇〇五年一月九日，一个寒冷的冬日午后，金庸与夫人一同出席"金庸武侠小说之龙泉宝剑展览"开幕仪式。"龙泉宝剑"是浙江龙泉根据金庸小说打造的一套刀剑兵器，当地政府赠送给金庸先生，金庸随后又转赠给浙江大学博物馆，仿佛是他在离开浙大之前留给浙大最后的礼物。仪式结束后，金庸便正式宣布辞职，人文学院副院长徐岱也表示：二〇〇五年三月新学期开学后，学校领导换届工作将全部结束，届时，金庸先生将正式卸任院长和博士生导师的职务。

我从有关金庸卸任仪式的现场报道中发现，现场的记者报道当时在场的只不过百多人，其中包括近五十名媒体记者，虽然浙大校方解释说快考英语四六级了，学生们都在复习，没空过来，但过去金庸在浙大做讲座时，都会有几千名学生涌来参加；相比之下当日卸任仪式的情景似乎有些"夕阳无限好，只是近黄昏"的感觉。一位浙江大学的教授也对此评论道：浙江大学的金庸盛宴，差不多已经散去，短暂的怀念过后，人们很快就会投入新的历史中。不知当时在台上发表卸任感言的金庸，是否也觉得台下的听众寥寥无几，是否在走下台时心里也会泛起一丝惆怅和感慨……对此，我们显然是无法得知了，但历史会见证一切，多少风流人物、英雄豪杰、文人墨客最后都将淹没在历史洪流之中，谁将流芳百世、名垂青史都将由历史和时间来检验。

金庸在宣布正式卸任后，自然引起了有关他卸任后校方运作方面的问题，于是在参加完"龙泉宝剑"捐赠仪式后，金庸在贵宾休息室接受部分媒体的采访，对就辞职风波引发的各种震荡做出了回应。首先是他卸任后，他已经带的三个博士生的问题，金庸的回答是："我行政工作不做了，博导也不做了，但是学生还是要带下去的。新的博士生不再招了，现在只是把三个学生带完。"

一九九四年下半年，金庸主动提出在学院设立"金庸人文基金"以奖励品学兼优的贫困生，两年内陆续拿出一百万港币资助贫困优等生的学习和生活。金庸卸任后，基金会是否继续，自然成了学生们关心的话题。人文学院副院长徐岱教授表示目前这个基金仍在运作，但因为还要赞助各种学术活动，所以仅用当初基金的利息来给贫困学生颁发补助可能就不太够了，目前学院在重新调配这项基金。

另外，外界一直盛传金庸在浙大期间与浙大领导层有矛盾，但金庸和校方都一致否认这一说法。金庸说："潘云鹤校长曾和我面谈过，他诚恳地挽留我，他们说我是大师级别，是浙江大学的宝贵财产，可以作为终生财富。我对浙江大学的感情很深，他们这样我也很感动。"徐岱也否定了有矛盾说法，他说自己对金庸非常尊敬，学校领导更是如此。仪式上浙大领导张浚生的发言，似乎也证实了徐岱所说的"感恩"心态，近二十分钟的发言，几乎全部在颂美金庸的文学功底和武侠修养上，对辞职一事只字不提。据说，在张浚生发言时，金庸与坐在后排的人却开始聊了起来，这一无心之举发生在此种场合难免引来在场记者的猜疑，连陪同金庸一起出席的导演张纪中也轻声唠叨了一句："怎么话这么多呢！"

卸任后的金庸可算是"无官一身轻"，但生性好动的他闲不下来。今后金庸的动向自然又成为社会各界及媒体关注的焦点。

对于这六年来受聘浙江大学的心路历程，金庸并没有人多的感言，也不想对其他一些大学聘请社会名人出任大学教授的是非给予评论，他认为大学自有道理。他只用一句话来回答："我不大喜欢行政工作，也不太喜欢教人，而更喜欢向人学习。"这话似给他的浙大辞职风波画上了一个句号。

## 四、风波后的反思

金庸浙大辞职的风波随着"龙泉宝剑"转赠仪式的结束而告终，金庸明确宣布正式卸任浙江大学人文学院院长及博士生导师的职务。如果这件事发生在浙江大学其他任何一位院长或博士生导师身上，人事更迭后一切事件都会画上句号，但这一事件发生在鼎鼎大名的金大侠身上就完全不同了，拥护者、非议者，学者、文人、教授在风波过后仍纷纷发表评论，大有再掀风浪之势。

种种评论大都围绕着金庸是不是合格的院长和博士生导师这一话题，即他的教学水平和学术水平是否够格。在这一问题上，全国上下各大著名高等学府的学者教授们俨然分为两派：一派指责批驳金庸的博导院长资格；而另一派则拥护推崇金庸的学术和教学水平。"反对派"中，浙江大学历史系教授何忠礼就直言不讳地说"金庸对历史学基本不懂，让他带博士完全是误导学生"。复旦大学著名学者教授葛剑雄先生则指出，教育部学术委员会对博导资格明确规定：一是当过教授，二是之前必须完整培养过一个硕士生，三是在国内高校指导过博士生工作，那么浙江大学所谓的金庸担任博导一切是否都按规定严格申报，依据何来？当然"拥护派"中的学者教授们也毫不示弱，人数也蔚为壮观。北大中文系孔庆东教授就为金庸抱不平，他说："谁说金庸不够资格当教授？你让他站出来！金庸的学问在'职业技巧'上可能不如'科班出身'者，但指导几个学生是没有什么问题的。梁漱溟到北大当教授时，也没有什么高级文凭，现在大学有几个老师够格的？"又说，"有人认为他不能当历史教授，是因为他没有写出研究论文。金庸怎么没有，《袁崇焕评传》不就是吗？"徐岱也说："即使是那些批评金庸的博士也承认，向外人提到金庸是自己院长时，心中仍然会有一丝荣耀。而金庸一年一次的讲座，也已成为浙大的品牌之一。"北大的严家炎教授更是气愤到了骂人的地步："金庸当博导不够格？真是天大的笑话！说他不懂历史，真是胡说八道！"

在金庸宣布正式卸任的消息传出后，当时批驳金庸担任院长和博导的学者教授都"长出一口气"，认为金庸此举才是明智之举，如南京大学董健教授就说："金庸辞职，我的第一反应是'他找到了自己的位置'。整件事本身就是'一场错位'，金庸是一个非常好的武侠小说家，但自从到了浙江大学后，就一直回避这个身份，强调自己是研究历史的，但他在历史学研究领域至今没有写出什么学术研究论文，或在核心刊物发表过什么文章，所以说是错位。"中国社科院哲学所研究员徐友渔也说："金庸有自知之明，值得尊敬。他有名誉感，觉得自己做不了这种事务，就不做了。"而拥护金庸的学者教授则认为金庸的此次卸任主要是因为他自身的性情使然，并不是因为不胜任或做不来而辞职的。

浙江大学在聘任金庸这样的社会名人担任院长及博导时，在考虑金庸本人的文学成就和学术修养时，肯定更多地考虑到他所能为浙江大学带来的社会效应和经济效应。然而，浙江大学的领导当时似乎过于乐观，没有想到后来会引致如此大的风波。

综观国内外高等学府，聘任校外知名人士担任教授并不是新鲜事，杨振宁教授就回到母校任教，还亲自担任一年级基础物理学教学，树立楷模，令人起敬。清华大学也聘任在海外画坛声名远播的中国画家陈丹青先生，担任美术学院的博导。一些在国内外知名的作家，如王蒙、王安忆也都受聘于些高校担任客座教授等职务。诚然，聘任一些社会知名人士出任高校的教授甚至博导一职，能够为高校原本理论味浓重的沉闷学术气氛带来一股新鲜之气；而且这些知名人士大多有一段艰难的奋斗历程，能给学生以生动的教益；同时高校利用这些知名人士在社会上的影响力，能够使学校多与社会、市场接轨互动。然而一个硬币都有其两面，事物也都有两面性，社会知名人士毕竟大都不是"科班出身"，有些还是自学成才，他们的教育方法是否真能提升学术水平，让学生能在专业上有所收获，着实不敢确定。另外过多的社会活动是否会使这些外聘的名人无法完成学校既定的教学任务及行政职责，而导致只是挂名却无实际贡献的局面，这些都是高校在外聘社会名人时应该慎重考虑的问题。

如果一味否认外聘社会名人所带来的益处，也是不客观的。外聘社会名人的成败关键取决于如何平衡学术追求和名人效应这两者的关系，平衡好了自然给学校及学生带来助益，平衡不好则会给校方和学生都带来损失。

# 第十六章　再探求一个灿烂的新世纪

## 一、做客《南方人物周刊》

二〇〇四年，金庸正好八十大寿，走过整整八十年的风雨人生路，跨过这一重要的人生阶段。此时的金庸对过去的人生，对近期发生的风波事件，对未来的打算，心中究竟何所思何所感呢？恰好《南方人物周刊》在二〇〇四年第十期以大篇幅强档刊登了该刊记者对金庸的专访，给了我们一个机会了解八十岁金庸的心态。

《南方人物周刊》于二〇〇四年七月创刊，坚持"平等、宽容、人道"的理念，关注那些"对中国的进步和我们的生活产生重大影响的人、在与命运的抗争中彰显人类的向善力量和深邃驳杂的人性魅力的人"。

这次《南方人物周刊》记者对金庸的专访，涉及近期媒体十分关心的问题，诸如小说改编问题，再次修改小说出版问题、金庸目前生活状况等问题。金庸对这次专访的态度也十分自然，他对记者说"除了香港政治，我们什么都可以聊"，这一向似乎是金庸接受访问的立场原则，只要不超越这条底线，他都会畅所欲言。

金庸是在他渣华道毗邻维多利亚港湾的豪华大办公室接受记者的访问的，据记者的描写，"当日金庸神采奕奕，白色带细格的衬衫，笔挺的黑色裤子，外罩一件鹅黄色的休闲西装，着装整洁舒适，而亮色的西装又似乎显现出金庸旺盛的活力，真可以与他小说中鹤发童颜、老当益壮的大侠相媲美"。

　　记者首先与金庸聊起他作品的改编问题，询问他的意见，金庸的回答是："我自己做过编剧的。好编剧如果去编人家原来的著作，并不需要太大的改动。"而当记者谈起改编权，并引用武汉女作家池莉的话"小说就像自己生的儿子，改编权的问题就相当于把孩子交给别人收养，怎么养她就不管了"。这时，金庸的神情严肃起来，立刻也借用这个比喻回答说："我还是希望（改编的）作者能依照我原来写的。虽然说你把人家这孩子领去了，但你说把他手砍掉就砍掉，你说他痛心不痛心？这个我是不同意的。你把他校一校、改一改可以，但是你不能把他手也摘掉，耳朵也摘掉。"说着金庸还摸摸自己的手，摸摸自己的耳朵，好像在说，子之身体发肤，受之父母，子有何损伤，父母岂有不心痛之理。我想，这说明金庸对自己的小说改编问题，还是非常重视的，他绝不允许编导肆意曲解他的作品，可能也就是这一种心情，才令他经常亲自探视剧组，亲自选角并随时与导演沟通吧！

　　接着话题转到了金庸小说的修改上，金庸告诉记者这次修改都是他一个人亲自完成的，绝没有外界谣传的"捉刀代笔"，还说不仅会修改一些历史事实、地名的错误，还会在原版本情节上做一些改动，比如新版《神雕侠侣》中杨过和小龙女的对话可能会现代化一点，《天龙八部》的段誉最后的结局，可能会去做和尚。而修改《鹿鼎记》结局时，将会给韦小宝一点教训……

　　随后记者则与金庸聊起每天的时间安排，金庸说："过去两年，我一直想把小说再全部修改一下，可到现在还没修改完。现在每天用两小时来修改小说，念德文每天还要两个钟头，余下的时间就读读历史书。"还说，"我正在自学考古学，中华人民共和国成立后考古发展很快，对照今天的考古发现，许多古代历史的讲法都错了，夏朝、商朝、周朝，有很多都讲乱了。这些东西都需要我们去学。"一位八十岁高龄的老人还有这么强烈的学习精神，每天的时间，分配得井井有条。改小说、修德文、读历史、学考古一件都不误，这不禁令人打心底里佩服金庸的好学和坚持。谈到考古，金庸似乎兴高采烈，还带着记者到他的小书房看看他收藏的考古学著作，小书房里有六到十个书架的书，桌子上还堆积了一些，很多成套的线装书放在桌上，看得出金庸对考古研究学真是投入了极大的热忱。

除了创作武侠小说，金庸这八十年的岁月中大多是与《明报》相伴的。当谈及办《明报》和后来出售《明报》时，金庸幽默地自嘲道："本来要靠它（《明报》）拿薪水的，但我离开它就不能靠它了，结果薪水送来我也不收。"而谈到身为报人的原则时，金庸则严肃地说："我办《明报》的时候，就是希望能够主持公正，把事实真相告诉给读者……做人有最低限度，新闻记者的最低限度就是不讲假话。但做到这个很困难，因为做人本来就很困难，但你要做一个坏人就很容易啊。作为一个新闻记者，最低限度是不要做坏人，你只要讲假话你就是坏人了……我从没有改变过的就是不讲假话，办报纸问心无愧，从未故意制造谣言欺骗读者。"

然而，当记者最后问起金庸这辈子有没有遗憾之事时，金庸这位永远微笑着应对一切风浪的老人，也依稀泛起泪光，说道："最遗憾的，就是我儿子在美国自杀了，这是最遗憾的事情。他为了爱情，自己上吊死了。"丧子之痛对于金庸并不只是遗憾那么轻描淡写，这几乎成为他永远无法愈合的心灵伤痛。

金庸虽年近八十，却依然思维敏捷、精力旺盛、好学不倦，他是坚定的现实主义者，在他的人生词典中更多的是真实和原则。

## 二、金庸小说终结版问世

二〇〇二年，金庸突然对外界宣布，他"悔其少作"，准备对自己的小说重新提笔修改。此消息一出，立刻就在媒体上广泛传播，一时间议论四起，"金迷们"更是时刻关注金庸小说修改的情况。同时金庸还宣布：在三联版金庸作品集合约到期后，他将与广州出版社合作，独家授权出版金庸作品的新修版本。

小说家对自己的作品进行修改再版，本是十分平常之事，一个优秀的小说家往往会对自己的作品精益求精，修改自己作品的过程也是小说家们修炼提升的过程。譬如，海外知名女作家虹影就自称有"改癖"，对自己的作品往往要改上一二十遍，然而，就是修改自己作品的平常之事，发生在金庸身上便非同寻常了，因为在当代作家中，也许没有哪个作家的作品能像金庸作品有如此广泛的影响力。金庸小说使一些人第一次接触武侠小说，由此而沉醉于这一瑰丽奇幻的武侠世界之中。金庸小说见证了二十世纪七十年代青年人的大学时光，当他们后来成家立业，面对纷扰的压力和琐事时，枕边一册金庸小说便能让他们忘却尘世的烦恼；金庸小说伴着二十世纪八十年代出生的孩子们走过青春岁月，他们一遍遍传看那些书页已经磨得起毛的盗版金庸小说。金庸的小说就这样深入几代中国人的思想和生活，小说中的人物似乎已经不完全属于金庸，而是属于广大的读者了。所以，金庸这次的重修改定，牵动万千读者的心。

金庸的十五部武侠小说作品自一九七二年全部连载完成后，金庸从一九七三年开始动笔修改，花了将近八年的时间将其小说在文字修饰、情节改动、史实可信度之订正等三方面修改完成，一九八〇年第一套完整的金庸作品集在香港问世。内地第一部金庸作品集是由生活·读书·新知三联书店在一九九一年推出的。当时，内地读者对金庸作品还知之甚少，只是在一些地摊上能偶尔看见印质粗糙的金庸小说。生活·读书·新知三联书店通过精心策划、精心包装，以三十六册为一套销售，金庸小说在内地的销售市场很快红火起来，应该说生活·读书·新知三联书店对金庸作品在内地的大红大紫功不可没。

那么，在合约到期后，生活·读书·新知三联书店为何无缘与金庸作品再续约了呢？董秀玉女士对媒体透露说："当三联书店跟金庸谈续约时，金庸提出了续约的三个新条件：版税由原来的百分之十五提高至百分之十八；出版社每年必须完成的最低销售数；销售量每年要以百分之十的速度递增。这几个条件三联书店难以接受，在金庸先生不能降低门槛的情况下，续约只好告吹。"这样一来，金庸便把新修订的《金庸作品集》交由广州出版社出版了，而广州出版社则表示"将把《金庸作品集》做精"，从封面、内文版式、扉页环衬到包装箱，都来了个全新包装，力图令金庸作品再掀"江湖风云"。

金庸以八十岁高龄第三次修改自己的作品，究竟从哪几个方面来给原小说"动手术"呢？随着金庸作品修订本一部部完成，可以归纳为四面：首先，删改情节，丰富人物。金庸花大力气主要修改了《书剑恩仇录》《碧血剑》两部作品，因为这两部小说是金庸的早期作品，在人物和观念上都有很多不足之处，这次金庸的改动主要是通过对情节的改动，使两部小说中的人物更加丰满。例如，在新版《书剑恩仇录》中，新增加了结尾部分"魂归何处"；增加了陈家洛在香香公主死后悲痛自责，不能自已；霍青桐深为忧虑，托阿凡提前去劝导，并称如他自杀，自己也将随他同赴九泉，陈家洛与香香公主在冥冥中相会等情节。通过这样的改动，原先为了"大业"而牺牲爱人性命的陈家洛的人性化色彩进一步加强。在新版《碧血剑》中，袁承志也不像以前那样对爱情非常专一，而是变得摇摆不定，作者着力描写袁承志对阿九的矛盾心理，以期表现一种"为爱受伤"的感觉。对这一部分的改动，金庸先生自己非常得意，认为这样处理人物感情，是自己小说的一大进步。

其次，修改一些历史观念。能够和历史相结合，是金庸小说吸引读者的一大要素。随着年龄和阅历的增长，金庸对历史的态度也在不断变化。因此，这次的修改也对某些历史事件进行了增删。增加了对李自成内心世界的描写，充分反映了这一人物复杂多疑的性格特征：他既想各路豪杰归服自己，又怕别人夺了自己的位置；他既想听从李岩等人的劝告，行王道，严军纪，护百姓，但又对刘宗敏等老兄弟烧杀掳掠予以默许甚至理解，但心里的天平最终倒向了后者。通过这些情节，金庸在进一步地探讨古代农民起义之所以不能取得成功的深层次原因。

再次，提炼文字，字斟句酌。在上一次修订作品时，金庸把最主要的精力放在提炼文字上，但这一次金庸依然对文字不能完全满意，进行了进一步的修订，将书中某些文化素质不高的角色的对话，由书面语改成了口语。例如，袁崇焕旧部朱安国传授袁承志武功，在讲到自己已尽其所能，为承志前途着想当另请名师时，旧版中朱安国的原话为"我们三个已经倾囊以授"，新版改为"我们三个已掏完袋底身家，真的没货色啦"。改动后的文字，体现了口语特色，更符合对话人物的身份。

最后，过分神奇之处，通通拿掉。虽然是虚构的武侠小说，但是金庸似乎不愿意让自己的小说在描写自然现象上显得过分神异，因此在新版中去掉了原来小说中若干不自然的处所，使情节更加合理，衔接更自然、紧凑。

终于，广州版《金庸作品集》在二〇〇三年北京图书订货会上露脸了。广州版的《金庸作品集》与三联版在外表上就大相径庭，采用了国际三十二开本，封面色彩非常丰富，一改三联版的统一封面设计，当全套书并排列齐展示时，可以发现书籍颜色由深至浅，非常醒目。新版本中的内文插图，都是从香港明河社直接复制而来，清晰度和精致程度都要强于老版，同时广州版将定价调低，全套六百八十三元，希望能够赢得"金庸迷们"的欢欣与购买欲望。

然而，金庸的全力修改、广州出版社的倾力打造，最终是否能又迎来新一轮的"金庸小说热卖"呢？

据新闻记者在全国各大城市大书店的调查显示，新修版《金庸作品集》销量并不尽如人意，一年仅售出两万多套，虽然销量优于一般出版的图书，但与预期的热销场面似乎相去甚远。一些"金迷"与书店销售人员，甚至怀念三联的老版本。因为，毕竟对原版本情节了如指掌的读者，是抱着一种怀旧的心情去重读金庸小说的。但当他们读到新版本中大相径庭的人物和故事，势必会"感觉怪怪的"，从而打消了收藏新修订版的念头。据说还有许多老读者，宁愿让孩子在互联网上看金庸的老版作品，也不愿意让孩子阅读新修版，以防与下一代形成"鸡同鸭讲"的尴尬局面。也许正如一位复旦大学教授所说的："一部流传甚广的小说，在时隔多年之后再来一个修改，一般说来，只可能离当初的生命力更疏远，而不是更进入。"二十世纪八九十年代"金庸热"的具体环境已经变化，因此新版金庸在通俗文学评论界，未能引起大的动静。

新修版销量无法创新高。金庸在新修版完成后，便表示将不再修改自己作品，可以说这套新修版将是金庸小说的终结版，最终留在文学舞台上。后人的记忆也将会定格在这一版本。


## 三、金庸小说进课本的是与非

二〇〇四年新春伊始，高二的学生踏进新学期的课堂时，他们惊奇地发现手中的《高中语义读本》中，竟然收入了金庸小说《天龙八部》中的第四十一回："燕云十八飞骑，奔腾如虎风烟举。"另外还有王度庐的《卧虎藏龙》，两者合为一个单元，取名为"神奇武侠"。《天龙八部》这一节讲的是乔峰到少林寺救阿紫，在山上力斗丁春秋、慕容复、游坦之三大高手的一节，充分展示了他的绝世武功和英雄气概。学生们立刻感到耳目一新，欢呼雀跃起来。同时，金庸小说进中学课本的消息也不胫而走，又引来四方的议论。

其实，早在二〇〇一年就有金庸小说进初中语文教材的传闻，当时盛传将把金庸《射雕英雄传》第三十九回"是非善恶"，经作者同意删节后，以"郭靖的烦恼"为题，编入初中语文教材，以描绘"华山论剑"前夕，郭靖在经历一系列杀戮事件后的苦闷心境。

这消息一出，在当时教育界和学者中就引起轩然大波，支持者与反对者相持不下。当时有记者为此走访了相关部门，得到的回答是："有关部门至今没有考虑过要把金庸作品选入初中语文教材中去的意向。"

虽然有关部门一锤定音，但对金庸小说是否应该进中学课本的争论，却并没有因此而平息。时隔三年后，当金庸小说真的堂而皇之地出现在了《高中语文读本》时，立刻被炒得沸沸扬扬，媒体皆传金庸小说终进课本。但事实上，《高中语文读本》并不是正式的高中语文教材，只是一种辅助性质的课外读物，是学生自愿阅读的。而进入教材的作品，选择非常严格，而且教材都要送教育部审查，这种教材辅助读物则不必送审。人民教育出版社中学语文室的王老师谈及收入武侠小说的初衷，其实就是想拓宽中学生的阅读视野，并没有任何强制意味，《高中语文读本》中收录作品的范围非常宽泛。

虽然只是将金庸小说收入高中"课外读物"中，但社会上的批评声还是一浪高过一浪。批评者认为，武侠小说思想境界不高，小说里的打杀场面和言情描写会对学生产生不良影响。还有相当数量的网友提出了反对意见，其主要观点包括：语文读本应当是"雅"的，通俗文学不应当入选，另外《天龙八部》并不是金庸最具代表性的作品，即使选也应当选《射雕英雄传》等。一些较为偏激的网友，甚至把"四大俗又来了"这六个字，在新浪网站上重复了三十余遍（王朔曾把"琼瑶电视、成龙电影、四大天王、金庸小说"称为"四大俗"），以表达对金庸小说入选高中课外读本的反对态度。

而对此持赞扬支持态度的人也不在少数，支持者们先摆事实为证：三个月前，北京公布了第三届"全国国民阅读与购买倾向抽样调查"的结果，在"最受读者喜爱的作家"调查中，金庸和鲁迅、巴金、老舍、琼瑶、曹雪芹、贾平凹等名家榜上有名。既然这次调查是具有普遍性的，那么将金庸小说收入高中读本也合情合理。另外，他们还认为接受金庸小说的语言文字，是一种时人的进步。金庸把江湖传奇与历史风云、侠义柔情与绝世武功、人生哲学与民族文化传统熔为一炉，开辟了武侠小说的崭新境界，使武侠小说的可读性和文化品位都得到提升。现在的年轻人在中学阶段不读金庸小说、不看金庸电视剧的已经不多。面对这样的现实，再把金庸的小说排斥在中学生读本之外，有点违背唯物主义的精神。

两方的意见可说是见仁见智，相持不下，那么对于自己的作品入选中学读本，金庸又是何种态度呢？金庸先生表示，三月一日，他在办公室得知《天龙八部》第四十一回被选入中学读本，感到非常高兴，但是他说《天龙八部》讲的是人生的痛苦与悲哀，担心中学生看不懂。金庸说，武侠小说讲的是还没有法制统治的社会里发生的事情，而现在的人们遵循法律行事，不可能随意杀人、打人，现代社会里，对武侠小说只是看精神，不能看行动。金庸说，有人说他的小说讲的都是牺牲自己的利益去帮助人家，希望人们勇于主持正义，分辨是非，当然对于中学生，必须进行引导，要让他们明白，帮人可以，拔刀不可以。看米金庸先生非常明白，高中学生还处在世界观和人生观尚未定型的阶段，武侠小说中的一些虚构情节可能会给这些稚嫩的孩子以消极负面的影响。

而高中生作为这一新读本的最主要受众者，他们的反应是：能正确看待。一位高二的男生认为，这样轻松鲜活的读本，学生乐意接受，能够真正调动他们的阅读积极性。另一位高二学生则说，自己从初中时就开始看武侠小说，如《天龙八部》《神雕侠侣》等。武侠小说情节紧凑，可以锻炼逻辑思维能力，养成阅读习惯，写作文时，思路也会比较开阔。对于是否会羡慕甚至去模仿"仗三尺剑横行天下的大侠"的问题，大部分学生表示，大家都是高中生了，知道现在是讲文明、讲法制的社会，他们只是被小说里面曲折的情节、神奇的功夫吸引而已。与此同时，一些语文教师也认为，要以一种平常的心态看待武侠，堵不如疏，适当引导才是正途。武侠小说终究也是一种文学作品，选择其中一两篇不错的武侠小说进入高中读本，让学生们了解武侠小说的背景、起源、发展是大有益处的，不必大惊小怪。而且其跌宕的情节、优美的词语、生动的表达，对提高学生思维能力和语言表达能力大有裨益。

其实讨论金庸小说进课本的是与非，本质上就是在讨论一个通俗文化与正统文化关系的问题，这也似乎是中国几千年来，在文学上一个说不清、道不明的永恒话题。我认为，争论通俗文化与正统文化孰优孰劣，崇雅抑俗或崇俗抑雅，也许都是毫无意义的。因为通俗文化与正统文化根本是两种不同的文化形态，它们的受众面不同，侧重点不同，其作用和意义更不相同。正如通俗文化无法取代正统文化一样，正统文化也不可能取代通俗文化。这无论是在中国还是在国外，也无论是在近代还是在古代，可以说这两种文化都是长期存在着的。

## 四、从为金庸塑像说起

中央电视台从开始策划投拍第一部金庸武侠剧——《笑傲江湖》开始，接二连三地投拍了金庸的多部作品：《射雕英雄传》《天龙八部》及二〇〇五年四月拍摄完成的《神雕侠侣》。张纪中更是对媒体透露拍完《射雕英雄传》后，将立刻准备开始筹划《倚天屠龙记》

及《碧血剑》。这一系列的内地版金庸武侠剧使一些内地演员迅速蹿红起来，诸如李亚鹏、刘亦菲等。当年使人还意想不到的是，金庸的电视剧日后还真带动了许多地方的旅游产业。因为央视版的金庸武侠剧以大制作闻名，剧组往往会走遍大江南北、名山大川以拍摄外景。这些外景地或影视基地在电视剧拍摄完成后，大都会被当地开发出相应的旅游资源，吸引了旅游者及众多金庸小说爱好者。当地的旅游产业也由此开始红火，并进一步带动了当地的经济发展。

其中最为成功的例子是位于浙江舟山的桃花岛。

桃花岛，全岛面积为四十点九七平方公里，另有悬鹁鸪岛零点七七平方公里，其中风景名胜区的面积为三十一平方公里，为舟山群岛第七大岛。桃花岛是以岛建镇，全镇总人口为两万余人，岛上有许多自然地貌景观与《射雕英雄传》一书中所描写的地方极其相似，例如，崎头洋、桃花山庄、清音洞、弹指峰、桃树林等。一九九四年，金庸访问普陀，当谈起《射雕英雄传》书中的桃花岛时，他高兴地说："如果有人问舟山的桃花岛是不是书中的桃花岛，我说是的。"

桃花岛自一九九六年开始规划岛上的旅游资源，二〇〇一年成功引进并圆满完成《射雕英雄传》的拍摄任务。二〇〇二年《天龙八部》又在桃花岛拍摄，金庸更是完成了他多年来的夙愿，亲临他笔下的这方风水土地。桃花岛知名度不断扩大，游客量再攀新高。二〇〇二年游客量为二十五万人次。旅游业的发展更进一步推动了第三产业的迅猛发展，二〇〇二年全镇第三产业产值达四千余万元。一部《射雕英雄传》将一个默默无闻的小岛，变成了一个旅游热门景点，金大侠可谓是又做了一件利人利己的好事。

二〇〇五年四月，桃花岛镇政府表示，为了感谢金庸对桃花岛经济发展所做的贡献，桃花岛旅游局准备出资为金庸先生在岛上立一座铜像，预计总耗资二百万元。此举一公布又引来一片哗然。不少网友觉得为活人塑像是极度自大的行为，"怎么能为活人立铜像呢？从古至今立像大都是为了纪念去世的伟人，而金庸还活着，再说他的成就还不足以让我们用这种方式记住他。"有的网友则认为桃花岛此举有炒作和巴结名流的嫌疑。二〇〇五年第八期的《观察与思考》刊登了一篇文章，其中批评为金庸立像之事，文章中写道："从近年看来，金庸先生仿佛有点迷失了自己……金庸先生不断成为新闻热点，仿佛成了一个'社会活动家'。假如金庸先生能够像钱钟书先生那样拒绝送上门的桂冠，假如他少参加一些不必要的公众事务，他获得的崇敬和好感也许要比现在多得多。"

面对社会各方在立像一事的争议和批评，桃花岛方面仍一意孤行，桃花岛镇政府宣传负责人姚先生对外表示道："金庸是活的、死的，跟我们关系不大，我们只是要借'金庸'的品牌来发展旅游。而金庸先生自己也说过，只要对桃花岛旅游发展有利的，都愿意去做。"他还说金庸一直有在某地立一个自己铜像的愿望，在和张纪中合作拍戏时，无意中也和张说起了这个愿望。而张纪中到桃花岛拍摄《神雕侠侣》时，又将这个消息透露了出来……我们才提出在桃花岛给他立铜像，让这里成为金庸圆梦的地方……似乎暗示立铜像是金庸的本意。于是，在外界不断的不满和批评中，为金庸立像的准备工作依旧继续着，并等待金庸先生亲赴桃花岛参加铜像奠基仪式。

难道金庸真会成为中国第一个活人立像的例子吗？终于，一直对立像事件保持沉默态度的金庸对此做出了回应，态度是：恕难同意，尚祈见谅。金庸表示非常感谢桃花岛人民和政府对他及小说的热情和关爱，但他不赞同对自己个人做类似的宣传和标榜，他更希望镇政府和管委会将资源投入环境保护和景点的建设中，让桃花岛成为闻名海内外的风景旅游胜地。

金庸先生毕竟还是明智的，没有被外界对他有意无意的抬高而冲昏头脑。我也非常注意搜集有关此举的信息资料，如果金庸真的接受立像一事，也许是对他的声誉有百害而无一利的。于是在金庸的婉拒下，当地政府取消了原计划举行的金庸雕像奠基仪式，而是将雕像改成金庸小说中诸多武林高手如郭靖、乔峰等人物。

立像事件，虽然最后因金庸的婉拒而不了了之，但后来围绕金庸所引起的分歧、争论，仍久久萦绕不散。一位八十岁高龄的老人，本应该清心无为，远离尘世凡务，享受与家人齐聚的天伦之乐，但在外人眼里，金庸似乎不愿退隐江湖，执着于名利，频频现身社会活动、往返于内地、香港之间。实际上，从另一个侧面看，中国几千年来儒家文化中，那入世思想的积淀是多么深厚，这种入世思想已深入金庸的血液，烙印在他的人生之中，他频繁地参加社会活动正是这种入世思想的体现。当然，我曾当面听金庸讲过，他多么渴望恬淡安泰的生活，我也当面听他夫人林乐怡说过，他们曾多次谢绝人家请他们赴宴之类的事。金庸也曾潜心钻研佛经、道教，但他始终无法做到道教的无为出世，因为毕竟他是一个凡俗之人，尽管已名利双收、荣华富贵，还是放不下尘世的繁华，耐不住清心的寂寞。当然，这一切，兴许是一如人们常说的：人在江湖，身不由己啊！

金庸是凡人，不是神仙，他无法超凡绝俗，无法放弃功名利禄，不论人们是赞同，还是指责，这只是他所追求的人生态度，是与非只能留给后人来评说了。已故文学评论家胡河清有这样的评说："金庸出生在一个破落的旧贵族家庭。他们都具有深远的家世感，从而从遗传密码和贵族生活方式中摄取了大量关于中国士大夫文化的隐蔽信息。同时'破落'又使他们降入中国老百姓的生活之中，领略到了民间情感生活的深广天地。"此评不无道理，甚或可以作为对金庸人生之中许多令人不解的东西的一个合理解读。

## 五、人生何处不相逢

二〇〇三年春天"非典"过后，杭州要做一个纪念雕塑，金庸以"半个杭州人"的身份，捐了一套港版《书剑恩仇录》拍卖。一个杭州高中学生患白血病需要骨髓移植，社会各界纷纷伸出援手，全班同学给这位校友写信求助，他捐了一套签名的武侠作品集。那天，有人问他对钱怎么看，感觉他在捐款时经常是捐书，是不是觉得捐书比捐钱好？他笑着说："我怎么看钱？我买股票、投资老是赚钱。在杭州我曾经捐了'云松书舍'，价值一千四百万。"主持人马上补充说，金庸担任浙大人文学院院长，不拿工资，这次演讲会，不要出场费。

在西湖造屋，可说是金庸的一个夙愿，一九九三年三月三十一日他对《明报》记者说："以前我讲过，退休之后希望在杭州有一间房子……杭州市政府又旧事重提，愿意在西湖边上给我一块土地起房子。这是特别照顾，因为西湖边是不许建私人住宅的。我欣然接受，以满足对故乡的依恋思念之情。"

但别墅还没建成，媒体上就传出批评的声音。一九九六年十一月四日，占地四点五亩的"云松书舍"竣工不久，金庸决定捐给政府。他说："当时我盖这个别墅的用意就是我退休之后到这里定居，做学问，会朋友。等到全部造好后我来看，我觉得这个地方太大了，房舍的结构太精美了，我一个普通老百姓来住这样好的地方不大适合，我就捐给了浙江省杭州市政府。"

浙江历史悠久，人杰地灵，浙人重视历史，如东汉初年，袁康、吴平著《越绝书》，最早记述了吴越史实，可谓是中国传记文学的滥觞。相继问世的还有山阴人赵晔的《吴越春秋》，均在历史学上做出了贡献。诗人词客、文学之才，济济多士，纵横儒林，驰骋文坛。汉代的王充，著《论衡》一书，至今备受瞩目。沈约倡"四声八病"

使中国诗歌艺术，有了音乐感和格律性。南宋时吕祖谦、陈亮等，都是名震一时的重要学人。明代王阳明、清初的黄宗羲、清末的龚自珍，近代的章太炎、王国维都是著名的学术巨人。他们都在这块江南沃土上，耕耘风雅，播种斯文，流风遗韵，至今传承不断。

而金庸在二十世纪五十年代后，无疑在继承前人文化遗韵的基础上，又创新了中国新武侠小说文学的流派。杭州，当然是历史悠久的美好城市，金庸对它有感情不容置疑。二〇〇三年七月二十五日，最高气温已超过四十摄氏度，是多年未遇的高温。下午三点将至，金庸出现在讲台上，摄影、摄像记者忙乎了一阵之后，主持人宣布演讲开始。他在杭州为《金庸茶馆》创刊而举办的演讲会也开始了。

金庸慢吞吞地拿出一沓打印好的讲稿，开始讲中国历史。好像提到了《资治通鉴》，也提到了罗素的《自由和组织》，他的语速很慢，语调也低，有点含混，演讲持续大约半小时。

金庸又慢吞吞地收回讲稿，提问开始。

当有人问他对"金庸产业"有什么设想，他在当中起什么作用，或者说白一点，最终他能从中分得多少钱时，他回答说："我不太了解'金庸产业'的问题，文新集团我希望他们能够成功，我知道，到目前为止，他们准备拍摄动画片，动画片除了他们公司之外，还有其他地方，想买断我的动画片版权。我的投资也很好，我也没有希望能在这里赚钱，我希望《金庸茶馆》能够办得成功。如果动画片能够赚到钱，如果《金庸茶馆》可以赚钱的话，可以把这个对话的平台长期维持下去就满意了。"

那几年，金庸的身影不时出现在各种热闹的场合，各地的"论剑"不断，他的一言一行成为媒体娱乐版津津乐道的热点。

二〇〇三年十月八日，金庸再次参加"华山论剑"，《南方周末》曾以"金庸的节日"为题进行报道。金庸"华山论剑"在海拔 1614

米的华山北峰举行，陕西电视台全程直播三个多小时。先是乘索道上去，再坐上扎着红绸的竹椅，抵达北高峰小广场。参加对话的，还有张纪中、魏明伦等人。

事先金庸希望，"这次活动不要把任何带有商业性质的东西引进来"。还说，"'华山论剑'不是武功上的比试，更不是一次商业炒作，它是一次文化人之间的谈论，是纯粹的文化对话，希望它能够在文化氛围中开始和结束，千万不要搞太多的商业广告"。陕西电视台副台长王渭林后来说，"金庸先生在踏上陕西这块土地后，吃饭、坐车、住宿等都是自己掏钱，坚持不收我们任何的费用"。因为他的坚持，主办方陕西电视台也取消了此次"华山论剑"的冠名权。

金庸"华山论剑"之前举办了一场"碑林谈艺"，他说："还有研讨会，我希望听到贾平凹他们批评我的话，结果满场都是好话，听着是很开心，但意义就失去了。"当然，南京大学王彬彬教授受邀到了西安，却被拒之门外，这也成了个谜。

金庸在二十世纪末与日本池田大作，历时两年有余，以《探求一个灿烂的世纪》为题，进行了一个长长的对话。在这对话的文本中，双方都坦诚地对文化、艺术创作，以及未来新世纪之发展进行了一次思想上的求索。现把他们各自对这次探讨总结性的观点，录在下面，以反映他们各自的心声。

池田大作：人生何处不相逢——

美好的相会，一瞬的邂逅，决定命运的偶遇，还有那残留下悔恨与痛苦的遭遇。"相见时难别亦难"，人生际遇的"戏剧"各有各精彩，各有各不同。

在人生这部大戏中会有一见如故的相会，那种无须语言而心有灵犀一点通的握手是何等的令人心醉。

在那样的相遇之际，人会感到冥冥之中有一种令人怀念的——以佛家之言而论，就是"宿世之缘"的命运之线在操控，那种一见如故，心心相连似乎是好久好久以前就在彼此的心灵深处已是款曲相通。

金庸先生赋予中国传统的"武小说"新的生命，因而被誉为"中国文豪""东方的大仲马""凡有中国人之处必有金庸的小说在流传"，是一位名闻遐迩的大作家。同时，他又创办香港著名的报纸《明报》，三十多年以来，他成为香港舆论界的风云人物。

恕我不能将金庸先生的传奇一一列举出来，我所感叹的是，他在面对巨大权势时绝对不后退一步的风骨，而正是这种风骨中充满着对人民群众的挚爱之情，他时常注视着民众这一原点，对之怀着风雨不动的"目光"。而这就是中国数千年历史中常传承不衰的"大人"风骨。

常言有所谓"笔锋"，金庸先生就是以笔为剑，锋芒毕露。"敌"者汹汹，从左从右而来，不管从哪里而来都令人憎恶、惊恐。他们攻击他、中伤他，甚至想狙击他！

我与金庸先生在香港、东京等地曾四度相谈，领教匪浅。我曾问道："那些压迫很激烈吧！"他当即答道："是的，但是，明白了是非善恶之后，我绝不对不合理的压迫低头屈服！"

时时荡漾着微笑，一副文质彬彬、慈和的君子风度，但却有着不屈不挠的勇者的风骨和精神——这也许就是使读者为之入迷，令人血脉偾张的武侠小说的秘密所在。

金庸先生不仅闻名赫赫，而且是少数有成就的实业家。然而他没有选择那种对世事不闻不问，只顾自己安稳度日、悠闲享受的生活，而是以"是否符合民众利益"来作为发言基准，也就是"为民请命"这种中国正直的士大夫之传统，离开了"民众"这块大地，虽费千言万语也是空洞之物，是毫无价值的论调。

我认为，金庸先生关于香港回归中国的过渡时期的谈话，关于"文化大革命"本质的言论都是卓有远见的。这是基于他一贯"站在民众一边的言论"立场，是慧眼独具的论锋。

那些口口声声自命"真实"者，其实常常是权术家和谋略者。对于他们，不要回避，唯有蔑视此辈，方可以彻底打破邪恶之壁！

我亦打算以同样的心情共赴此愿。与金庸先生的相会直感是不可思议之"锋"。我们可以说是一见如故，他的人生经验下信念使我心灵深处也奏出共鸣的音符。

在中国的战国时代，孟子宣扬其"王道"理想。他曾指出，以武力或者权谋术数而图一己之荣华，利用他人作为达此目的的手段者就是"霸道"。与之相对的是，以光明正大，无处不在的"人格魅力"为大多数人谋幸福的就是"王道"。

况且，时代的黑暗还相当的深沉，这不是还有这么多人梦寐以求"霸道"的原因吗？那些不为毁誉褒贬与争名求利之风所动摇的人，才能在布满荆棘的信念之道上阔步向前。

"自反而缩，虽万千吾往矣！"这是在对谈之中金庸先生曾经强调的话，这种信念在人生中折射出"王道之人"的光辉。这个对谈相继在日本的《潮》月刊，香港的《明报月刊》等杂志上连载一年之后，我与金庸先生再次在香港会面。席间，金庸先生说："我们要把这个对谈继续进行下去，以后再出版续集吧！"他还说："出完第一本对谈集和续集，再过十年，我们再来出第三本对话集！"那种意气风发的气概，令人心情澎湃。

那也是我所期望的。金庸先生今年七十三岁，我亦已七十岁了。与杜甫所讴歌的"人生七十古来稀"的时代已大相径庭，我们还那样年轻。以论文学而始，然后围绕着香港问题、师徒友情、佛教的生死观、文明论、青春时代的追忆等。我们议论风生，求同存异，可以说是无话不谈！

人生何处不相逢。"挥手自兹去，萧萧班马鸣"，新的路程在等待着我们。因此，这里所收录的内容，都是我们"对话"之旅的里程碑和计里鼓。

……

我读了《探求一个灿烂的世纪——金庸/池田大作对话录》后，在即将结束这部书稿时，我们的读者完全可以看到在整个二十世纪，金庸所经历的人生际遇，真有许多精彩的戏剧性遭遇。我们似乎从我们的传主——金庸身上也可得到一些启迪。意味深长的是，每当金庸的人生处于危难之际，甚或每当他痛苦与悔恨之时，金庸总能获人相助、相救，他总能从荆棘中开辟出一条路来，哪怕这人生之路是多么曲折而又坎坷。而且，我们如从某种意义上来说，仿佛在金庸这个人物身上，埋藏着二十世纪中国大地上许多风雨人生的秘密。这正如池田大作在与金庸的对话中所阐述的："具有在逆境中反败为胜的勇气，对于任何困难都能灵巧地对付，使自己的能力尽可能得以发挥的智慧。"的确，无论对个人之人生，或对一个家族，抑或对一个国家也无不如此。

从金庸先生所发表之社论来看，而今在他心中肯定也同时在思索这类问题，因为今日之金庸到世界各地演讲，到剑桥做访问学者，始终把"探求一个灿烂的世纪"这个主题作为平生的一个重要之课题在探求。金庸在他以往的十五部作品中，已经从他所描绘人物的内心状态、历史境遇等方面，去探索以往中国处在任何一个世纪的生存状态及这些历史人物所历经的艰辛。同时金庸也结合他自己所历经之沧桑，在他所处的各种境遇中，用他那特有的文字创造了别具魅力的新体裁，从而写出了与以往时代不同的武侠小说。我认为这些作品和他对政治、历史、时势之理解是一脉相承的。

在金庸自己所经历的二十世纪，他视他的作品为心灵之结晶，至少在他的心目中，上升到视它为一种"生命的哲学"追求。因为，他所创造的作品中的许多人物命运，虽都不生存在二十世纪，但我们也可认为在另一种背景下，反映了二十世纪的时代与人物命运。

如果我们回顾历史，二十世纪是以怎样的面貌呈现在我们眼前的？历史学家艾里克·霍布兹波姆的巨著《二十世纪的历史》颇值得我们阅读。如果我们结合金庸在二十世纪下半个世纪写的社评，就更可佐证二十世纪的历史。霍布兹波姆在文章开头以"十二人看二十世纪"为题，列举了代表世界有识之士的见解，而他们那些近乎悲鸣的语句，引起人们对二十世纪之反省。

"我不得不认为二十世纪是人类史上最残暴的世纪。"（英国诺贝尔奖作家威廉·古丁，William Goulding）"我只能说它是虐杀与战争的世纪。"（法国生态学家雷恩·迪蒙，Rene Dumond）。霍布兹波姆在介绍这些观点之后，认为："为什么许多有洞察力的人士没有带着满足，或是对未来充满自信地回顾二十世纪呢？"他的回答是意味深长的，他说："不容置疑，这是因为不论从战争规模、次数，还是时间上的长短，二十世纪都创下了历史上最残酷的纪录。纵观历史上从最严重的饥荒到组织性的大杀戮，人类自相残杀的规模之大，也是史无前例的。"

当我们读了这段对二十世纪之论述，再联系我们所看到的金庸小说的许多情节，同样也描绘了这样的时代场景，也有与这样的时代相对应的历史画面，以及他对这些问题的洞察能力。尽管金庸小说描绘的是二十世纪以前的历史场景与历史人物之命运，但那对历史之识见与近乎悲鸣的语句却是相同的。

下面是金庸的《不曾识面早相知》，读者不妨一读，也是他对自己的一段总结。

　　抗战期间的一个暑假，大学的同学们大都回家去了。我和一些无家可归的同学住在学校里。天气炎热，大太阳下除了游泳不能做其他运动，我只好在教室里埋头读书。读的是《资治通鉴》和H. G. WeLLs（威尔斯）的 The Outline of History（《世界史纲》）。《资治通鉴》是中华书局出版的线装本，字体很大，薄薄的书本拿在手里颇有古典之乐。《世界史纲》是大开本的插图本，既厚且重，必须摊在桌上，一面欣赏书中的图画，同时欣赏威尔斯以漂亮的文笔叙述世界史事。读得倦了，便大汗淋漓地蜷曲在窄窄的长凳上睡一觉，醒来再读。长凳只有半尺来宽，就是《阿Q正传》中所说的那种"条凳"，睡了一个暑假居然从来没有在梦中掉下来过。此时回思，我在《神雕侠侣》中写小龙女在一条悬空的绳子上睡觉，灵感或许自此而来。那个暑假以中西两部精彩的历史书为伴，过得充实而快乐。

　　后来看到一篇文章，是英国一位历史教授批评威尔斯那部著作的，说他处理历史事实不够严谨，证据尚未充分便下结论，不符合学术上公认的规矩。我对这篇严酷的批评很是信服，深深感觉到做学术研究和写漂亮的文章是两回事，也觉得《通鉴》中司马光任意挥洒、典雅优美的文笔，也恐怕是装饰了不少可能未必符合真相的史实。

　　抗战胜利后从西南回到故乡，在上海西书店里买到一本 A. Toynbee（汤因比）大著 A Study of History（《历史研究》）的节本，废寝忘食地诵读了四分之一后，顿时犹如进入了一个从来没有听到过、见到过的瑰丽世界，料想刘姥姥初入大观园，所见所闻亦不过如是。想不到世界上竟有这样的学问，这样的见解。汤因比根据丰富的史实而得出结论；世界上各个文明所以

第十六章　再探求一个灿烂的新世纪

能存在，进而兴旺发达，都是由于遇上了重大的挑战而能成功应付。我非常信服这项规律。这本书越是读下去，心中一个念头越是强烈：我如能受汤因比博士之教，做他的学生，此后一生即使贫困潦倒、颠沛困苦，最后在街头倒毙，无人收尸，那也是幸福满足的一生。

来到香港在《大公报》工作，工作之余就着手翻译汤因比博士这部大著的节本（他这部大著共十二卷，当时还未写完），因西洋史的修养不足（尤其是涉及埃及、巴比伦、波斯中亚的部分）而遇上困难时，就自行恶补而应付之，我把这些困难都当作是汤因比博士所说的"挑战"。后来因为工作上的需要，转而去翻译几本与中共革命战争、朝鲜战争有关的时事性书籍，把《历史研究》搁下了，更后来见到陈晓林兄的译本在台湾出版，年轻时开始的这份努力就此永久放弃。

此后数十年中，凡是汤因比的著作，只要能买得到、借得到的，一定拿来细读，包括《文明受考验》《战争与文明》《从东到西——环游世界记》《对死亡的关怀》等书，以及汤因比与池田大作先生对话录的英文本。

读《对话录》时，我已读了不少马列主义的著作，对汤因比过分推崇基督精神的看法有了比较清醒的保留，不再像以前那样无条件地拜服，不过两位先生渊博的知识，悲天悯人的宽广胸怀，还是佩服不已。

在北京大学授我以名誉教授的荣衔时，我得知日本有好几位名人曾获得提名，但未蒙学校的教授会通过，我感愧之中，听说池田大作先生是我的前辈，感到又多了一份荣幸。后来《明报月刊》总编辑潘耀明先生建议我和池田大作先生对话，我自然欣然同意，但恐自己名望与学养不相称，有点不敢当。此后和池田先生对话以及在香港与在日本和他交游，感到不但是知识上的交流，也是精神与友情的重大享受。我们并不是在一切问题上意见都是一致的，但我衷心钦佩他坚决主张日本应对侵略中国一事认错道歉，佩服他为力抗日本右派分子的恐吓与攻讦而坚持真理的大勇，佩服他为促进世界和平、各国人民文化交流所做的不懈努力。

……

想到池田先生时，脑中常出现清人赵翼在杭州西湖赠给袁枚的一首诗，"不曾识面早相知，良会真成意外奇。才可必传能有几（指对方）？老犹得见未嫌退"。

……


金庸的"不曾识面早相知"一文，确道出了他的心声。他从回顾自己青年时代，在一种非常艰苦的条件下读书的状况，以及到抗战结束，在上海有机会获读汤因比之《历史研究》而深知：文明之所以存在，从而越来越兴旺发达，就是因为它"经过了挑战而成功应付"。

池田大作所说的日本文明与金庸所说的中国文明，既有共同走过的曲折的路程，又有挑战所取得的共同成功。当然还有不同的文明所表现的重点和差异，那就是各民族有各自不同的艺术表现风格。这也许便是金庸早年对汤因比的崇拜之处，也是他与池田大作各自在自己之文学艺术上的成功之处，这也是他们能走到一起对话的基础。

汤因比对于文明生长过程中之差异，就曾这样说过："文明的生长是由于一个个人或一个少数或是一个社会，对于一种挑战进行了应战，而这个应战不仅对付了挑战，同时又使应战者遭遇到了新挑战，而这个新挑战又需要有新的应战。但是，文明生长的过程虽然一致，接受挑战的各部分的经验却不尽相同……"

我们可以说，从金庸和池田大作之对话来看，正如金庸所喜爱的汤因比所言，他们两人都经历了二十世纪的苦难和腥风血雨，又曾作为一名挑战者与应战者，曾为人类的文明创造了他们各自特有的一种艺术风格，正是用他们各自的风格，为文明的生长做了各自的应战。二十世纪的文明受到了严峻的挑战，当然，在二十世纪的进程中，也有很多进步和发展。例如，帝国主义或殖民地主义在全球的横行霸道的时代已经成为过去，即使还存在许多课题。联合国这一世界政治机构与转瞬即逝的国际联盟相比，在这半个世纪里一直发挥着应有的作用。从正面对民主主义的各种价值提出异议的人已经大减。科学技术的发展虽然是功罪兼半，但也没有人能否定它在丰富物质，发展交通、通信、医学、卫生等方面的贡献。

汤因比曾说："如果我们承认每一个文明都在艺术方面，都有它自己的风格的话，我们就应该问，是不是作为风格的基本要素的质的方面的独特性既然能够表现在这方面，为什么就不能表现在每一个文明的一切其余部分，如机构、制度和活动方面呢？……"这是二十一世纪人类文明的重要话题。

通过解读《探求一个灿烂的世纪——金庸／池田大作对话录》，我们可以综观金庸的人生活动之旅。我们的传主，虽总有一波刚平又掀一波人生际遇，然他有令人赞赏的创造才华，亦有坚持不懈之独立精神，以及那活到老学到老的好学不倦的良好心态。我相信其学问与著作会始终有人阅读和欣赏，也必将传之于后世。在中国文化、文学、人文社会科学界，金庸与池田大作的名字已可谓广为人知，他们将在二十一世纪的今天，继续去探求一个新的灿烂的世纪，探索汤因比提出的"一个文明所表现的一切其余部分，如机构、制度和活动方面……"后来者能否超越与继承，较他们两位对话者、探索者更上一层楼呢？这颇值思量。

## 六、道不孤享晚景

二〇〇五年五月，剑桥大学授予金庸一个荣誉文学博士学位。当然，剑桥大学的"荣誉博士"虽是一个头衔，却是剑桥的最高学位，一般不易通过。理事会中有人反对，说他支持中国一九九七年收回香港，违背英国利益。展开辩论时，支持者认为，他是中国人，支持中国收回失土是爱国行为，剑桥不能反对任何人合理的爱国行为；中英租借新界条约，租期九十九年，到一九九七年期满，这是任何文明国家都必须遵守的国际行为；剑桥讲理性、讲守信，不能反对信守条约的行为；剑桥注重学术独立自由，文学博士是学术性的，不是政治性的。于是，辩论的最后结果是，六月二十二日金庸获授剑桥大学荣誉博士学位。

随即金庸又提出申请，请求到该校攻读博士学位。剑桥最初不接受，因他已是荣誉博士。可金庸不服老的精神，实令人敬佩，申请差不多花了三个多月，费了一点周折，才得通过。于是，他又扬起生命之帆，重新踏上征途，到英国剑桥大学修历史学博士课程，他决心用两至三年拿到博士学位，学成归国。人们对他已是八十多岁高龄，早已名满海内外，却执意要去剑桥拿一个博士学位，有些许非议，金庸却说："求学，并非为了学位，而是感到自己学问不够。"二〇〇三年十一月二十三日，他在香港浸会大学也说："我最喜欢大学生活，我快八十岁了，最大愿望，还是到大学去做学生，从一年级念起。"

二〇〇五年十月一日，金庸赴英国，入学剑桥大学圣约翰学院。他每周上两次课，一次两个钟头，从不缺课。刚去剑桥时，他租房住，甚感不便，后来花30多万英镑，在剑河旁买了房子。导师也很照顾他，有时骑着单车，到他的住处来上课。

金庸的唐代史导师是麦大维（David McMullen）教授，他是一个

"中国通"，不仅普通话说得好，还精通中国的历史、文学和古汉语。二〇〇六年，金庸完成硕士学位论文《初唐皇位继承制度》。

金庸真正在剑桥读书的时间，差不多有两年。他说："我觉得学问不够，也是自己的生活中、人生中的一个缺陷。"所以，八十多岁了他还要去拿学位，弥补这个缺陷。

二〇〇九年，他成为中国作家协会会员，随后成为中国作协名誉副主席。

二〇一〇年九月，金庸完成博士学位论文《唐代盛世继承皇位制度》，透过正史、野史，分析唐代太子继位制度以及宫廷的权力斗争。

金庸认为马嵬坡事件，就是皇太子发动的武装政变。唐代皇位继承问题，他早有留意，一九六九年四月二十五日的社评《自来帝皇，不喜太子》提及，"唐太宗英明无比，可是也不喜欢太子承乾，于是太子纠合大将侯君集等造反，事败被废"。又提及当年玄武门之变，唐高祖不得不立李世民为太子。

这年十月以后，剑桥大学圣约翰学院院长杜柏琛（Christopher Dobson）亲飞香港，给金庸颁发学位证书。当夜，身穿长袍的杜柏琛，以拉丁文宣布金庸为荣誉院士和文学博士，接下来用英语说，剑桥从不在海外颁博士学位，这次应是破例。

金庸自一九五五年《书剑恩仇录》问世以来，他的武侠小说先在香港、东南亚等地，然后在海峡两岸乃至整个华人社会长盛不衰，创造了一个奇迹。金庸的读者超过一亿人。从二十世纪七十年代开始，他的作品，在香港及海外一直高居畅销榜榜首。"他的小说平均每本超过一千版（最多是二千二百二十四版），总销量达一亿多！然而，金庸现象的重点，不单是一亿这个数位，而是他的作品，历半个世纪而不衰。

从各方面来说，金庸的一生是幸运的。一生做过报人、编剧、小说家、教授，以及大学的院长。人家叫他"金大侠"，他的回答是："至少要对我小说比较了解，比较欣赏我的作风，感觉距离也就拉近了一点儿。"有人问他对自己一生是如何看的。他曾说："生活当中还过得去，自由自在，不受约束。综合一生，我觉得自己还行，也蛮快乐的。我念书做学问，都感觉很开心。如果真有上帝，我觉得他对我不错！"

他还想继续创作，并说，"长期创作是很难的。如果我精力还可以，在剑桥大学念完书后，我再写一本小说都有可能。写武侠小说有时是一种享受，有时我躺在床上、喝茶，都会想到一些故事。"此时，他已八十七岁。俗话说人生七十古来稀，可金庸已远远超过了这个年岁。也许他会如巴金先生，一直活到百岁，也可能像他初中时的数学老师章克标先生那般活到一百零七岁。人说，"滚滚红尘，转眼成空，是耶非耶，天下后世，自有公论"。也许，这些并不重要。因他曾经是亿万男女的偶像，海峡两岸的座上客，以武侠小说、《明报》社评，征服了华人世界无数读者的心。多年来，金庸以一个庞大身影，覆盖了海峡两岸、芸芸众生。当然，人，不论多么荣耀多么光辉，正如巫宁坤先生曾说的"死亡绝对不会战胜"。金庸先生，对这点似有心理准备，他于二〇〇三年七月在央视《新闻夜话》中曾说道，他一旦离开人世，墓碑上将会写着："这里躺着一个人，在二十世纪、二十一世纪，他写过几十部武侠小说，这些小说为几亿人喜欢。"

是的，我们的传主便是这样一个人。古人说的"时势造英雄"，大概就是金庸这一风流人物。我在撰写这部作品时，考虑再三，最后确定以这样的纲目来完成：即上篇为"一九四九年前的金庸"，下篇"一九四九年后的金庸"。

当读者诸君读后，其历史与时势之曲线也渐会明朗。我们说，中国大小角色历史上的各个转折期，或叫转型期，无论是身处惊涛骇浪中的大小角色，抑或是随波逐流中的时流名人，他们不乏成千上万，后世皆可为之作传。伟大的史家司马迁曾把各式各流人物写入《史记》，当然，其中有卷入大潮的风云人物，也有无名英雄，但也只能记录时代潮流中的少数幸运的弄潮儿。

金庸是中国香港的产儿，更是二十世纪中国大变动时代的产物。我想，我们的传主——金庸，他算是众多时代弄潮儿中的一个！人生谁也逃脱不了过眼云烟，在人生短暂间，谁都是一个匆匆而过的旅客，他，如何如何，最终自有历史去评说。

二〇一八年十月三十日，一代武侠小说泰斗病逝于香港，终年九十四岁。

# 金庸生平及创作年表

一九二四年

查良镛，又名宜孙，行二，叫宜官，是年三月十日（农历甲子三月），出生于浙江省海宁县袁花镇新伟村赫山房一户名门望族之家。祖先为安徽休宁。其家自明清查家名人辈出，如查继佐，查慎行，查嗣庭，均显著一时。至现代，有教育家查良钊，法学家查良鉴，诗人、翻译家查良铮（穆旦）。查济民为社会活动家。祖父查文清，曾是王世襄伯祖属下、知丹阳，时，正发生"丹阳教案"弃官返乡，曾编《海宁查氏诗钞》。父亲查枢卿，曾在上海震旦大学求学，后经商于钱庄、丝业。母亲徐禄，是海宁大实业家徐申如的堂妹，徐申如也是著名诗人徐志摩的父亲。

一九三〇年

入第十七学堂就读，高小转入袁花镇龙山小学堂。查家富有，上学后就有一名祖父自丹阳辞官后带回的长工负责接送。家中藏书颇多，查良镛自幼培养了读书习惯。

一九三一年

表哥徐志摩，是年一月《诗刊》创刊，任主编。八月，第三部诗集《猛虎集》由新月书店出版。十一月十九日在空难中丧生，时年三十五岁。噩耗传来，查氏家族为之痛悼。

一九三二年

　　开始接触武侠小说。读第一本武侠小说《荒江女侠》。是春，表兄徐志摩灵柩在乡安葬，追悼会在海宁硖石举行，金庸随母去硖石吊唁。查家送挽联一副：司勋绮语焚难尽，仆射余情忏较多。


一九三四年

　　和在教的国文老师陈未冬一同办小学刊物《喔喔啼》。陈老师把查良镛作文于《诸暨日报》发表。这使他对新文艺作品有了初步阅读。


一九三六年

　　龙山小学堂毕业，考入嘉兴中学。那时读了许多小说，如《江湖奇侠传》《侦探世界》《近代侠义英雄传》，还读了《水浒传》等各类书籍。


一九三七年

　　就读于浙江省立嘉兴中学。上海"八一三"之后，嘉兴进入战时状态，九月初，嘉兴中学照常开学。

　　十月，因嘉兴不断遭到日机轰炸，嘉兴中学转到新塍镇，继续上课。十一月，随学校迁移，踏上千里流亡之路。

　　十一月十八日，海宁袁花受到威胁，父母家人逃难过钱塘江，在余姚庵东镇落脚。

　　十一月十九日，嘉兴沦陷被日军占领。

　　十二月，嘉兴中学师生经过长途跋涉，步行到达浙江南部的丽水碧湖镇。金庸母亲患病，因抗战期间，缺医少药，在庵东镇（今慈溪）病逝。

一九三八年

一月，嘉兴中学师生到达兰溪，之后又步行至金华、永康，然后至缙云，直到达丽水县碧湖镇。进入设在碧湖的浙江省战时青年训练团受训。

七月，杭州、嘉兴、湖州等七所中学，合并成浙江省立临时联合中学，分初中部、高中部、师范部。

八月，家乡海宁袁花镇房屋被日寇烧毁。

九月初，进入联合中学初中部读初三，担任级长，与湖州人沈宝新成为同班同学。


一九三九年

十五岁的查良镛，与同学何凤来等三人合编、出版第一本书《献给投考初中者》。当时成为辅考畅销书。

在学校发表考证《虬髯客传》文章，受到著名元曲家、高三国文老师钱南扬赞誉。


一九四一年

九月四日，在《东南日报》"笔垒"副刊发表《一事能狂便少年》。

十月，衢州中学发生反对训育主任杨筠青的学潮，被列入"黑名单"。

十二月七日，在《东南日报》"笔垒"副刊发表《人比黄花瘦——读李清照词偶感》。

由于战事，随学校辗转余杭、丽水、临安等地。靠政府发给补助度日，穿草鞋、受军训、四处颠沛。

因在板报发表《阿丽丝漫游记》讽刺训育主任沈乃昌，被逼联高勒令退学。

后在张印通以及同情查良镛的老师帮助下，转至设在衢州石梁镇下静岩村的衢州中学继续学习。

**一九四二年**

五月，金华、衢州即将沦陷，衢州中学搬迁前夕，提前毕业。九月，在《东南日报》（福建南平版）"笔垒"副刊连载《"千人中之一人"》。

下半年，去重庆考大学，途经湘西，报考前暂留湘西一农场。

**一九四三年**

在重庆，参加高考。考入中央政治学校外交系。并立志要当外交官。

**一九四四年**

短篇小说《白象之恋》参加重庆市政府征文比赛，获二等奖。

第一学年结束，成绩列全年级第一名，受到教育长程天放公开表扬。暑假留校，读司马光《资治通鉴》、威尔斯《世界史纲》。

十一月，因不满国民党职业学生的行为，向校方投诉而被勒令退学。在表哥蒋复璁的帮助下，进中央图书馆挂职工作。

**一九四五年**

业余办过一期《太平洋杂志》任主编。应邀去湘西一农场工作。

抗战胜利，离开重庆，途径湘西。

**一九四六年**

返回家乡海宁与家人团聚。凭吊抗战时去世的舅父徐申如（一八七二——一九四四）。初读汤因比《历史研究》节本。

经原《东南日报·笔垒副刊》编辑陈向平介绍，十一月二十日，进杭州《东南日报》，任外勤记者及英语电讯收译员。

一九四七年

杭州《东南日报》总编辑汪远涵让他以"咪咪博士"名义编一幽默副刊，八月在杭州，邂逅了十七岁的杜家小姐杜冶芬女士，后进入热恋之中。

十月六日，向《东南日报》辞职。进上海东吴大学法学院学国际法专业。

十月底，考取上海《大公报》国际电讯翻译，半工半读。

一九四八年

三月十五日，胡政之主持香港《大公报》复刊，查良镛被报社临时派往香港。

三月三十日，乘飞机离开上海，到香港任《大公报》国际电讯翻译。

十月，与杜冶芬（第一任妻子）在上海举行婚礼。

十一月以后，王芸生从上海取道台湾到香港，发表《和平无望》社评，标志着香港《大公报》左转。

一九四九年

四月十四日，胡政之在上海去世，四月二十一日，在香港《大公报》发表纪念文章《再听不到那些话了》。

十月，新生的中华人民共和国成立。

十一月十五日、十八日，在《大公报》发表论文《从国际法论中国人民在海外的产权》，此是查良镛发表的第一篇国际法论文，论文受到著名国际法专家梅汝璈的注意。

一九五〇年

查良镛应邀北上，赴京到外交部求职，因种种原因，失望而归。重回香港《大公报》做电讯翻译。

十月五日，《新晚报》创刊。

一九五一年

四月二十六日，父亲查枢卿去世。

一九五二年

《新晚报》复刊，转任《新晚报》副刊"下午茶座"编辑，以姚馥兰、林欢等笔名撰写影评等。同时写出《绝代佳人》《兰花花》等电影剧本。

一九五三年

到过上海、杭州，曾与同学朱帼英、沈德绪和胞妹查良璇在西湖六公园合影留念。

一九五四年

一月十七日，香港轰动一时的武术擂台赛在澳门举行。

一月二十日，梁羽生的武侠小说《龙虎斗京华》在《新晚报》连载。

一九五五年

二月八日起，应罗孚之约，以"金庸"为笔名，第一部武侠小说《书剑恩仇录》在《新晚报》连载。

一九五六年

一月，《碧血剑》在香港《商报》开始连载。

五月一日，与第二任妻子朱玫，在香港美丽华酒店举行婚礼。

十月，与梁羽生、百剑堂主在《大公报》开设"三剑楼随笔"专栏。

十二月，大儿子查传侠出生。

一九五七年

一月，"三剑楼随笔"专栏停止，共写二十八篇。

五月，"三剑楼随笔"单行本出版。进入长城电影公司担任编剧。

写《雪山飞狐》，而后《射雕英雄传》在香港《商报》开始连载。引起香港轰动。

一九五八年

以"林欢"笔名写出《不要离开我》《三恋》《小鸽子姑娘》《有女怀春》《午夜琴声》等剧本，并与程步高合导了《有女怀春》。

一九五九年

与胡小峰合导电影《王老虎抢亲》。《雪山飞狐》在《新晚报》连载。

五月二十日，与沈宝新合办《明报》。同一天《神雕侠侣》开始在《明报》创刊号连载。离开长城电影公司，同时为《武侠与历史》杂志写《飞狐外传》。

一九六○年

创办《武侠与历史》杂志，连载《飞狐外传》。

台北出动警察查禁武侠小说（包括《书剑恩仇录》《碧血剑》《射雕英雄传》），《大公报》发表评论《怪哉！蒋氏集团怕武侠小说》。

一九六一年

七月六日，《倚天屠龙记》开始在《明报》连载。《白马啸西风》《鸳鸯刀》先后在《明报》连载。

一九六二年

五月，因报道"灾民逃亡潮"，《明报》声名大噪，日发行量剧增到四万份。到过广州、佛山、从化、新会等地。《野马》小说杂志创刊。

一九六三年

在《明报》与《南洋商报》合办的《东南亚周刊》（随报赠送）连载《连城诀》。

九月三日起，《天龙八部》开始在《明报》连载。

十月，发表《要裤子，不要核子》社评。随后与《大公报》等左派报纸展开一系列笔战。

一九六四年

一月，参加日本《世界周刊》举办的报人座谈会。

四月，赴日参加国际新闻协会举办的亚洲报人座谈会。

十月至十一月，与《大公报》等左派报纸展开一系列笔战。

一九六五年

五月、六月，赴伦敦参加国际新闻协会会议。并在欧洲旅行一个多月，请倪匡代写《天龙八部》。

《侠客行》在《明报》连载。创办《明报月刊》。

## 一九六六年

一月，《明报月刊》正式创刊，亲自主编。

在《海光文艺》第四期发表《一个"讲故事人"的自白》。

在《明报》发表大量社评，对"文化大革命"进程进行预测、分析。

## 一九六七年

三月，与新加坡梁介福药行创办人梁润之合作在新加坡、马来西亚创办《新明日报》。

创作《笑傲江湖》，开始在《明报》连载。

九月二十二日，《华人夜报》创刊，社长朱玫、总编辑王世瑜。

## 一九六八年

十一月，创办《明报周刊》，最初由潘粤生主编，之后长期由雷炜坡主编。

## 一九六九年

十月，创作《鹿鼎记》，开始在《明报》连载。

王世瑜出走，《华人夜报》停刊。《野马》小说杂志停刊。

十二月，创办《明报晚报》，总编辑潘粤生、副总编辑为林山木。

## 一九七〇年

一月，在《明报晚报》发表《越女剑》。

一月到二月，在《明报晚报》连载《三十三剑客图》。

开始修订自己撰写的全部武侠小说作品。

## 一九七二年

九月二十三日，《鹿鼎记》连载完毕。

继续修订全部武侠小说作品。宣布封笔不再写武侠小说。

## 一九七三年

四月十八日至二十八日，以《明报》记者身份赴台访问十天，会见严家淦、蒋经国等。

六月七日起，在《明报》连载《在台所见所闻所思》，引起广泛关注。

林山木自办《信报》。

## 一九七六年

与朱玫离婚。

十月，长子查传侠在美国哥伦比亚大学自杀。

## 一九七九年

参加台北举行的"建国会"，与丁中江共同担任小组讨论会主席。

九月，正式授权台湾远景出版社出版《金庸作品集》。年底，胡菊人辞职。

## 一九八〇年

一月，董桥出任《明报月刊》总编辑。

十月，广州《武林》杂志开始连载《射雕英雄传》，金庸武侠小说进入大陆。

十月十二日，倪匡《我看金庸小说》出版，《明报》刊出台湾远景出版社《等待大师》的征稿广告，"金学"研究诞生。

十五部三十六册《金庸作品集》全部修订完毕，前后花了十年时间。

一九八一年

二月，发表多篇有关香港前途的社评，预测中国将在收回香港前十五年对外宣布。

七月，与妻子儿女回大陆访问，会见邓小平，游历新疆、内蒙古及其他十三个城市。距他离大陆已有二十八年时间。

九月，会见英国首相撒切尔夫人。之前，英国女王授予"英帝国官佐勋衔"，即 O.B.E 勋衔。

一九八二年

九月，中国政府正式宣布：一九九七年七月一日收回香港，时间正好相隔十五年。

一九八三年

五月二十日，《明报》二十四周年，发表《自由客观，决不改变》

一九八四年

九月，中英双方在北京草签关于香港前途的《联合声明》。

数月后出版金庸的《香港的前途——明报社评之一》一书。

十月，再次赴北京访问，十月十九日，中共中央总书记胡耀邦会见金庸。

儒侠人生

**一九八五年**

六月，应中方邀请正式担任中华人民共和国香港特别行政区《基本法》起草委员会委员。

**一九八六年**

被任命为《基本法》起草委员会"政治体制"小组港方负责人。

正式授权台湾远流出版公司出版《金庸作品集》。

三月，《财经日报》停刊。

明报出版社、明窗出版社成立。

六月至七月，"核战"风波中，与《中报》笔战。

十月八日，《明报电视周刊》创刊。

**一九八七年**

翠明假期有限公司成立。

《明报电视周刊》停刊。

**一九八八年**

"主流方案"在香港引起轩然大波，十一月二十八日起，金庸发表《平心静气谈政制》系列评论十二篇。

香港大学授予中国社会科学院名誉博士、文学院名誉教授。董桥出任《明报》总编辑。

《明报晚报》停刊。十二月三日起，为抗议"主流方案"，"民主派"人士进行"马拉松绝食"行动。

**一九八九年**

五月二十日，宣布辞去《基本法》草委、咨委职务。

在《明报》三十周年茶会上，宣布辞去社长职务，只担任《明报》集团有限公司董事长。

## 一九九一年

三月二十二日，明报企业挂牌上市。金庸表示继续为《明报》服务三年。

十二月十二日，与于品海联合宣布：智才管理顾问公司技术性收购明报企业。

## 一九九二年

二月，赴英国牛津大学做访问学者，在牛津近代中国研究中心讲座"香港和中国：一九九七年及其后五年"演讲。

接受法国政府颁发的"法国荣誉军团骑士勋章"，法国驻香港总领事在授勋仪式时将他与法国大仲马并列。

十月，笔伐彭定康。

十二月，回家乡寻师访友，凭吊表哥徐志摩。并为嘉兴市捐建"金庸图书馆"。

## 一九九三年

三月，应邀再次赴北京访问，十九日，江泽民会见查良镛，并与之长谈。

四月一日，宣布辞去明报企业有限公司董事局主席职务，改任名誉主席。

四月二日，在《明报》发表《第三个和第四个理想》一文，确定自一九九四年起"退休"。

## 一九九四年

一月一日，辞去明报企业有限公司董事局名誉主席。

香港中文大学出版金庸武侠小说的第一部英译本。正式授权生活·读书·新知三联书店出版《金庸作品集》大陆简体字版。

八月，王一川主编的《二十世纪中国文学大师文库》出版，金庸列为二十世纪中国小说家第四位，引起争议。

十月，被授予北京大学名誉教授。

## 一九九五年

一月至四月，第一部《金庸传》由中国台湾远景出版事业公司、明报出版社、广东人民出版社同时出版。

四月底，做心脏手术。

十月，于品海将《明报》售于马来西亚的张晓卿。

十一月十六日起，与日本国际创价学会会长池田大作进行对话。

明河社星马分公司出版《金庸作品集》东南亚简体字版。

十二月，被任命为中华人民共和国香港特别行政区筹委会委员。

## 一九九六年

四月，获日本创价大学荣誉博士。

六月，获选英国剑桥大学的荣誉院士。

日本德间出版社取得版权，正式开始翻译出版《金庸武侠小说集》。

十一月，杭州"云松书舍"落成并捐赠给杭州市政府。

## 一九九七年

三月，台湾《中国时报》开设浮世绘版"金庸茶馆"专栏。

举行个人在中国台湾第一场公开演讲——《历史人物与武侠人物》。

七月一日，香港回归中国，在《明报》发表《河水井水互不相犯——写在回归第一日》。

十月，香港牛津大学出版社出版英译本《鹿鼎记》第一册。


一九九八年

五月十七日至十九日，美国科罗拉多大学东亚语言文学系和中国现代文化研究所召开"金庸小说与二十世纪中国文学"国际学术讨论会。

十月，文化艺术出版社出版《评点本金庸武侠小说全集》，酿成延续多年的多场连环官司，被称为"评点风波"。其中冯其庸、王春瑜等学者参加评点。

十一月四日至七日，汉学研究中心、《中国时报》、远流出版公司在中国台北举办"金庸小说国际学术研讨会"。

十一月八日，前妻朱玫在香港湾仔律敦治医院病逝。

获香港特区政府市政局颁授"文学创作终身成就奖"。

日本潮出版社、香港明河出版社、北京大学出版社、中国台北远流出版公司同时出版《探求一个灿烂的世纪——金庸／池田大作对话录》。


一九九九年

三月。出任浙江大学人文学院院长。

十月之秋，到湖州南浔为《鹿鼎记》寻根。因此书开首便从"庄氏"史案写起。庄氏史案是清顺治、康熙时的文字狱之一。发生在南浔。又称"庄氏史案"，为庄廷钺《明史》案。

十月二十六日，在"新闻机制改革与经营管理"会上作《两种社会的新闻工作》发言。

十一月一日，王朔在《中国青年报》发表《我看金庸》。

二〇〇〇年

七月，香港特别行政区颁赠最高荣誉大紫荆勋章。

九月，在杭州主持第一届网络"西湖论剑"。

九月二十三日，在湖南岳麓书院发表"中国历史大势"演讲。

十一月初，北京大学举办"金庸小说国际研讨会"。

十二月，香港公开大学颁发荣誉文学博士学位。

二〇〇一年

四月，中国台湾"清华大学"颁赠荣誉讲座教授证书，与圣严法师、杨振宁等举行"岁月的智慧——大师真情"会谈，与陈水扁等会面。

大字版《书剑恩仇录》（一）首版问世。

十月，出席第二届网络"西湖论剑"。

十一月三十日，与生活·读书·新知三联书店签订的《金庸作品集》合约到期，续约未成。

十二月，与广州出版社达成出版协定。

二〇〇二年

四月二十七日，在上海与巴西通俗畅销书作家埃科略对话。

七月宣布第三度修改十四部武侠名著。

《金庸作品集》与三联合同到期，转投广州出版社。

二〇〇三年

秋季招到首批三位博士生。

广州出版社的新版《金庸作品集》首次亮相。

十月八日，大侠金庸在华山北峰与天下高手"华山论剑"，此次陕西方面和全国各地的强势媒体形成互动，挑选出南帝、北丐、东邪、西毒、中神通五大高手与金庸先生在华山"过招"。

二〇〇四年

金庸向浙江大学递交辞呈，七月《南方人物周刊》对金庸专访。

正式辞去浙江大学人文学院院长和博士生导师的职务。

四月六日，金庸先生在浙江大学作了一次演讲。他表示，眼下最大的任务是写一部"中国通史"。

十月十三日，金庸及其他三位香港杰出人士获得法国政府颁授的"艺术文学勋章"，以表扬他们在香港和内地推动法国艺术和文化发展的卓越贡献。

十二月与夫人在到泰国普吉岛度假时，在印度洋海啸中死里逃生。

二〇〇五年

一月，浙江大学正式接受辞呈。

四月，浙江舟山为金庸立像生风波。

六月二十二日，剑桥大学授金庸为"荣誉博士"举行仪式，由剑桥大学校监菲利普亲王亲自向金庸颁授。剑桥圣约翰学院选金庸为院士。八十一岁金庸赴剑桥攻读博士。

八月，金庸获由世界华商投资基金会主办的二〇〇五年度世界杰出华人奖。

十月，入剑桥大学圣约翰学院攻读博士学位。每周上两次课，一次两个钟头，从不缺课。

二〇〇六年

六月，完成《初唐皇位继承制度》的硕士学位论文。

七月。修订版《鹿鼎记》完成后正式出版。

二〇〇七年

一月，修读历史学博士课程。

十一月二十五日，卸任"浙江大学人文学院院长"职务。担任名誉院长。

二〇〇八年

继续在英国剑桥大学攻读博士学位。

二〇〇九年

加入中国作家协会，早在一九九八年，邓友梅、陈祖芬，就要介绍他进作协，那时他没答应。后在中国作家协会七届八次当选为名誉副主席。

二〇一〇年

九月，完成博士学位论文《唐代盛世继承皇位制度》，透过正史、野史，分析唐代太子继位制度以及宫廷的权力斗争。

十月，剑桥大学圣约翰学院院长杜柏琛亲飞香港，给予颁发学位证书。当夜，身穿长袍的杜柏琛，以拉丁文宣布金庸成为荣誉院士和文学博士。剑桥从不在海外颁博士学位，这是破例授予。

十二月三日，香港树仁大学颁发金庸为荣誉博士。时为八十六岁。

二〇一一年

台湾地区"清华大学"授予金庸名誉博士学位院士。

二〇一四年

三月十日，金庸九十大寿，各个领域纷纷为其庆生，有武侠迷手抄八百四十万字贺寿。

二〇一五年

北京市西城区非遗保护中心，将《鹿鼎记》改为评述。

二〇一六年

当选中国文学艺术界联合会第十届荣誉委员。

二〇一八年

十月三十日，著名武侠小说家、政治评论家、社会活动家金庸在香港去世。享年九十四岁。

儒侠人生

## 参考文献

《共和国往事》第一集，天津人民出版社，一九九八年。

《中外关系史论文集》，朱杰勤，河南人民出版社，一九八四年。

《沈家本传》，李贵连，法律出版社，二〇〇四年。

《中国学术思想史随笔》，曹聚仁，生活·读书·新知三联书店，一九八六年。

《世界的中国观》，忻剑飞，学林出版社，一九九三年。

《周恩来外交风云》，傅红星编著，文汇出版社，二〇〇四年。

《民国南京：一九二七——一九四九》秦风编著，文汇出版社，二〇〇五年。

《袁代当国》，唐德刚，广西师范大学出版社，二〇〇四年。

《民国兴衰》，黄道炫，中国青年出版社二〇〇一年。

《蒋经国传》，[美]江南，中国友谊出版公司，一九九三年。

《横生斜长集》，杨天石，百花文艺出版社，一九九八年。

《学林漫步》，汪荣祖，百花文艺出版社，一九九八年。

《金庸作品集》（全三十六册），生活·读书·新知三联书店，一九九四年。

《袁崇焕评传》，收入《碧血剑》，生活·读书·新知三联书店，一九九四年。

《现代危机与思想人物》，余英时，生活·读书·新知三联书店，二〇〇五年。

《文人的另一面》温梓川著、钦鸿编，广西师范大学出版社，二〇〇四年。

"三剑楼随笔"，金庸、梁羽生、百剑堂主，学林出版社一九九七年。

《探求一个灿烂的世纪——金庸／池田大作对话录》，北京大学出版社，一九九八年。

《金庸：中国历史大势》，江堤、杨晖选编，湖南大学出版社，二〇〇一年。

《走近蔡澜》，金庸，《中华读书报》，二〇〇二年七月三日。

《海宁人物资料》第一、第二、第八卷。

《嘉兴市文史资料通讯》第四、第七、第十三、第十五期。

《嘉兴市文史资料》第一辑、第二辑。

《"侠之大者"：金庸评传》，桂冠工作室，中国社会出版社，一九九四年。

《金庸传》，冷夏，台湾远景出版事业公司，一九九五年。

《文坛侠圣——金庸传》，冷夏，广东人民出版社，一九九五年。

《金庸》，陈墨著，山东画报出版社，一九九八年。

《金庸传》，傅国涌著，北京十月文艺出版社，二〇〇三年。

《发函林文宗》，陈墨，山东画报出版社，一九九八年。

《金庸小说人物谱》，曹正文，学林出版社，一九九六年。

《金庸传奇》，钟晓毅、费勇，广东人民出版社，二〇〇〇年。

《这些忧郁的碎屑》，黄永玉，生活·读书·新知三联书店，一九九八年。

《金庸与报业》，张圭阳，明报出版社，二〇〇〇年。

《千古文坛侠圣梦：金庸传》，孙宜学，团结出版社，二〇〇一年。

《数学和中国文学的比较》，丘成桐，文汇报，二〇〇五年七月十七日六版。

《海宁文史资料》第一辑、第七辑、第十三辑、第十七辑。

《陆小曼传》，柴草，百花文艺出版社，二〇〇二年。

《一本没有颜色的书》，张建智校，二〇〇五年。

《海宁抗战八年大事记》（《海宁文史资料》第二五辑）。

《徐志摩画传》，刘小波，现代出版社，二〇〇四年。

《嘉兴府志》，清·许瑶光。

《金庸鲜为人知的往事》，《名人传记》二〇〇〇年第七期。

《丽水文史资料》第三辑，政协丽水县文史资料委员会，一九八六年。

《衢州文史资料》第七辑，政协衢州市文史资料研究委员会，一九八九年。

《杭州文史资料丛编》第五卷，杭州出版社，二〇〇二年。

《浙江文史研究资料集萃》第五辑、第六辑。

《世纪挥手》，章克标，海天出版社，一九九七年。

《九十自述》，章克标，中国文联出版社，二〇〇〇年。

《文苑草木》，章克标，上海书店出版社，一九九六年。

《两浙轶事》，浙江省文史研究馆编，上海书店，一九九二年。

《老报人忆（东南日报）》（《浙江文史资料》第六十一辑），浙江人民出版社，一九九七年。

《浙江省立临时联合中学档案》，杭州市档案馆藏。

《东南日报》缩微胶卷（一九四一——一九四二），浙江省档案馆藏。

《民国东南日报社档案》，浙江省档案馆藏。

《一个女剧员的生活》，沈从文，人民文学出版社，一九八七年。

《沈从文散文选》，湖南文艺出版社，一九八一年。

《香港报业纵横》，陈昌凤，北京法律出版社，一九九七年。

《新记大公报史稿》，吴廷俊，武汉出版社，一九九四年。

《一九九四年以前的大公报》，王芝琛、刘自立编，山东画报出版社，二〇〇二年。

《中国新闻事业通史》第三卷，方汉奇主编，中国人民大学出版社，一九九九年。

《旧闻杂忆》，徐铸成，辽宁教育出版，二〇〇〇年。

《新闻研究资料》（总三十二辑），中国新闻出版社，一九八五年。

《新闻研究资料》（总四十八辑），中国社会科学出版社，一九八九年。

《金庸的两位母亲》，《名人传记》二〇〇二年。

《金庸与哈公的恩怨》，朱园，《解放月报》一九八七年。

《〈文坛侠圣——金庸传〉指谬》，严晓星，《人物》一九九九年第一期。

《金庸是我的"小阿哥"》，宾语、潘泽平，《人物》二〇〇〇年第七期。

《胡河清文存》，上海三联书店，一九九六年。

《徐志摩传》，韩石山，北京十月文艺出版社，二〇〇一年。

《梁羽生传》，（澳）刘维群，长江文艺出版社，一九九九年。

《偶像画廊》，林燕妮，上海人民出版社，二〇〇〇年。

《董桥文录》，陈子善编，四川文艺出版社，一九九六年。

《董桥散文》，浙江文艺出版社，一九九六年。

《没有童谣的年代》，董桥，文化艺术出版社，二〇〇〇年。

《笔·剑·书》，梁羽生，百花文艺出版社，二〇〇二年。

《学术上的老人与海》，张五常，社会科学文献出版社，二〇〇一年。

《香港的人和事》，柳苏编，辽宁教育出版社，二〇〇〇年。

《叶灵凤书话》，北京出版社，一九九八年。

《班门弄斧：给金庸小说挑点毛病》，阎大卫，海天出版社，一九九八年。

《金庸解读》，徐扬尚，武汉大学出版社，二〇〇一年。

《金庸百家谈》，三毛等著，春风文艺出版社，一九八七年。

《政教金庸》，倪匡，时代文艺出版社，二〇〇〇年。

《名人名家谈金庸》，金庸学术研究会编，上海书店出版社，二〇〇〇年。

《阅读金庸世界》，金庸学术研究会编，上海书店出版社，二〇〇〇年。

《金庸小说论稿》，严家炎，北京大学出版社，一九九九年。

《智者的声音——在岳麓书院听演讲》，湖南大学出版社，二〇〇二年。

《笑容：与媒体英雄面对面》，杨君，中国电影出版社，二〇〇〇年。

《让心灵打个盹》，文清，花山文艺出版社，二〇〇二年。

《中国风情》，［英］莫理循，张皓译，国际文化出版公司，一九九八年七月。

《蒋介石》，［美］布赖恩·克罗泽，封长虹译，内蒙古人民出版社，一九九五年。

# 后记

　　拙著《张静江传》《王世襄传》《一门风雅——王世襄家族的艺术世界》等人物传记，和广大读者见面后，鉴于我曾陪金庸先生游览、考察了南太湖一带的江南水乡，也陪金庸到了多年前写《鹿鼎记》时他就很想去的"庄氏史案"发生地看看，以了他长期之夙愿。从那时起，就相约撰写一部他的传记。

　　那是一九九九年的秋天，可以说从那时开始，我就已经在大量收集金庸的各类资料，准备为集"时代的金庸与武侠的金庸"于一身的他，写一部传记。如若从我与金庸夫妇有幸结缘并面对面直率坦诚叙谈的角度讲，可以说在国内外撰写金庸的传记中，拙著《金庸：儒侠人生》（原书名《儒侠金庸传》）应是首部全面记录了金庸传奇人生的作品。

　　长期以来，我对中国古代小说及二十世纪的优秀小说心存喜爱，特别是对人物传记，有长达几十年的研究，且对金庸的武侠小说，素来情有独钟。但是，要写好一部传记，必须了解传主一生的人格、生活、思维方式，以至对于传主家谱，需要作必要研究。当然，更必须深入研究其作品。因作品是传主生涯中，经历了苦恼、忧愁、热切、激愤、敏感、喜悦，所反映出来的真实记录。那些由心血染成的人生记录，缺一不可，一如苏轼的诗"十年生死两茫茫，不思量，自难忘……"换句话说，对金庸，其生活中留下的生死苦难，便是一部说明书。

　　当我读了夏志清和夏济安兄弟对金庸最初发表的几部小说的评

论，非常有认同感。而金庸的一部《鹿鼎记》正是从太湖南北的地域文化写起，这些都是我着手撰写这部《金庸：儒侠人生》心灵上的动力。我想，如果没有了这诸多的因素，也许，我就没有兴趣去写金庸，也不可能去完成这部作品。

我和金庸先生直接的接触、零距离之面谈，甚或面对面说出的不同看法，至今也成了一种小历史。近三十年来，每当随意翻阅他的任何一部作品，我总深感对金庸这个人物研究，绝不是一个"侠"字，所能概括。所以，冷夏先生曾称他为"侠圣"，我不敢苟同。因为中国的武侠小说，历史悠久，如从司马迁的《史记》开始，直到民国，有许多优秀的武侠小说问世。傅国涌先生的《金庸传》索性把他从神坛上请了下来，个人管见，也并非贴切。因为，一个人在世上的生活状况太复杂了，特别是于二十世纪这样多变的时代，要从人性的深处去撰写一部名人传，也太难做到确切、真实的判断。当然，无论是香港的冷夏，还是傅国涌先生写金庸，他们之文字记述都精当而不旁枝，对于我真正动笔写金庸都有帮助之处。包括之后冯其庸、王春瑜等先生专门的书评，均有可助之处。

其实，就我的体会，以金庸所写下之文字，以他的个性，以他之素质，以其祖祖辈辈文人资质，其家族基因上总有所传承。这犹如一个民族、宗教、国家，同样如此。金庸有了物质而不忘教育，有了身价而喜流连于校园生活，有了钱财支持的均是文化声所，甚或到了八十多岁高龄，可谓耄耋之年，还去英国剑桥攻读博士学位。这一切心灵之驱使，这珍惜个体生命的存在，以不尽之"学"，来度过作为一个小说家与报人的余生。我想，这正如孔子所云："敏而好学，不耻下问，是以谓之文也。"

于此，我认为金庸的资质，以及他血脉中流淌的是几代以"儒学"为生的官宦书香之家，更接近于中国"儒家"的本色。所以，当我动笔写他的传记时，跳入我脑海并随之而定格的便是这"儒侠"两字。即便是在多次作修订之际，这定格我是不能去除的。

而我有幸与金庸相见相叙，是在一九九九年的秋日，是人类即将跨入二十一世纪之际。如果我们把时间移至半个世纪之前，那个动荡的年代，也正是金庸本人命运的转折之际。正如在《探求一个灿烂的世纪——金庸 / 池田大作对话录》中，池田大作曾对金庸开篇就说："'相见时难别亦难'，人生际遇的'戏剧'各有各精彩，各有各不同。"

的确，在人生路上，一九四九年至一九五○年之际，确是决定金庸后五十年人生之"命运的转折"最重要的时期。又诚如池田大作在此书中所说："人会感到冥冥之中有一种令人怀念的——以佛家之言而论，就是'宿世之缘'的命运之线在操控……"我追溯金庸的人生旅途之轨迹，无不感到一九四九年至一九五○年之际，也正是"命运之线在操控"着他的走向时期。正是在那样的时刻，一种儒侠的风格，一种对生活的强烈渴望，犹如一个船夫重新挂起一片白帆，犹如一只疾驶的独木船，使他又另辟蹊径奔向了另一片生活的大海……也一如林徽因有几句诗说的那样："……到那天一切都不存留，比一闪光、一息风更少痕迹……"就如金庸如今已进入天堂，是同样的道理。

出于这样的写作理念，我截取了传主人生的一个横断面开始叙述，即从二十世纪四十年代末始，分上下两篇进行撰写，上篇是"一九四九年前的金庸"，下篇是"一九四九年后的金庸"。

如今呈现在读者面前的这部《金庸：儒侠人生》，也许正如金庸自己所说"不曾识面早相知"，也一如池田大作所言"人生何处不相逢"。我相信在这部传记中，我与读者的心早已相知、相识，在此，我深深地期盼！

当这部《金庸：儒侠人生》经过第五次修订后，再和广大读者相见时，我想以前凡读过金庸的小说及其他作品的读者，还会有兴趣去读这部传记。我深信。

金庸

儒侠人生

二〇〇二年秋月初稿于蘋洲斋

二〇〇五年七月稿毕于茗溪斋

二〇一五年十二月八日修订于听雨斋

二〇一九年一月修订于半亩园地

二〇二三年十一月十三日修订于半亩书屋